KOLLEG POLITIK UND WIRTSCHAFT

Gesellschaft im 21. Jahrhundert

Entwicklungen und Herausforderungen

Unterrichtswerk für die Oberstufe

bearbeitet von:
Christine Betz
Anita Hitzler
Sabine Hoffmann
Thomas Volkert
Friedrich Wölfl

C.C.Buchners Verlag · Bamberg

Kolleg Politik und Wirtschaft

Gesellschaft im 21. Jahrhundert

Entwicklungen und Herausforderungen

Bearbeitet von:
Christine Betz
Anita Hitzler
Sabine Hoffmann
Thomas Volkert
Friedrich Wölfl

1. Auflage, 3. Druck 2017

Alle Drucke dieser Auflage sind, weil untereinander unverändert, nebeneinander benutzbar.

Dieses Werk folgt der reformierten Rechtschreibung und Zeichensetzung. Ausnahmen bilden Texte, bei denen künstlerische, philologische oder lizenzrechtliche Gründe einer Änderung entgegenstehen.

www.ccbuchner.de

Redaktion: Markus Willers
Layout und Satz: HOCHVIER GmbH & Co. KG, Bamberg
Druck und Binden: creo Druck und Medienservice GmbH, Bamberg

ISBN 978-3-661-73003-5

ZUR BENUTZUNG DER LEHR- UND ARBEITSBÜCHER

Unsere Oberstufenreihe **Kolleg Politik und Wirtschaft** mit Grundlagenbänden zu den wichtigsten Lehrplanthemen aus Politik, Wirtschaft und Gesellschaft geht in die nächste Generation. In den neu bearbeiteten Titeln tragen wir verstärkt der sich durchsetzenden **Kompetenzorientierung** Rechnung. Ziel der Bände bleibt es, den Schülerinnen und Schülern Anregungen zur selbstständigen Arbeit zu geben und den Unterrichtenden Hilfen für einen methoden- und handlungsorientierten Unterricht anzubieten.

Zum Aufbau der Kapitel

Der Kapitelaufbau folgt dem Doppelseiten- bzw. Vier-Seiten-Prinzip. Dieser Aufbau erleichtert die Strukturierung der Unterrichtsstunden.

Einführung	Jedes Kapitel beginnt mit einem Problemaufriss, einer Lernstandserhebung und der Formulierung der im Kapitelverlauf zu erwerbenden Kompetenzen.
Materialien	Die Materialienseiten sind multiperspektivisch angelegt und vertiefen zentrale Themenaspekte. Sie ermöglichen einen vielseitigen und kompetenzorientierten Unterricht. In Infokästen und in der Randspalte werden zentrale Begriffe und wichtige Zusatzinformationen knapp erklärt, um eine genaue fachwissenschaftliche Verwendung zu erleichtern. Die Darstellung aktueller Kontroversen fördert die Urteilskompetenz der Schüler.
Aufgaben	Jede Themeneinheit schließt mit Aufgaben ab, die gezielt auf die Probleme und Zusammenhänge vorangegangener Lernsequenzen eingehen. Angebote in der Randspalte zum Helfen Ⓗ und Fordern Ⓕ unterstützen die Binnendifferenzierung des Unterrichts.
Methoden	Methodenseiten nehmen für das jeweilige Thema zentrale Fachmethoden und Arbeitsweisen auf und stärken so die Methodenkompetenz.
Zusammenfassungen	Orientierungswissen am Ende der Unterkapitel sichert das erworbene Grundwissen und ermöglicht eine Wiederholung und Überprüfung zentraler Inhalte.
Kompetenzen anwenden	Kompetenzseiten runden die Kapitel ab und wenden die am Kapitelbeginn formulierten Kompetenzen mit komplexen Aufgabenstellungen an.

- Das **Register** ist ein wichtiges Hilfsmittel für die Arbeit mit dem Buch. Es dient dem Auffinden zentraler **Begriffe** und ermöglicht **Querverbindungen** innerhalb der einzelnen Themengebiete.
- Aufgrund der besseren Lesbarkeit wird im Folgenden darauf verzichtet, immer beide Geschlechter anzusprechen („Bürgerinnen und Bürger" ...), auch wenn selbstverständlich beide gemeint sind.
- Materialien ohne Quellenangaben sind vom Bearbeiter verfasst.

INHALT

Gesellschaftlicher Wandel

1

Aus dem Mund älterer Menschen hört man oft, wie schnell sich die Dinge in unserer Gesellschaft ändern und wie schwierig es für viele von ihnen ist, da mitzuhalten. Vor allem in IT-Dingen wird das sichtbar. Für junge Menschen ist das in der Regel kein Problem: Sie wachsen mit den technischen Neuerungen und deren regelmäßig auf dem Markt erscheinenden Nachfolgeprodukten auf und finden sogar Spaß daran, die jeweils neuen „Features" auszuprobieren.
Gesellschaftlicher Wandel meint aber nicht nur technische Veränderungen, sondern auch solche in unseren Beziehungsformen, Lebensstilen, Arbeitsstrukturen und in weiteren Bereichen unserer Gesellschaft, die in diesem Buch besprochen werden.
Als Einstieg in das erste Kapitel betrachten wir das soziale Netzwerk Facebook: Wie beeinflusst uns dieses moderne Kommunikationssystem? In welchen Bereichen beeinflusst es unsere Gesellschaft – positiv wie negativ?

KOMPETENZEN

Am Ende dieses Kapitels sollten Sie Folgendes wissen und können:

... den Wandel der Gesellschaft nachvollziehen können

... Ursachen für diesen Wandel und mögliche Folgen kennen

... an einem Beispiel aktuelle Herausforderungen und Lösungsansätze der Gesellschaftspolitik beurteilen

Was wissen Sie schon?

1. Beschreiben Sie anhand der Bildercollage den Wandel in den dargestellten gesellschaftlichen Bereichen und definieren Sie den Begriff *Gesellschaft*.
2. Die Wissenschaft zur Erforschung der Gesellschaft wird *Soziologie* genannt: Entwickeln Sie Erklärungsansätze, wie die Gesellschaft und deren Entwicklung erforscht werden kann.
3. Überlegen Sie, für wen die Analyse der Gesellschaft interessant sein könnte.

1.1 Grundlegende Begriffe und Fragestellungen

1.1.1 Wie Facebook & Co. uns und unsere Gesellschaft beeinflussen

Das Logo von Facebook

Facebook-Nutzer

Im Jahr 2012 gab es allein in Deutschland mehr als 22 Millionen Facebook-Nutzer. Weltweit waren im selben Jahr über eine Milliarde Menschen bei Facebook als Nutzer registriert.

M 1 ● Thessas Party ...

Jener Montag vor gut einem Jahr beginnt für Thessa wie jeder andere Montag auch: mit sechs Stunden Schule. [...] Brummt ihr Handy, weil jemand anruft, drückt sie den Anrufer weg. So wie immer. Nur, an jenem Montag lassen die Anrufer nicht ab. Fünfmal nicht. Zehnmal nicht. In Thessas Händen vibriert das Handy in einem fort, bis sie bittet, mal kurz vor die Tür gehen zu dürfen. [...] „Weißt du eigentlich, was da bei Facebook gerade abgeht? Bei deiner Party haben schon 5.000 Leute zugesagt." Thessa werden die Knie weich. Nachdem sie ihre Freunde eingeladen hatte, war sie drei Tage lang nicht im Internet gewesen [...] und nicht bemerkt, dass sie ein Häkchen falsch gesetzt und ihren Geburtstag zu einer öffentlichen Party gemacht hat. [...] „Freunde von mir haben den ganzen Nachmittag damit verbracht, alles, was mit meinem Namen gepostet wurde, bei Facebook als Spam zu melden. Ich war mit meinem Vater bei der Polizei." Mitarbeiter von Facebook reagieren ebenfalls und fangen an, Nachrichten zu Thessas Geburtstag zu unterdrücken. Dass die Sache nicht ausgestanden ist, beginnt Thessa am Abend zu begreifen. „Da riefen mich Freunde an und erzählten mir, dass Lieder über mich im Internet kursieren und man T-Shirts mit meinem Namen kaufen kann." [...] Das Lied über sie wird kurzzeitig zum meistverkauften Titel bei Apples Musik-Dienst iTunes. Und so treffen am Geburtstag fast 2.000 Bewohner des Planeten Facebook in Thessas Straße auf lokale Ordnungshüter. Fünfzehn Männer werden festgenommen; ein Polizist wird verletzt. Bei Facebook hat Thessa heute einen neuen Namen, aber, und das war für sie nie eine Frage, nach einer mehrmonatigen Pause besucht sie Facebook so oft wie zuvor. „Ohne? Kann ich mir nicht vorstellen. Aber ich suche mir meine Freunde gezielter aus."

Götz Hamann, Die Beziehungskiste, Die ZEIT, 21/2012, S. 21 – 22

Der „Gefällt mir"-Button von Facebook ist zu einem Trendsymbol geworden.

M 2 ● Karriere durch Facebook

Als Christian Au sein Abitur macht, geht Facebook-Gründer Mark Zuckerberg noch in die Grundschule. Au träumt damals davon, als Anwalt für Umweltrecht die Welt zu verändern. Doch wahrscheinlicher ist, dass der behinderte Junge von seinem beruflichen Leben nicht mehr zu erwarten hat, als Teilzeit in der Beschwerdeabteilung einer Krankenversicherung zu arbeiten und Konzerndirektiven zu befolgen. Denn bei seiner Geburt haben die Ärzte einen offenen Rücken diagnostiziert, und Menschen, die mit diesem Leiden geboren werden, haben oft auch einen gestörten Hirnwasserkreislauf, sind geistig behindert. Nicht so Au. Er sitzt lediglich im Rollstuhl. Und er ist Anwalt geworden. [...] Au vertritt Klienten in ganz Deutschland, ringt mit Krankenversicherungen und Rentenversicherungen, mit Arbeitsagenturen und Sozialämtern. Vor sieben Jahren hat sich der rollstuhlfahrende Anwalt selbständig gemacht. Aber bei der Frage, ob die Kanzlei Geld abwirft, macht das Internet – und inzwischen vor allem Facebook – den Unterschied. „Angefangen hat es 2009", sagt Au. „Da kamen zum ersten Mal einige Mandanten über Facebook auf mich zu." Seither haben sich die Zahlen jedes Jahr verdoppelt, und „inzwischen kommt jeder fünfte Klient über Facebook, auch Leute, zu denen ich vorher überhaupt keinen Bezug hatte", erzählt Au. Sie fassen offenbar erstes Vertrauen, wenn sie Au auf seiner Facebook-Seite sehen, wie er seinen Hund Samson, einen Leonberger, morgens zwischen raureifüberzogenen Obstbäumen ausführt. Mehr und mehr Klienten verlangen jetzt, dass Au sie über Facebook auch auf dem Laufenden darüber hält, wie sich ihre Fälle entwickeln. Das Netzwerk gehört für den Anwalt zur beruflichen Routine.

ebd.

M 3 ● Facebook als Partnerbörse?

Ohne Facebook hätten sich die beiden im vergangenen Herbst kaum kennengelernt. Sie lebt in Hannoversch Münden an der Weser, er in Schwedt an der polnischen Grenze. Sie ist 33 Jahre alt, er 27. Sie hat schon zwei Kinder, er hatte noch nie eine längere Beziehung. Und hätten sie sich, das geben sie offen zu, gleich von Angesicht zu Angesicht gegenübergestanden, wäre wohl nie etwas aus ihnen geworden. [...] Dank Facebook gratulieren sie einem gemeinsamen Bekannten zum Geburtstag und wurden dadurch aufeinander aufmerksam. Dank Facebook stellten sie dann binnen Stunden eine geistige Verwandtschaft fest, die sie überwältigte. [...] „Ein paar Tage nachdem wir unsere ersten Nachrichten ausgetauscht haben, bin ich zu ihr gefahren", sagt Matthias Lepies. „Seither haben wir uns nicht mehr getrennt." Zu Silvester haben sie geheiratet [...]. Ein Monat später ist sie schwanger. [...] Am 11. März lädt er auf ihre Bitte ein Foto ihres Schwangerschaftstests ins Netz. Am 20. März folgt das Ultraschallbild ihres Kindes. Da ist Facebook längst der virtuelle Mittelpunkt ihres Lebens [...]. Was die Nachrichten auf Facebook jedoch nicht erkennen lassen: dass die Beziehung der beiden in diesen Wochen zu kippen droht. Facebook wird ihnen zur Geißel, als Freunde die Beziehung öffentlich in Frage stellen. Sie lassen die Schwangere wissen, dass es andere Frauen vor ihr gab, und holen entsprechende Fotos aus den Tiefen des Facebook-Speichers in die Gegenwart. Die Fotos sind explizit, die zugehörigen Kommentare entsprechend derb. [...] Facebook raubt Heidi die Illusion. Macht ihr bewusst, dass es ein Leben nach ihrer Ehe geben könnte, so wie es vorher eines gab.

ebd.

„Gefällt mir nicht"-Button von Facebook

Info

Sozialstruktur

Der allgemeine Begriff der Struktur ist ein Instrument, das dazu dient, den inneren Aufbau eines Phänomens zu analysieren. Er untergliedert die Gesamtheit der Erscheinung in verschiedene Elemente (Teilbereiche) und untersucht die relativ dauerhaften Beziehungen und Zusammenhänge zwischen den Elementen. In diesem Sinne erforschen Chemiker die Struktur von Molekülen, Sprachwissenschaftler die Struktur der Sprache oder Psychologen die Struktur der Persönlichkeit. Auch Soziologen wenden den Strukturbegriff auf ihren spezifischen Forschungsgegenstand an und sprechen von der „Struktur einer Gesellschaft" oder einfacher von „Sozialstruktur". Die Sozialstrukturanalyse zergliedert „die Gesellschaft" in ihre relevanten Elemente und Teilbereiche und untersucht die zwischen ihnen bestehenden Wechselbeziehungen und Wirkungszusammenhänge.

Rainer Geißler, Die Sozialstruktur Deutschlands, 6. Aufl., Wiesbaden 2011, S.17

Gesellschaft

Gesellschaft bezeichnet eine Gemeinschaft von Menschen, die zusammenleben oder die an einer gemeinsamen Aufgabe zusammenarbeiten. Eine Gesellschaft kann sehr viele Menschen umfassen – man spricht sogar von der Weltgesellschaft und meint damit alle Menschen –, sie kann auch nur einige wenige Menschen umfassen. [...] Die Gesellschaft eines Staates besteht aus der Gesamtheit der Menschen, die in einer bestimmten Ordnung und auf einem begrenzten Gebiet zusammenleben.

Hilde Kammer, Elisabeth Bartsch, Jugendlexikon, Jugendlexikon Politik, Reinbek 2011, S. 87f.

M 4 ● Die wichtigsten Bereiche der Sozialstruktur

Die wichtigsten Bereiche der Sozialstruktur einer Gesellschaft sind die folgenden:

- die Bevölkerungsstruktur und mit ihr in enger Verknüpfung die Haushalts- und Familienstrukturen [...];
- das ökonomische System und damit die Formen der Arbeit und Produktion, der Bedeutung von Beruf und Erwerbsstruktur für die personale und allgemeine gesellschaftliche Entwicklung;
- das Gesundheitssystem und das der sozialen Sicherheit („Sozialstaat");
- das staatliche und politische System und damit die Strukturen von Regierung und Parteien, Gesetzgebung und Recht für die Integration und die Entwicklung des gesellschaftlichen Systems;
- das kulturelle System incl. der Strukturen der Bildung und Ausbildung, der Wissenschaft und des „Kulturbetriebs"; [...]
- das moderne Kommunikationssystem und damit alle Formen (und Wirkungen) medial und sekundär (oder tertiär) vermittelter Information.

Bernhard Schäfers, Sozialstruktur und sozialer Wandel in Deutschland, 8. Aufl., Stuttgart 2004, S. 8

M 5 ● Der soziale Wandel

Unter sozialem Wandel wird die Veränderung der Sozialstruktur einer Gesellschaft oder einzelner ihrer Bereiche in einem bestimmten Zeitraum verstanden. Die Sozialstruktur einer Gesellschaft ist daher nur eine Momentaufnahme ihrer kontinuierlichen Veränderung. In dieser Perspektive ist jede soziologische Theorie und Analyse – ob über Familie, Stadt, Arbeit, Beruf u.a. – immer auch Theorie und Analyse des sozialen Wandels. Sozialer Wandel ist ein zusammenfassender Begriff für die Gesamtheit der Veränderungen im Normen- und Wertesystem, der Institutionen und Organisationen, der Ökonomie und Kultur, der Politik und Verwaltung, der Religion und der Kommunikation. Je nachdem, wie schnell sich – auch im Bewusstsein der Menschen – die Basisstrukturen einer Gesellschaft verändern, spricht man von einem langsamen oder beschleunigten sozialen Wandel.

ebd., S. 10

Aufgaben

1. Die Materialien M1 – M3 befassen sich mit Facebook und wie es das menschliche Miteinander prägt. Nennen Sie die gesellschaftlichen Bereiche, die durch Facebook maßgeblich beeinflusst werden und erarbeiten Sie jeweils das positive und negative Potential dieser Entwicklung.
2. Beschreiben Sie unser Leben ohne diesen Einfluss. Befragen Sie auch Ihre Eltern und ältere Angehörige Ihrer Familie und stellen Sie Vermutungen darüber an, warum Facebook und andere Neue Medien eine so große Bedeutung in modernen Gesellschaften gewonnen haben.
3. Erläutern Sie den Einfluss „Neuer Medien" auf weitere Subsysteme unserer Gesellschaft. (M4)
4. Nehmen Sie Stellung zu folgender Aussage: „Entwicklungen in einem gesellschaftlichen Bereich haben Auswirkungen auf weitere Bereiche unserer Sozialstruktur und treiben somit den gesellschaftlichen Wandel voran." (M5)
5. Damit Ihre Schule zukunftsorientiert gestaltet werden kann, geben Sie als Mitglied der Schülervertretung im Schulforum Vorschläge hinsichtlich eines sinnvollen Einsatzes von Neuen Medien im Unterricht.

1.1.2 Von der Agrargesellschaft zur Informationsgesellschaft

M 6 ● Vom Drei-Sektoren- zum Vier-Sektoren-Modell: Die zentrale Bedeutung von Information

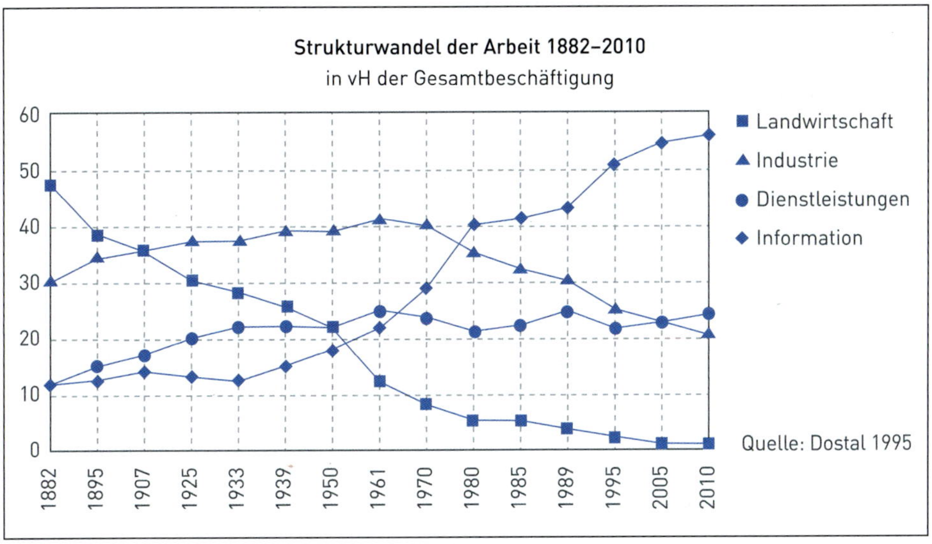

M 7 ● Von der Agrargesellschaft zur Wissensgesellschaft – Veränderungen des Gesamtsystems

	Vormoderne Agrargesellschaft	**Moderne Industriegesellschaft**	**Moderne post-industrielle (Wissens- und Dienstleistungs-) Gesellschaft**
Bevölkerung	Heiratsbeschränkungen; maximale Anzahl von Geburten in Ehen; hohe Sterblichkeit; geringe Bevölkerungsvermehrung	Erster demografischer Übergang: wenige Geburten, längere Lebenserwartung, „sparsame" Bevölkerungsweise; sporadische Außenwanderungen; geringe Bevölkerungsvermehrung	Zweiter demografischer Übergang: Geburtendefizit; Alterung; systematische Zuwanderung
Haushalte	Das „ganze Haus" dominiert; Arbeiten und Wohnen am gleichen Ort	Zwei-Generationen-Kernfamilie dominiert. Urbanisierung; Trennung von Arbeiten und Wohnen; Männer erwerbstätig, Frauen im Haushalt	Weniger und spätere Heiraten; spätere Geburten; geringe Stabilität von Ehen; mehr Frauen sind erwerbstätig; Pluralisierung von Lebensformen
Bildung	...	...	...
Erwerbstätigkeit	...	...	...

Nach: Stefan Hradil, Die Sozialstruktur Deutschlands im internationalen Vergleich, 2. Aufl., Wiesbaden 2006, S. 30

M 8 Die Entstehung der Industriegesellschaft – sozioökonomischer Wandel im 19. Jahrhundert

Die gegenwärtige Sozialstruktur lässt sich besser verstehen, wenn man weiß, wie sie entstanden ist. Wichtige Grundlagen der modernen Gesellschaft bildeten sich bereits im 19. Jahrhundert. [...] Der französische Sozialreformer und Soziologe Henri de Saint-Simon (1760-1825) charakterisierte zu Beginn des 19. Jahrhunderts die damals heraufziehende Gesellschaft der Zukunft als „Industriegesellschaft". Auch heute noch wird die Gesellschaft der Bundesrepublik, wie auch andere Gesellschaften in einem ähnlichen Entwicklungsstadium, gern als „moderne Industriegesellschaft" bezeichnet – ein Hinweis darauf, dass wichtige Elemente der Sozialstruktur, die sich im Laufe des 19. Jahrhunderts entfalteten, weiterhin von grundlegender Bedeutung sind. Als namengebendes, wesentliches Merkmal der neuen Gesellschaftsform betrachtete Saint-Simon die industrielle Produktionsweise: Technisches Wissen wird methodisch-systematisch auf die Güterproduktion angewendet und erhöht dadurch in hohem Maß deren Präzision und Effizienz. Der Begriff „Industriegesellschaft" bringt zum Ausdruck, dass Veränderungen in der Produktionsweise – auf der Basis von technologischen Veränderungen – den Kern des sozialen Wandels ausmachen und dass der technisch-ökonomische Wandel auch auf andere Bereiche der Gesellschaft ausstrahlt und weitere soziale, kulturelle und politische Veränderungen nach sich zieht. Die Umwälzungen, die sich mit dem Vorgang der Industrialisierung verbanden, wurden von dem britischen Historiker Arnold Toynbee gegen Ende des 19. Jahrhunderts mit dem Etikett „industrielle Revolution" versehen. Auch dieser Begriff setzte sich schnell durch und wird heute noch gern verwendet. Er soll deutlich machen, dass sich die technologischen, wirtschaftlichen und sozialen Entwicklungen, die mit dem Vordringen der industriellen Produktionsweise verkoppelt waren, mit einer besonders hohen Geschwindigkeit und Radikalität vollzogen.

Rainer Geißler, Die Sozialstruktur Deutschlands, 6.Aufl., Wiesbaden 2011, S. 21

Differenzierung
bezieht sich auf die Spaltung eines ursprünglich homogenen Ganzen in Teile mit eigenem Charakter und eigener Zusammensetzung. Als Folge von Differenzierung verselbstständigen sich allerlei Aktivitäten und Funktionen und bilden auf sie hin orientierte Institutionen und Organisationen. Die neuen differenzierten Einheiten spezialisieren sich immer weiter in der Erfüllung bestimmter Funktionen.
Hans van der Loo, Willem van Reijen, Modernisierung. Projekt und Paradox, übersetzt von Marga Baumer, München 1997, S. 32-35

M 9 Merkmale des Modernisierungsprozesses

Modernisierung (deutet) auf die Kombination von **Differenzierung**, **Rationalisierung**, **Individualisierung** und **Domestizierung**. [...]

Der Prozess der strukturellen **Differenzierung** lässt sich anhand der Unterschiede zwischen traditionellen und modernen Fürsorgeeinrichtungen verdeutlichen. Im Spätmittelalter war das städtische Spital ein völlig undifferenziertes Auffangzentrum für diejenigen, die sich am Rande der Gesellschaft befanden. So bot das Spital sowohl körperlich wie geistig Behinderten und auch unterstützungsbedürftigen Witwen, Waisen und allerlei fahrendem Volk Unterschlupf. Die Versorgung erfolgte durch Ordensleute oder religiös motivierte Laien. Die traditionelle Fürsorge war durch persönliche Abhängigkeit charakterisiert. Seit dem 18. Jahrhundert wurde das städtische Spital von der strukturellen Differenzierung erfasst: Es entstanden Krankenanstalten, Einrichtungen für Geisteskranke, Waisenhäuser, Armenhäuser und Gefängnisse. Die Pflege, Behandlung und Beherrschung – man erkennt, dass sich auch die Interventionsaktivitäten differenzieren – erfolgte nicht mehr auf freiwilliger Basis, sondern kam in die Hände von dazu speziell ausgebildeten Fachkräften. Die frühere persönliche Abhängigkeit wandelte sich im Laufe der Modernisierung zu formeller und bürokratischer Abhängigkeit. Das frühere städtische Spital verzweigte sich nicht nur in verschiedene eigenständige soziale Einheiten, sondern der Prozess struktureller

Differenzierung setzte sich auch innerhalb dieser Einheiten fort [...].

Rationalisierung [...] Rationales Handeln heißt wohl überlegtes Handeln: Wir suchen Methoden und Mittel, die im Ergebnis effizient und effektiv sind. All unser Denken und Handeln ist von dem Gedanken erfüllt, die uns umgebende Wirklichkeit beherrschbar zu machen. Ein konkretes Beispiel ist die Art, wie wir mit der neuen Seuche Aids umgehen. Nicht im Entferntesten denken wir daran, dass es sich dabei um die Rache von Gott oder Dämonen handelt und dass die Krankheit erst nach ausgedehnten Versöhnungsritualen verschwinden wird. Stattdessen setzen wir unsere ganze Hoffnung auf die medizinische Wissenschaft und zahllose hoch spezialisierte Forscher suchen nach einem Mittel gegen die Erreger. Um die Ansteckungsgefahr so gering wie möglich zu halten, appellieren wir obendrein an das „rationale Verhalten" der Menschen. [...]

Individualisierung ist eine Folge des Umstands, dass Menschen es mit mehreren, oft in weitem räumlichen Abstand voneinander verstreuten sozialen Einheiten zu tun haben. Der Anspruch, den jede einzelne Einheit auf die Loyalität des Individuums erhebt, verringert sich dadurch. Infolge der Zugehörigkeit zu unterschiedlichen Einheiten erlangt das Individuum hinsichtlich jeder dieser Einheiten eine gewisse persönliche Unabhängigkeit. In vormodernen Gesellschaften neigen die Menschen dazu, sich selbst vor allem als Teil des Kollektivs zu verstehen. Soweit das Phänomen des aus der Kollektivität herausgelösten Menschen hier in Erscheinung trat, handelte es sich um Ausnahmen. Der Prozess der Individualisierung und die Entwicklung der dazu notwendigen Mentalität des Individualismus setzten mit der Renaissance ein. In dieser Zeit entstand ein neues Weltbild, in dem der Mensch sich selbst als Mittelpunkt und Ursprung seiner eigenen Handlungen definierte.

Domestizierung [...] In der vormodernen Gesellschaft war das Handeln vor allem von der menschlichen Konstitution und der natürlichen Umwelt abhängig. [...] Als Folge von drei technischen und kulturellen Umwälzungen - der Zähmung des Feuers, der Einführung des Ackerbaus und der umfänglichen Nutzung lebender Energie - hat sich die Beherrschung der Naturkräfte enorm gesteigert. Schließlich bezieht sich Domestizierung auch auf die Zähmung des „Tiers in uns": Ein wesentlicher Aspekt der Modernisierung liegt darin, dass der Mensch gelernt hat, seine biologischen Triebe und Impulse besser zu beherrschen. Die vier Dimensionen von Modernisierung, wir betonen es nochmals, sind eng miteinander verwoben. Differenzierung, Rationalisierung, Individualisierung und Domestizierung treten in jedem konkreten Modernisierungsprozess in einer bestimmten Kombination auf. Oft bedingen sie sich auch gegenseitig.

Hans van der Loo, Willem van Reijen, Modernisierung. Projekt und Paradox, übersetzt von Marga Baumer, München 1997, S. 32-35

Rationalisierung
bedeutet Ordnen und Systematisieren der Wirklichkeit, um sie vorhersehbar und beherrschbar zu machen. Rationalisierung impliziert, dass unser Denken und Handeln immer mehr der Berechnung, Begründbarkeit und Beherrschung unterliegt.
ebd.

Domestizierung
schließlich bezieht sich auf das Maß, in dem Individuen sich ihren biologischen und natürlichen Begrenzungen entziehen konnten. Kennzeichnend für Modernisierung ist die enorme Beherrschung biologischer und natürlicher Prozesse.
ebd.

Individualisierung
verweist auf die wachsende Bedeutung des Individuums, das sich aus der Kollektivität seiner unmittelbaren Umgebung herauslöst.
ebd.

Aufgaben

1. Überprüfen Sie, ob die Prognose aus dem Jahr 1995 in M6 eingetreten ist.
2. Erklären Sie in Gruppen anhand des Materials M 7 und Ihrem Wissen aus anderen Fächern die Auswirkungen der Entwicklung von der Agrargesellschaft hin zur modernen postindustriellen Gesellschaft auf die Bereiche „Bildung" und „Erwerbstätigkeit". Stellen Sie Ihre Ergebnisse in der Klasse vor.
3. Eine weitere Erklärung der gesellschaftlichen Entwicklung finden sie in M 9: Erarbeiten Sie sich den Modernisierungsprozess, indem Sie die einzelnen Aspekte an einem Subsystem der Sozialstruktur nachweisen.
4. Wählen Sie ein Subsystem aus und geben Sie eine Prognose ab: Wie wird das gesellschaftliche Zusammenleben und -arbeiten in 100 Jahren aussehen?

Gesellschaft
M 1 – M 5

Die Wissenschaft von der Gesellschaft ist die Soziologie: Sie untersucht den Aufbau und die Entwicklung der Gesamtgesellschaft und der in ihr lebenden Gruppen und Individuen. Eine Gesellschaft ist grundsätzlich eine Gruppe von Menschen, die in einem definierten Raum lebt und eine bestimmte gesellschaftliche Ordnung akzeptiert.

Sozialstruktur und sozialer Wandel
M 4, M 5

Um die Gesellschaft in ihrer Ganzheit zu erfassen, untersucht man einzelne Teilbereiche und die Wechselbeziehungen, die zwischen ihnen be- und entstehen. Die wesentlichen **Subsysteme** der Gesellschaft sind die Bevölkerungsstruktur, das ökonomische System, das kulturelle und das staatliche System.
Mit Hilfe der Sozialwissenschaften werden die Subsysteme und insbesondere deren Veränderungen beobachtet. Anhand dieser Beobachtungen kann der **soziale Wandel** festgestellt werden. Man versucht, Entwicklungen in den einzelnen Subsystemen festzustellen und davon ableitend Prognosen für die Gesellschaft als Ganzes zu machen.

Untersuchungsbereiche
M 5

Bei der Untersuchung sozialen Wandels werden Daten im Zeitverlauf erhoben, miteinander verknüpft und interpretiert vor allem zu: Bevölkerungsstruktur, Bildungsverhalten, Erwerbstätigkeit, Familie und Zusammenleben, Geschlechterverhältnis, Einnahmen und Ausgaben der Haushalte, Vermögen, Wohnen, Freizeit und Kultur, Mitwirkung am politischen und gesellschaftlichen Leben, Gesundheit, soziale Sicherung, soziale Schichtung und Milieus, Wohlbefinden und Zufriedenheit, Wertorientierungen und Erwartungen. Erhebungen werden vorgenommen und veröffentlicht von staatlichen Stellen, wissenschaftlichen Instituten, Medien, Verbänden und Kirchen, privaten Organisationen und Personen.

Die Modernisierungstheorie als ein Erklärungsversuch
M 9

Die Versuche, Ergebnisse und Erkenntnisse der Untersuchungen zu einer Theorie zusammenzufassen, sind zahlreich und konkurrieren miteinander. Die Modernisierungstheorie verknüpft mittelfristige Entwicklungen mit langfristigen Tendenzen. Als Schlüsselbegriffe nennen ihre Verfechter auf einer sehr abstrakten Ebene u.a. folgende Dimensionen, die sich gegenseitig bedingen:
Differenzierung: Die Gesellschaft versteht sich nicht mehr als homogenes Ganzes, sondern gliedert sich weiter auf, Institutionen und Teileinheiten übernehmen hoch spezialisierte Funktionen.
Rationalisierung: Denken und Handeln orientieren sich an Berechenbarkeit mit dem Ziel höherer Effizienz und Beherrschbarkeit der Welt.
Individualisierung: Der Einzelne kann sich zunehmend aus den traditionellen sozialen Einheiten und aus herkömmlichen Erwartungen lösen.
Domestizierung: Der Mensch kann sich immer mehr den biologischen und natürlichen Bedingungen und Begrenzungen entziehen und versucht, sie selbst zu beeinflussen.

Gesellschaftlicher Wandel in der Karikatur

Karikatur: Mike Keefe, Denver

Karikatur: Kittihawk

Aufgaben

1. Anhand der Karikaturen wird der gesellschaftliche Wandel nachgezeichnet: Erfassen Sie die Aussagen der Karikaturen und nehmen Sie unter dem Aspekt der Realitätsnähe eine Bewertung vor.
2. Nehmen Sie Stellung zu der folgenden Aussage: *Die Menschen vereinsamen, verlernen das Denken und verlieren die Fähigkeit, normale zwischenmenschliche Beziehungen aufzubauen.*
3. Wählen Sie sich ein Subsystem der Sozialstruktur aus und gestalten Sie eine Karikatur zum Thema gesellschaftlicher Wandel. Ausschlaggebend sind die Idee und die Kreativität der Umsetzung. Tauschen Sie Ihre Karikaturen untereinander aus und überprüfen Sie ihre Überzeugungskraft.

1.2 Ursachen für den gesellschaftlichen Wandel

1.2.1 Werte- und Normenwandel

M 1 Wertewandel – karikiert

Karikatur: Thomas Plaßmann, Baaske Cartoons

Werte

Werte sind verbreitete Vorstellungen des Wünschbaren, Erstrebenswerten, Wertvollen. Werte definieren ein allgemeines Ziel und geben eine Orientierung, sie legen kein konkretes Handeln fest; sie schaffen einerseits Ordnung durch gemeinsame Orientierungen, lassen andererseits aber Spielraum für Handlungsfreiheit. Der Begriff Wert lässt sich definieren als ein allgemeines Ziel, oberstes Ziel des Handelns in einer Kultur.

Thomas Schwietring, Was ist Gesellschaft. Einführung in soziologische Grundbegriffe, Schriftenreihe der BpB, Band 1210, Bonn 2011, S. 160

M 2 Wie haben sich Werte zwischen 1950 und 2000 verändert?

50er Vorrang der Wirtschaft	60er Wirtschaftswachstum	70er Alternative zum genormten Leben	80er Schneller, höher, weiter	90er Neue Unübersichtlichkeit
• Recht und Ordnung • Leistung und Disziplin • Leben, um zu arbeiten • Pflichtgefühl	• Prosperität • Materieller Wohlstand • Soziale Sicherheit • Aufsteigen • Prestige • Konsumieren	• Unabhängigkeit • Selbstverwirklichung • Alternative Lebensbewegung • Konsumkritik • Soziale Bewegung, Frieden, Ökologie, Frauen, Psychoboom	• Hedonismus • Ich-Bezogenheit • Erlebnisorientierung • Oberflächlichkeit • Selbstdarstellung	• Individualismus • Beziehung / Kommunikation • Authentizität • Prosperität • Realismus • Flexibilität
Aufbau und Erhalten	**Haben und Zeigen**	**Sein und Selbstbestimmung**	**Genießen und Exponieren**	**Sein, Haben und Genießen**
Traditionelle Werte	Materielle Werte	Postmaterielle Werte	Postmoderne Werte	
Trend zu Individualisierung und Pluralisierung				

Quelle: Gesellschaft für Innovative Marktforschung, Delphi-Studie 2001, Heidelberg 2001

Prosperität
Aufschwung

Hedonismus
Freude am Genuss

Authentizität
Echtheit; Wahrhaftigkeit

M 3 ● Vom Wertecocktail zur Sinnsuche

»Ich tue, was mir gefällt«: Der Erlebniskonsument betrachtet die *Welt als Speisekarte* und stellt sich ein individuelles Menü zusammen: Er wählt, kauft, trennt sich oder wirft weg, ist also *unberechenbar* in seinen Erlebniswünschen und *instabil* in seiner Beziehung zur sozialen Umwelt. Der multioptionale Erlebniskonsument wünscht sich grenzenlose Möglichkeitssteigerungen, was ihn zum Auswählen geradezu verurteilt, ob er es will oder nicht, ob er es kann oder nicht. Wer diese *Selektionsfähigkeit* nicht besitzt oder erlernt, droht selbst zum Opfer der herbeigesehnten Angebotsexplosion zu werden, weil Maßstäbe, Richtungen und Orientierungen fehlen. Und immer mehr schwanken zwischen **Wertpluralismus und Wertrelativismus**, zwischen einem großen Entfaltungsspielraum und einer wachsenden persönlichen Verunsicherung. Das Wandeln durch den Supermarkt der Moral zwingt vor allem die junge Generation zum Bauen und Basteln einer *Do-It-Yourself-Ethik*, die in traditioneller Sichtweise wie *Moral-Surfing* oder *Neo-Opportunismus* erscheint. Der jungen Generation, die mit der **Wertevielfalt** aufwachsen, souverän durch die **Werteflut** waten und sich ihren **Wertecocktail** selber mixen muss, bereitet die Unübersichtlichkeit offensichtlich wenig Kopfzerbrechen: »Ihr großer Freundeskreis ist für sie da und doch fühlt sie sich diesen Freunden gegenüber nicht verpflichtet. Oft ist sie unzuverlässig und lässt Verabredungen und Termine einfach platzen. Wären Pünktlichkeit und Disziplin noch allgemeingültige Werte, würde sie schon längst allein dastehen. Doch ihre Freunde mögen ihre chaotische Art.« Aus der Sicht der Erwachsenengeneration muss dieses Leben chaotisch erscheinen. Für Jugendliche hingegen ist ein solches Verhalten *weder beliebig noch ziellos* - wohl aber bindungs- und verpflichtungslos. Eher sind sie hin- und hergerissen zwischen

- Flucht aus der Verbindlichkeit *und* Sehnsucht nach Bindung sowie
- Abschied von sozialen Verpflichtungen *und* Suche nach eigenen verpflichtenden Lebenskonzepten.

Mit diesen Spannungen und Widersprüchen können sie offensichtlich ganz gut leben, solange jedenfalls, wie sie nicht aus dem *inneren Gleichgewicht* geraten. Denn wer sich immer nur pragmatisch auf Zeit bindet und wie im Geschäftsleben auf *temporäre Allianzen* schwört, kann schnell aus dem Tritt geraten, wenn Partner ihre Verabredungen nicht mehr einhalten oder ohne Angabe von Gründen ihre Kontakte abbrechen. Dann gerät die Balance des Lebens ins Wanken, aus Bindungslosigkeit wird Orientierungslosigkeit und die Sehnsucht nach *intakten sozialen Beziehungen* (»wie in der Familie«) sowie nach Halt und Geborgenheit wird stärker. Nicht Werteverfall, sondern Wertevielfalt [...] kennzeichnet die Zukunft. [...] Die Grenzen zwischen Wertevielfalt und Optionenflut werden fließend, während gleichzeitig die Wahlfreiheit zum Wahlzwang wird.

Horst W. Opaschowski, Deutschland 2030. Wie wir in Zukunft leben, Gütersloh 2009, S. 574-575

Aufgaben

1. Erklären Sie, ob in M 1 ein gesellschaftlicher Wertewandel erkennbar ist.
2. Beschreiben Sie in eigenen Worten die Begriffe „multioptionaler Erlebniskonsument", „Wertepluralismus" und „Werterelativismus". (M 2, M 3)
3. Opaschowski stellt an anderer Stelle folgende These auf: „Orientierungs- und Beratungshilfen sowie Lebensgestaltungsangebote werden immer dringender, was die Inflation von z. B. Therapiehandbüchern und Bildungsführern erklärt. So wächst eine Generation multioptionaler Konsumenten heran. Weil ihnen alles gleichwertig erscheint, geben sie sich auch entsprechend gleichgültig." Stimmen Sie ihm zu?

H zu Aufgabe 1
Beziehen Sie Ihre eigenen Erfahrungen (Erziehung, Umgangsformen, etc.) in Ihre Erklärung mit ein.

1.2.2 Technische Entwicklungen als Motor des gesellschaftlichen Wandels

M 4 ● Digitale Revolution?

Karikatur: Martin Guhl, Schweiz

Es ist ein Paradox: Nie zuvor in der Geschichte gab es mehr Informationen, nie zuvor hatten mehr Menschen rund um die Erde günstiger und müheloser Zugang zu Wissen, Bildung und Kommunikation. Ein Traum wurde Wirklichkeit. Von einem „riesigen dynamischen Ökosystem des Wissens“ schwärmt Wikipedia-Gründer Jimmy Wales. „Wer braucht noch ein Gedächtnis, wo es doch Google gibt?“, jubelt das Fachblatt „Wired“. Und fast alle können daran teilhaben: 65 Prozent der Deutschen ab 14 Jahren sind online, vor zehn Jahren waren es rund 10 Prozent. Weltweit ist die Zahl der Internet-Nutzer auf etwa 1,4 Milliarden gestiegen - noch nie hat sich ein Massenmedium so schnell ausgebreitet. Dank preisgünstiger Flatrates sind immer mehr Menschen ständig online, dank Blackberry und iPhone müssen sie auch außerhalb ihrer vier Wände nicht aufs Netz verzichten. [...] Wie kein anderes Medium hat das Internet nicht nur das Leben der Menschen verändert, seine Bedürfnisse und sein Verhalten, es hat auch die Wirtschaft umgekrempelt und ganze Branchen, etwa die Musikindustrie, in Bedrängnis gebracht. Neue Giganten sind entstanden, allen voran das Suchmaschinenunternehmen Google, das den Markt für Online-Werbung dominiert und in immer neue Bereiche vordringt.

All diese Veränderungen vollziehen sich in einer Geschwindigkeit, die einzigartig ist. Sie bringen den Menschen so viele Vorteile, dass die nur langsam merken, dass es auch Nachteile gibt. Das größte Problem des Internets ist die Kehrseite seines größten Vorteils - das Überangebot an Informationen. Suchmaschinen liefern zwar Millionen Treffer auf alle möglichen Fragen und sortieren sie hierarchisch quasi nach ihrer Beliebtheit im Netz - sozusagen Relevanz durch Plebiszit. Kritische Vernunft jedoch hat Google in seinen Algorithmen noch nicht eingeführt. „In der Informationsgesellschaft denkt keiner mehr nach. Wir erwarteten, dass wir Papier aus unserem Leben verbannen, stattdessen haben wir die Gedanken verbannt“: [...] Wandel ist nichts Fremdes in der Kommunikationsgeschichte, ebenso wenig wie die Kritik daran. Jedes neue Medium sorgte irgendwo für schwere Bedenken, manchmal für Untergangsstimmung. Schon Sokrates regte sich über die neumodische Unsitte auf, Philosophie in Schriftform zu betreiben. Er war überzeugt, dass Weisheit nur im Dialog zu finden sei. [...] Mit dieser Haltung geht es quer durch die Jahrhunderte. Von Schriftrollen zum gebundenen Buch, von der Einführung des Papiers und zur Druckerpresse: Jedes Mal staunte die Menschheit, und oft erschrak sie auch in Sorge, dass etwas verlorengehen könnte. [...] Fotos, Telegraf, Telefon, Radio, Film, Fernsehen, Internet: Je rasanter der Wandel, desto größer, so scheint es, ist auch das Unbehagen. [...]

Der Wandel der Wissensgesellschaft im Zeitalter des Internets lässt sich besonders anschaulich in der Bibliothek der Harvard-Universität, der weltweit größten ihrer Art, beobachten. [...] Robert Darnton ist Direktor der Harvard-Bibliothek, er ist Experte für französische Aufklärung und die Geschichte des Buchs [...]. Die größte Erfindung der Menschheitsgeschichte, wichtiger noch als das Rad, ist für ihn die Einführung des Kodex - also des gebundenen Buchs - als Nachfolger der Schriftrolle. „Man kann darin blättern, nach vorn und nach hinten springen, ich finde es schwer zu glauben, dass diese Einrichtung verschwinden könnte“, sagt er. [...] Tatsächlich aber summen in den Kellern von Widener Hall täglich die Scanner. Mehrere Dutzend Mitarbeiter digitalisieren dort unten fortwährend jahrhundertealte Texte, historische Fotos und Zeichnungen. [...] Mehr als 15 Millionen Schriften lagern in seinen rund 90 Fachbibliotheken. Sie alle zu digitalisieren würde wahrscheinlich Jahrzehnte dauern. Nicht einmal Harvard, eine der finanziell am besten ausgestatteten Universitäten der Welt, kann das aus eigener Kraft schaffen. An dieser Stelle kommt Google ins Spiel. Mehrmals pro Woche fahren Mitarbeiter des Unternehmens in Harvard vor, um Bücher zu entleihen, in ihren ein paar Meilen entfernten Kopierbetrieb zu transportieren und sie dort zu digitalisieren. Und das machen sie nicht nur in Harvard, sondern auch in Stanford, Oxford, der Bayerischen Staatsbibliothek in München und einer wachsenden Zahl weiterer Institutionen. Die größte Buchsammlung der Menschheit soll so entstehen, von Aristoteles bis Goethe, Shakespeare und Oscar Wilde. Google Book Search hat großes Potential. Es könnte beide Seiten zusammenbringen, Web-Enthusiasten und Kulturkritiker, die den Untergang der Buchkultur befürchten. Wissen würde endgültig demokratisiert und überall auf der Welt jedem zur Verfügung stehen, der Zugang zum Internet hat. [...] Bibliothekare sehen noch eine ganz andere Gefahr: den Fortschritt der Speichermedien. Die Hälfte aller vor dem Zweiten Weltkrieg gedrehten Filme sind für immer verloren, auf Floppy Disks, Mikrofilm oder Kassetten gespeicherte Daten sind schon jetzt oft nur noch schwer auffindbar. Papier und Pergament dagegen haben sich über die Jahrhunderte hinweg gut gehalten.

Frank Hornig, Martin U. Müller, Susanne Weingarten, Die Daten-Sucht, www.spiegel.de, 11.8.2008

Aufgaben

1. Fassen Sie die wesentlichen Aussagen von M 4 zusammen.
2. Beschreiben Sie den Einfluss der geschilderten Entwicklung auf die verschiedenen gesellschaftlichen Bereiche und wie dadurch der soziale Wandel befördert wird.
3. Diskutieren Sie die Vor- und Nachteile von Google Book Search.
4. Nehmen Sie Stellung zum Begriff „digitale Revolution“. Ist er Ihrer Meinung nach berechtigt?

H zu Aufgabe 1
Unterteilen Sie M 4 in sinnvolle Abschnitte und geben Sie jedem Abschnitt eine passende Überschrift.

1.2.3 Globale Entwicklungen als Ursache für den gesellschaftlichen Wandel

M 5 ● Atomkraft in Japan und in der Welt

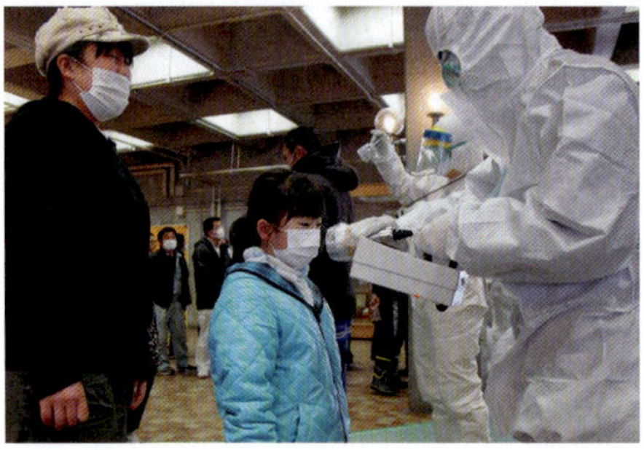

Ein Kind bei einer Messung von radioaktiver Strahlung nach der Nuklearkatastrophe in Fukushima / Japan im März 2011

Demonstranten fordern das Ende der Atomenergie. März 2011

M 6 ● Terrorangriff auf das World-Trade-Center

Terror-Angriff auf die Twin-Towers in NY.

Verstärkte Polizeipräsenz an öffentlich stark frequentierten Plätzen.

M 7 ● Wirtschaftliche Globalisierung

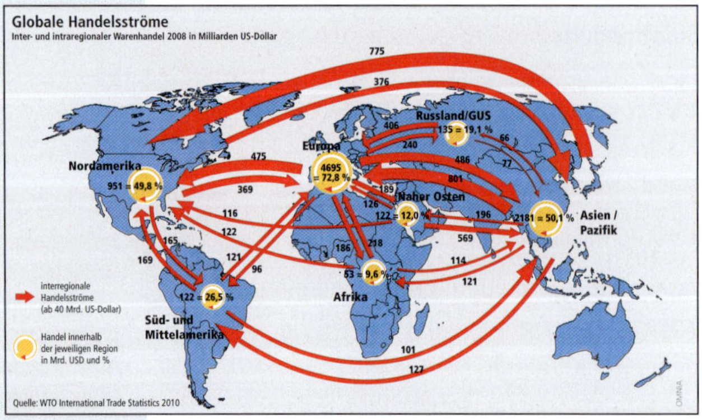

Wirtschaftliche Verflechtungen weltweit.

Aktivisten der Occupy-Bewegung machen auf die negativen Auswirkungen der Globalisierung aufmerksam.

M 8 ● Revolution im Nahen Osten

Demonstranten auf dem Tahrir-Platz in Kairo demonstrieren für einen friedlichen Systemwechsel. Februar 2011

Ägypterinnen bei den ersten demokratischen Wahlen am 23. und 24. Mai 2012

M 9 ● Kindersoldaten in Uganda

Mit der Sozial-Video-Kampagne (rechts im Bild) sollen die Methoden und Verbrechen von Konys Organisation, der Lord's Resistance Army in Uganda, aufmerksam gemacht werden, die Kinder entführen und als Kindersoldaten missbrauchen.

Social-Video-Kampagne gegen den ugandischen Rebellenführer und mutmaßlichen Kriegsverbrecher Joseph Kony. Das auf YouTube veröffentlichte umstrittene Internetvideo ist das erste, das innerhalb von fünf Tagen 70 Millionen Mal aufgerufen wurde.

Aufgaben

1. Die Materialien in M 5 – M 9 deuten auf globale Ereignisse, die von außen den Wandel der Sozialstruktur einer Gesellschaft verursachen und befördern können. Schildern Sie die jeweiligen zum Teil umstrittenen Hintergründe der Ereignisse und beurteilen Sie die entsprechenden Folgen für den gesellschaftlichen Wandel (national + international).
2. Suchen Sie vergleichbare globale Ereignisse und erklären deren jeweiliges Potential für gesellschaftliche Veränderungen.
3. Stellen Sie mithilfe der Spinnwebanalyse Verbindungen zwischen den einzelnen Ereignissen her. (vgl. S. 45, Spinnwebanalyse)

F zu Aufgabe 1
Stellen Sie ein globales Ereignis aus M 5 - M 9 in einem Kurzreferat vor.

ORIENTIERUNGSWISSEN

Ursachen und Einflussfaktoren für den sozialen Wandel
M 1 – M 9

Naturkatastrophen

Durch die globale und digitale Vernetzung aller Länder der Erde bleiben Ereignisse und Entwicklungen in einem Land nicht unbemerkt. So treffen auch Naturkatastrophen nicht nur das jeweilige Land, sondern auch andere Länder und Staaten, die auf irgendeine Art und Weise (wirtschaftlich, sozial, kulturell, historisch,...) mit dem Land und dem Schicksal der Menschen dort verbunden sind. Die Menschen fühlen sich z. B. durch die katastrophalen Ereignisse in einem Land dazu veranlasst, die Politik des eigenen Landes zu hinterfragen und aufzufordern, bestimmte Maßnahmen für ein Umdenken zu treffen.

Terrorismus

Terroristische Gruppierungen können ob ihrer weltweiten Vernetzung und Aktivitäten überall terroristische Anschläge planen und durchführen. Darauf müssen alle Länder dieser Erde reagieren: Die Menschen müssen über die tatsächlich bestehende Gefahr informiert und vor möglichen Angriffen geschützt werden. Die Konsequenz daraus ist ein permanentes Ausloten zwischen unnötigen Übergriffen und nötigen Einschränkungen des Staates auf die Freiheiten der Zivilbevölkerung.

Globalisierung und Wirtschaftkrisen

Die Vorteile der Globalisierung sind mehr als offensichtlich: Wir haben jederzeit Zugriff auf Produkte aus aller Welt und das zu meist erschwinglichen Preisen. Aber auch die Nachteile dieser Entwicklung, z. B. die wirtschaftlichen Probleme eines Landes, bleiben in der Regel nicht vor Ort, sondern haben das Potenzial, ganze Erdteile zu betreffen. Globale Bewegungen machen darauf aufmerksam, dass nicht alle Menschen in gleichem Maße Anteil haben an diesem Wohlstand, dass dieser Wohlstand auf Kosten bestimmter Erdteile und deren Bevölkerung erfolgt.

Demokratisierungsprozesse als Gegenbewegung zu diktatorischen Regimen

Der Arabische Frühling in den nordafrikanischen Staaten hat sichtbar gemacht, dass entscheidende Entwicklungen in einem Land oftmals folgenreiche Auswirkungen auch auf andere Länder und deren Bevölkerung haben können. Sei es, dass sich ein Land mit ähnlichen Gegebenheiten dazu motiviert fühlt, entsprechende Forderungen an die eigene Regierung zu stellen. Sei es, dass die internationale Staatenwelt sich dazu aufgerufen fühlt, mit diplomatischen und militärischen Mitteln die Zivilbevölkerung zu unterstützen.

Massenmobilisierung im Netz

Mit dem Internet können viele Menschen erreicht werden: angefangen mit „kleinen“ oder „größeren“ Facebook-Parties bis hin zu virtuellen Sit-Ins oder Flashmobs. Die digitale Vernetzung hat gezeigt, dass mit dem Internet Menschenmassen angesprochen und mobilisiert werden können, zu gesellschaftlich mehr oder weniger relevanten Themen ad hoc Stellung zu nehmen. Fraglich bleibt jedoch, wie nachhaltig diese Mobilisierung ist.

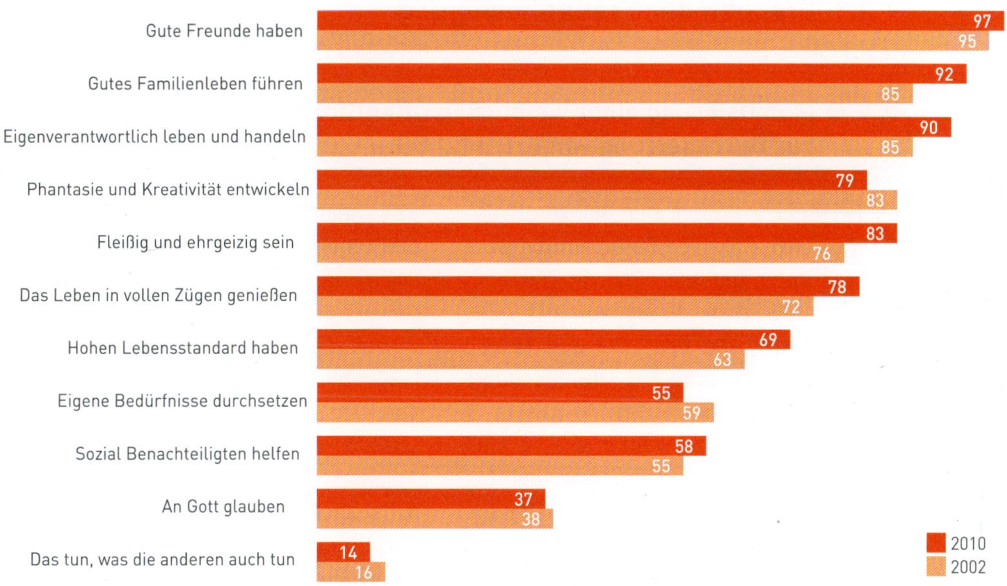

Wertorientierungen: Pragmatisch, aber nicht angepasst
Jugendliche im Alter von 12 bis 25 Jahren (Angaben in %)

Quelle: 16. Shell Jugendstudie, Stand: 2010

„Die Jugend von heute ... !?

... interessiert sich nicht für Politik und will nur Spaß zu haben."

... engagiert sich nicht, für nichts und niemanden."

... ist verwöhnt und denkt nur ans Geldausgeben."

... kümmert sich nicht um die ältere Generation."

Aufgaben

1. Finden Sie Erklärungsansätze für auffällige Entwicklungen, die in der Grafik sichtbar werden.
2. Die Äußerungen zur „Jugend von heute" werden von Generation zu Generation weiter getragen und bringen scheinbar die Werthaltung der jeweiligen Jugend zum Ausdruck. Klären Sie, inwieweit diese Äußerungen berechtigt sind.
3. In einer Studie des Forums Demographischer Wandel und der Bertelsmann Stiftung im Jahre 2009 zum Thema „Der demographische Wandel als gesellschaftliche Herausforderung" wurde von den interviewten Bundesbürgern beginnend mit den 80er Jahren und verstärkt in den 90ern bis heute ein „drastischer Werteverfall" festgestellt. Halten Sie diese Feststellung für gerechtfertigt?

1.3 Gesellschaftlicher Wandel am Beispiel des Geschlechterverhältnisses

1.3.1 Etappen der Frauenbewegung

Die „Mütter" des Grundgesetzes (auf dem Foto von links nach rechts): Friederike Nadig (SPD), Helene Wessel (Zentrumspartei), Helene Weber (CDU), Elisabeth Selbert (SPD). Diesen Frauen ist es zu verdanken, dass Männer und Frauen vor dem Gesetz gleichberechtigt sind. → Art. 3, Absatz 2, Satz 1 GG

M 1 ● Mobilisierung einer weiblichen Öffentlichkeit zur Durchsetzung von Art. 3 (2) GG

65 Persönlichkeiten waren in den Parlamentarischen Rat nach Bonn berufen worden, darunter nur vier Frauen: Elisabeth Selbert und Frieda Nadig von der SPD, Helene Weber von der CDU und Helene Wessel vom Zentrum. [...] Die eindeutige Formulierung von Artikel 3 Absatz 2 Grundgesetz – Männer und Frauen sind gleichberechtigt – stieß anfangs auch bei den Frauen im Rat auf eine Ablehnung, wie sie sich Elisabeth Selbert absolut nicht hatte vorstellen können. Für sie war klar: „Wir müssen weitergehen als Weimar!" Weitergehen also als die den Frauen in der Weimarer Republik lediglich zugestandenen „gleichen staatsbürgerlichen Rechte und Pflichten". [...] Elisabeth Selbert mobilisierte die Öffentlichkeit. Unter den extrem schwierigen Bedingungen des kriegszerstörten und in Zonen aufgeteilten Deutschlands reiste sie wie ein Wanderprediger von Versammlung zu Versammlung und erzählte den Frauen, was für eine Art Ausnahmegesetz sie zu erwarten hätten". Schließlich kamen waschkörbeweise Protestschreiben gegen jegliche Formulierung, die vieldeutige Auslegungen zuließe.

Antje Dertinger, Elisabeth Selbert – Leitbild der neuen Frauenbewegung, Informationen für die Frau, 6/1996, S. 19f.

M 2 ● Studentenrevolten und die Anfänge einer neuen Frauenbewegung

Die Anzahl der erwerbs- und berufstätigen Frauen war nach 1945 gestiegen; auch hatten sich die Bildungschancen für Mädchen deutlich verbessert, sodass immer mehr Frauen ein Studium aufnahmen. Aber die Gesamtgesellschaft verharrte noch immer in den alten patriarchalen Strukturen. Daher empfanden es die jüngeren Frauen zunehmend als ambivalent, dass sie in der Regel weniger verdienten als die Männer, sie dem Ehemann nicht gleichgestellt waren, aber die Hauptverantwortung für die Versorgung des Haushalts und die Betreuung der Kinder trugen, und dass sie kaum Zugang zu Führungspositionen hatten. Dies war grob zusammengefasst die gesellschaftliche Situation, die Frauen in der Mitte der 1960er Jahre – vor den so genannten Studentenrevolten – vorfanden.

Der Tomatenwurf: Auf dem SDS-Delegiertenkongress 1968 beschuldigte Helke Sander, Sprecherin des Aktionsrates zur Befreiung der Frau, die SDS-Männer, in ihrer Gesellschaftskritik nicht weit genug zu gehen, weil sie die Diskriminierung der Frauen ignorierten. Tatsächlich sei der SDS selbst das Spiegelbild einer männlich geprägten Gesellschaftsstruktur. Da die Genossen nicht bereit waren, diese Rede zu diskutieren und zur Tagesordnung übergehen wollten, warf Sigrid Rüger – als Zeichen weiblichen Protestes – Tomaten in Richtung Vorstandstisch. Der Tomatenwurf und seine mediale Verbreitung sorgten dafür, dass sich in den Universitätsstädten vermehrt Frauengruppen bzw. Weiberräte bildeten, die die Öffentlichkeit – mit teilweise spektakulären Aktionen – auf bestehende Ungleichheiten zwischen den Geschlechtern aufmerksam machten.

„Ich habe abgetrieben"

In diesem sozialpolitischen Kontext erhielt

Sozialistischer Studentenverbund (SDS) und APO

Der SDS wurde 1946 gegründet und galt als Kern der außerparlamentarischen Bewegung (APO). Die APO richtete sich gegen den Staat, den sie als reaktionär und autoritär verstand. Durch Aktionen und Aufklärung vor allem durch die Studentenproteste versuchte die APO die Gesellschaft aufzuklären und sie im Sinne von Gleichberechtigung und Selbstbestimmung zu verändern.

die neue Frauenbewegung 1971 einen zweiten Mobilisierungsschub: die Kampagne gegen den § 218. Ausgangspunkt war die Selbstbezichtigung „Ich habe abgetrieben" von 374 Frauen in der Zeitschrift STERN. Initiatorin war die Journalistin Alice Schwarzer, die die Idee dazu von den Französinnen übernommen hatte. Im Zuge dieser Kampagne formierten sich immer mehr Aktionsgruppen, die ihre Proteste schließlich in einem übergeordneten Gremium Aktion 218 koordinierten. Das Gremium übermittelte im Juli 1971 folgende Forderungen an den damaligen Bundesjustizminister Gerhard Jahn: 1. den § 218 aus dem Strafgesetzbuch zu streichen, 2. den Schwangerschaftsabbruch von Fachärzten vornehmen zu lassen, 3. die Abtreibung sowie „die Pille" als Kassenleistung festzuschreiben, 4. eine Sexualaufklärung, die sich an den Bedürfnissen der Frauen orientiert. Zwar wurde in der BRD bereits seit längerem über eine Reform des § 218 diskutiert, aber fast ausschließlich von Fachleuten. Neu war, dass Frauen als Betroffene selbst die Streichung des § 218 forderten und diese Kampagne nicht nur von Studentinnen, sondern auch von berufstätigen Frauen, Hausfrauen und Müttern getragen wurde. Auch wenn die Aktivistinnen ihr Maximalziel – die Abschaffung des § 218 – nicht erreichten, lässt sich der Kompromiss in Form der Fristenlösung, die am 21. Juni 1976 in Kraft trat, als Erfolg werten.

Susanne Hertrampf, Frauenbewegung – ein Tomatenwurf und seine Folgen, www.bpb.de, 8.9.2008

Info

§ 218

Nach der deutschen Wiedervereinigung 1990 ist die Rechtslage zunächst uneinheitlich: In den alten Bundesländern ist weiterhin die Indikationsregelung in Kraft. In den neuen Bundesländern bleibt die von der DDR 1972 eingeführte Fristenregelung gültig, der zufolge die Frau in den ersten drei Monaten frei über die Fortsetzung der Schwangerschaft entscheiden kann. Am 29. Juni 1995 beschließt der Bundestag eine modifizierte Fristenlösung mit Beratungspflicht: Demnach sind Abtreibungen in den ersten drei Schwangerschaftsmonaten rechtswidrig, bleiben aber straffrei, wenn sich die Frau mindestens drei Tage vor dem Eingriff beraten lässt. Der Staat räumt damit dem ungeborenen Leben Vorrang vor den Grundrechten der Frau (z. B. Selbstbestimmung) ein. Die Beratungspflicht entfällt bei medizinischer oder kriminologischer Indikation. Besteht Gefahr für das Leben oder den körperlichen bzw. seelischen Gesundheitszustand der Mutter, ist ein Schwangerschaftsabbruch bis zur Geburt zulassig. Begleitende soziale Maßnahmen sollen die Entscheidung für das Kind erleichtern.

©Stiftung Haus der Geschichte der Bundesrepublik Deutschland, Sozial-liberale Koalition: § 218, www.hdg.de (19.10.2012)

Verfassungsreform 1994 – Art. 3 (2) Satz 2 GG

„Der Staat fördert die tatsächliche Durchsetzung der Gleichberechtigung von Frauen und Männern und wirkt auf die Beseitigung bestehender Nachteile hin."

Aufgaben

1. Erarbeiten Sie aus M 1 – M 2, welche Faktoren die Frauenbewegung maßgeblich gesteuert und voran getrieben haben.
2. Erläutern Sie die Notwendigkeit und die besondere Bedeutung des Zusatzes zu Artikel 3 im Jahre 1994. (Randspalte)
3. Erklären Sie, wie diese Ereignisse im Zusammenhang mit dem sich verändernden Geschlechterverhältnis zwischen Mann und Frau zu sehen sind.

1.3.2 Gleichberechtigung – gesellschaftliche Realität?

Etappen auf dem Weg zur Gleichberechtigung zwischen Frauen und Männern

1900
Das Bürgerliche Gesetzbuch (BGB) tritt in Kraft. Mit seinen Regelungen zu Ehe und Familie verankert es die Rechtsstellung der Frau im Sinne der patriarchalischen Tradition, d.h. dem Ehemann kommt das Entscheidungsrecht in allen Fragen des Ehe- und Familienlebens zu.

1908
Das neue Reichsvereinsgesetz lässt Frauen zu politischen Vereinen zu und Frauen erhalten Zugang zu Universitäten.

1918
Frauen erhalten das aktive und passive Wahlrecht.

1933-1945
Nationalsozialismus: Die deutsche Frauenbewegung verliert ihre Wirkungsmöglichkeiten: Frauen werden zum Großteil aus dem öffentlichen Leben verdrängt.

1934-1935
Erwerbseinschränkungen für verheiratete Frauen.

M 3 ● Teilzeit- und vollzeitbeschäftigte Frauen

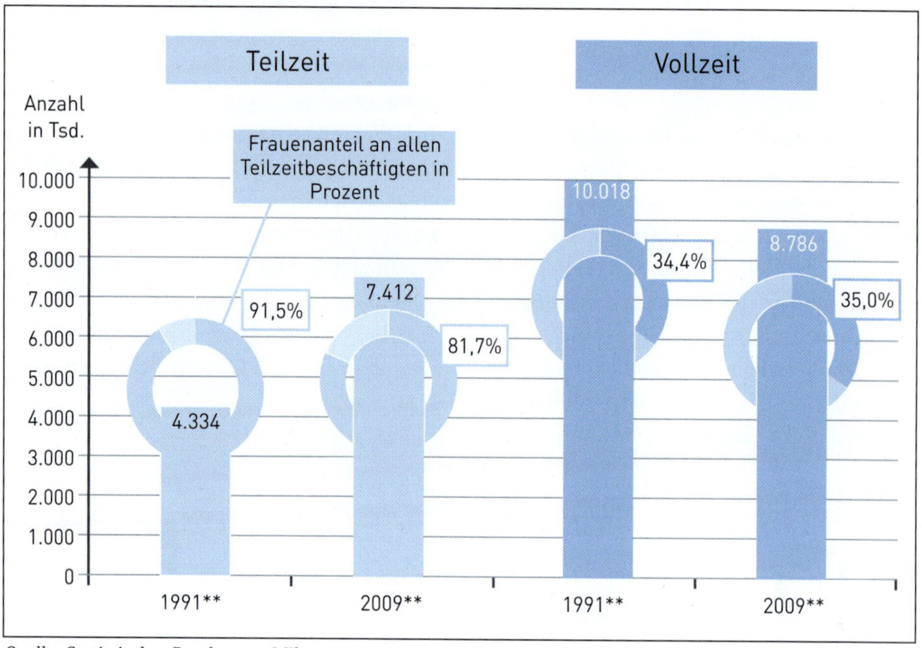

Quelle: Statistisches Bundesamt, Mikrozensus 2010, www.bpb.de (12.3.2013)

M 4 ● Verteilung der Einkommen

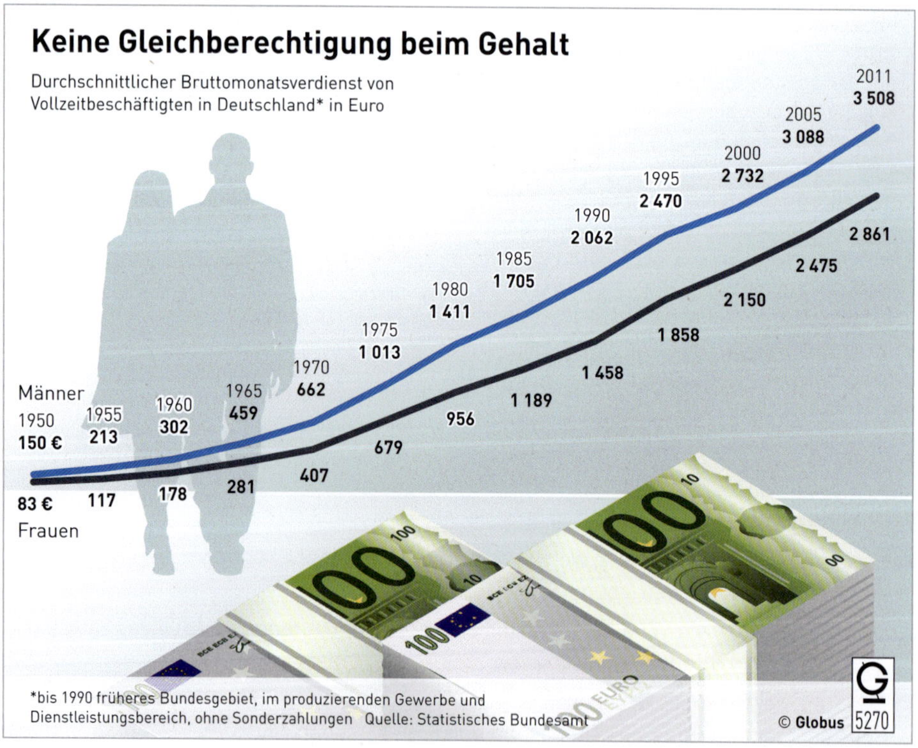

M 5 ● Gleichberechtigung in den Chefetagen?

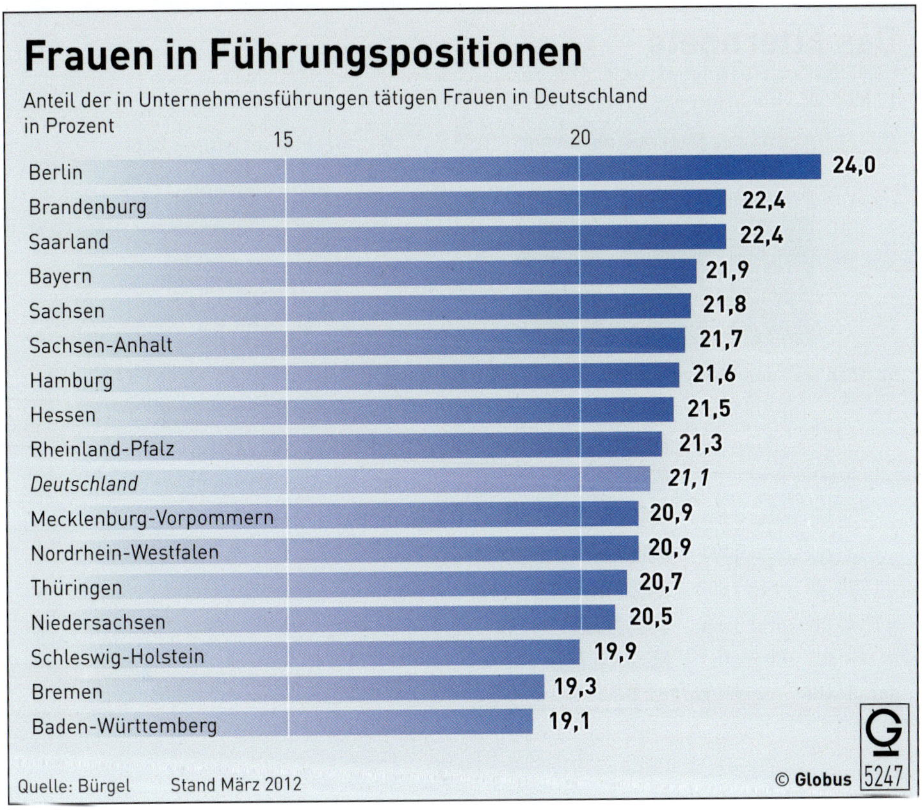

M 6 ● Gewünschte Lebensmodelle im Wandel der Zeit

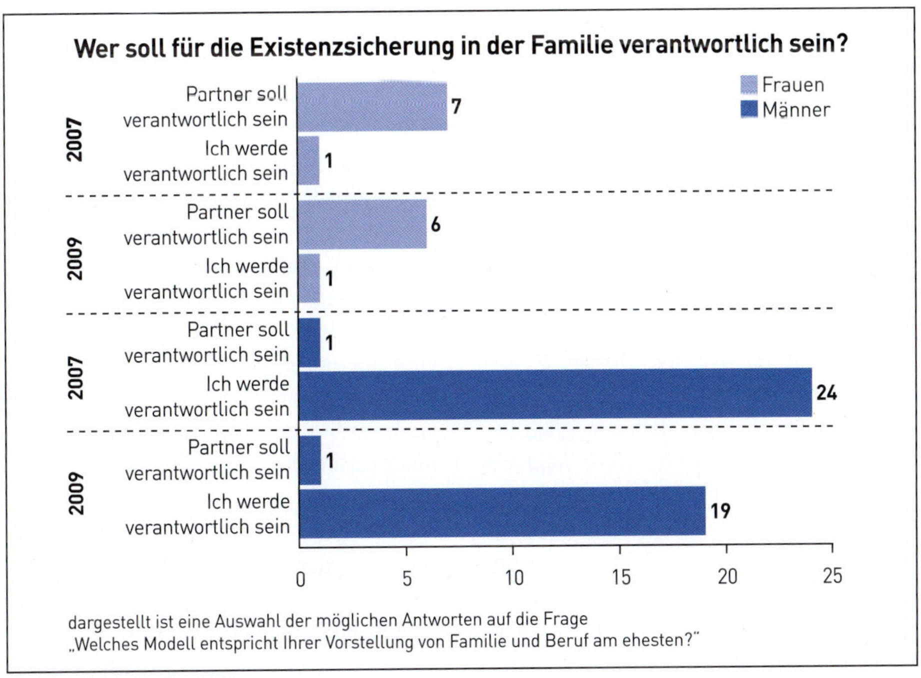

Quelle: Brigitte Studie, 2009

1937
Das Gesetz über die Beschränkung der Frauenarbeit wird wieder gelockert. Als Folge der Aufrüstung werden Frauen zur Arbeit in Munitionsfabriken verpflichtet.

1949
In Artikel 3, Absatz 2 des Grundgesetzes wird der Grundsatz „Männer und Frauen sind gleichberechtigt." aufgenommen.

1952
Mutterschutzgesetz (Gesetz zum Schutz der erwerbstätigen Mutter)

1958
Das „Gleichberechtigungsgesetz" setzt den in Artikel 3 GG enthaltenen Gleichheitsgrundsatz auf dem Gebiet des Bürgerlichen Rechts (BGB) um und ändert das seit dem 19. Jahrhundert geltende Familienrecht, das dem Mann in der Ehe ein umfassendes Entscheidungsrecht über seine Ehefrau zuwies. Wobei Einschränkungen bestehen bleiben: In Erziehungsfragen und als Vormund der Kinder ist weiterhin der Mann tonangebend.

1968
Aus der Studentenbewegung entsteht in Westdeutschland die „neue Frauenbewegung".

1972/1973
Rentenreformgesetz (ein Schwerpunkt: Öffnung der Rentenversicherung für Hausfrauen)

1975
Erste Weltfrauenkonferenz in Mexiko

1975
Bundeswehr öffnet Laufbahn der Offiziere des Sanitätsdienstes für Frauen.

1976
Der Bundestag verabschiedet die modifizierte Indikationsregelung: Der Schwangerschaftsabbruch bleibt innerhalb festgelegter Fristen straffrei.

1977
Erstes Gesetz zur Reform des Ehe- und Familienrechts: Keine Entscheidungsbefugnis bzgl. der Erziehung der Kinder und Gültigkeit des Partnerschaftsprinzips (keine gesetzlich vorgeschriebene Aufgabenteilung in der Ehe)

1991
Die Bundeswehr öffnet alle Laufbahnen des Sanitätsdienstes und des Militärmusikdienstes für Frauen.

1992
Das Bundesverfassungsgericht hebt das Nachtarbeitsverbot für Arbeiterinnen auf.

1994
Das Gleichberechtigungsgebot in Artikel 3 Absatz 2 Grundgesetz wird ergänzt: „Der Staat fördert die tatsächliche Durchsetzung der Gleichberechtigung von Frauen und Männern und wirkt auf die Beseitigung bestehender Nachteile hin."

M 7 ● Aufteilung des Elterngelds zwischen Müttern und Vätern

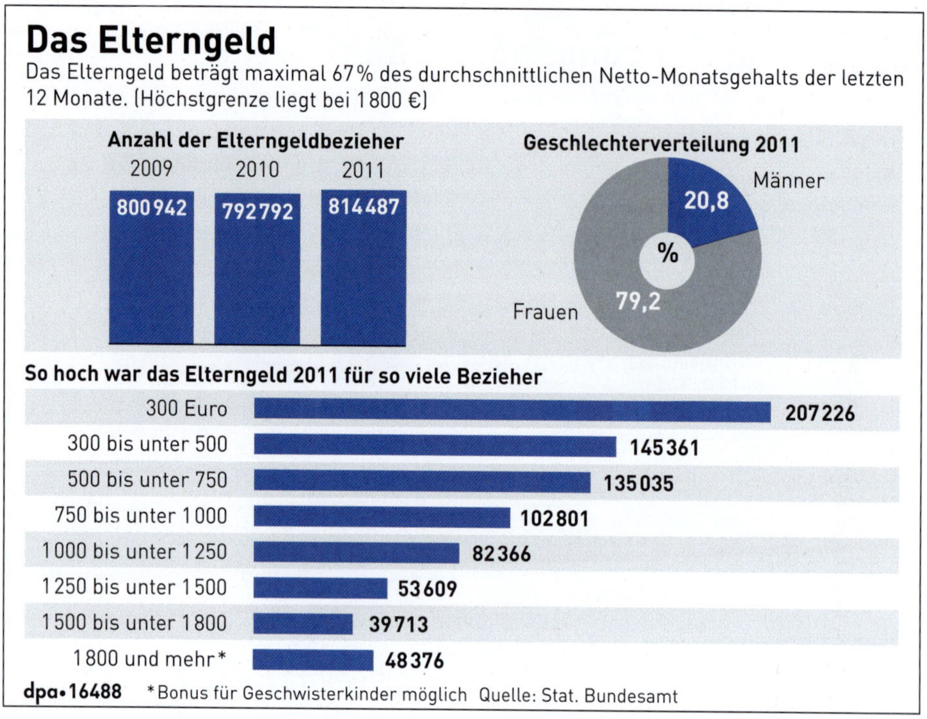

M 8 ● Prinzessinnen

Ich wuchs in einer Familie auf, in der sich von selbst verstand, was Simone de Beauvoir[1] schon 1949 so bündig verkündet hatte: »Man kommt nicht als Frau zur Welt, man wird es.« Folgerichtig hatte meine Mutter Barbiepuppen für ihre Töchter abgelehnt. Sie kaufte Lego-Steine und Spielzeugautos für meine Schwester und mich; der Kampf gegen die Geschlechtsrollenstereotype begann schon im häuslichen Kinderzimmer. Eine Generation später war ich selbst Mutter und glaubte, dass meine Tochter in einer im Großen und Ganzen freieren Zeit aufwachsen würde. Meiner Meinung nach hatten es gerade die Erfolge der Generation meiner Mutter möglich gemacht, dass Frauen Weiblichkeit nunmehr als Alternative und nicht als Falle betrachten konnten. [...] Infolgedessen nahm ich auch an, dass kleine Mädchen Märchenprinzessinnen sein durften, wenn sie das wollten.

Doch dann erkannte ich, dass die Mauern fast unmerklich näher heranrückten. Die Freiheit, gelegentlich einen Tupfer Rosa zu tragen, hat sich mittlerweile fast in das Diktat verkehrt, in einem Meer von Rosa zu ertrinken. Meine Tochter wächst in einer Welt mit nahezu mittelalterlichen Werten auf: Jedes Mädchen ist eine Prinzessin und jeder Junge ein Kämpfer; jedes Mädchen hat Märchenfiguren auf seiner Pausenbrotbox und jeder Junge Superhelden auf seiner. Dieser neue Traditionalismus spiegelt sich nicht nur in den unterschiedlichen, Kindern angebotenen Spielsachen wider, er erstreckt sich auch auf die Erwartungen an viele andere Aspekte kindlichen Verhaltens, vom Lernen bis zum Raufen. Und am merkwürdigsten kommt mir vor, dass diese rückwärtsgewandten Erwartungen so wenig in Frage gestellt werden.

»Komm zu meiner Prinzessinnenparty!« stand auf der Einladung einer Kindergartenfreundin meiner Tochter, neben einem bunten Bild einer Prinzessin in Krone und Robe, die Dornröschen nachempfunden war. Meine Tochter freute sich sehr, und an dem fraglichen Tag musste ich ihr helfen, ihr glitzerndes Strassdiadem und ihr Mininylonballkleid aus dem Disney Shop anzulegen. Bei unserer Ankunft auf der Party empfing uns der erwartete Anblick: Ein Dutzend kleiner Mädchen führte Kleider vor, ausgedacht für Märchenheldinnen ab den 1930er Jahren. Vereinzelte Jungen in ihren Alltagsklamotten, blau und grau, drückten sich in den Ecken herum. Auf dem Teetisch prangten rosa Glitzerteller und -tassen, dazwischen eingestreut ein paar einfache blaue, damit auch die Jungen ihre Plätze fanden.

[...] »Ich wünschte, ich hätte ein Mädchen«, erwiderte eine der Mütter. »So ein stilles. Thomas ist eine richtige Nervensäge.« Später hörte ich ebendiese Mutter, während sich Thomas an ihr Bein klammerte und jedes Wort verweigerte, in der Küche sagen: »Er ist wie sein Vater. Er knurrt eher, als dass er redet, wenn er sauer ist. [...]. «In diesem Augenblick schlug die Veranstaltung in einen Tumult um. Ein Junge war zu langsam beim Pass-the-Parcel-Spiel; ein Mädchen sprang wutentbrannt mit verrutschtem Diadem auf und schlug ihn ins Gesicht. Er schrie auf, rannte aus dem Zimmer und wollte nicht mehr mitspielen. [...] Die Mütter in der Küche tauschten sich über die Gründe für diesen Zwischenfall aus. »Jungen stellen sich in diesem Alter bei Spielen nicht so gut an«, wusste eine. »Sie können einfach nicht stillsitzen! Es fällt ihnen viel schwerer, glaube ich.« »Jungen sind in vieler Hinsicht einfach viel unreifer als Mädchen«, meinte eine andere. Am Ende bekamen die Kinder ihre Wundertüten, farbkodiert in rosa oder blau, darin Plastikarmbänder und Haarklämmerchen für die Mädchen und Dopsbälle und Plastikspinnen für die Jungen.

Natasha Walter, Living Dolls. Warum junge Frauen heute lieber schön als schlau sein wollen, Frankfurt am Main 2012, S. 161-163, übersetzt von Gabriele Herbst

1 Anm. d. R.: Simone de Beauvoir war eine französische Schriftstellerin, Philosophin und Feministin. Der Welterfolg „Das andere Geschlecht" (1949) gilt als Meilenstein der feministischen Literatur.

Aufgaben

1. Recherchieren Sie die Hintergründe zu ausgewählten Ereignissen (vgl. Zeitleiste) auf dem Weg zu mehr Gleichberechtigung zwischen Frauen und Männern und berichten Sie Ihren Mitschülern.
2. Werten Sie die Informationen aus M 3 – M 7 arbeitsteilig aus und fassen Sie anschließend die Aussagen thesenartig zusammen.
3. Kann Ihrer Meinung nach von einem gleichberechtigten Nebeneinander der Geschlechter gesprochen werden? Begründen Sie Ihre Position.
4. Suchen Sie nach Beispielen, die das Gegenteil beweisen und von einem erhöhten Selbstbewusstsein heutiger Frauen in verschiedenen gesellschaftlichen Bereichen zeugen. Beziehen Sie auch Ihre direkte Umgebung mit ein.
5. Entwickeln Sie Lösungsvorschläge für ein partnerschaftlich orientiertes Vorgehen bei dem Versuch, Familie und Beruf zu vereinbaren.
6. Erarbeiten Sie aus M 8 die Kritik der Autorin und finden Sie Gründe für den „neuen Traditionalismus".
7. Entwerfen Sie einen kurzen Erziehungsratgeber für Eltern, die sich um eine geschlechtsneutrale Erziehung ihrer Kinder bemühen.
8. „Denn nach vierzig Jahren Geschlechtertheater müssen wir feststellen: Wir selber haben's vermasselt. Wir Frauen. Wir reden und schreiben und regen uns auf und verfluchen unsere Ohnmacht gegenüber den gesellschaftlichen Strukturen – aber wie handeln wir denn Tag für Tag? Wir lassen dieses System nicht nur zu. Wir machen mit.", so die Publizistin und Autorin Bascha Mika in ihrem Buch „Die Feigheit der Frauen". Nehmen Sie begründet Stellung zu dieser Aussage.

1999
Durch die Beschlüsse der Weltfrauenkonferenz in Peking und durch den Amsterdamer Vertrag wurde die Bundesregierung verpflichtet, Gender Mainstreaming als Strategie und Methode zur Verbesserung der Gleichstellung von Frauen und Männern einzuführen.

2001
Vom 1. Januar an können Frauen auch Dienst an der Waffe leisten. Der Gesetzgeber folgt damit einem Urteil des Europäischen Gerichtshofes zur Gleichbehandlung von Männern und Frauen bei der Bundeswehr.

2005
Angela Merkel wird erste Bundeskanzlerin der BRD.

2006
Das Allgemeine Gleichbehandlungsgesetz (AGG) tritt in Kraft. Damit werden EU-Gleichbehandlungsrichtlinien in Deutschland umgesetzt, die auch den Schutz vor Benachteiligungen wegen des Geschlechts bezwecken.

2007
Elterngeld

2008
Kinderförderungsgesetz: Rechtsanspruch unter Dreijähriger auf Krippenplatz ab 2013

seit 2011
wieder verstärkt Diskussionen um verpflichtende oder flexible Frauen-Quoten in Führungspositionen

1.3.3 Ist „gesellschaftlicher Wandel" steuerbar?

Gender

Die englische Sprache differenziert - anders als die deutsche - den Begriff Geschlecht in zwei Aspekte: Der Begriff *sex* steht für die biologischen Aspekte von Geschlecht. Der Begriff *gender* steht für die sozialen und kulturellen Aspekte von Geschlecht. *Gender* richtet den Blick auf die gesellschaftlich so geprägten Rollen, aus denen unterschiedliche Interessen, Bedürfnisse, Kompetenzen und Lebenserfahrungen von Frauen und Männern, Mädchen und Jungen resultieren.

Gender Glossar, www.genderundschule.de (24.10.2012)

M 9 ● „Heute schon gegendert?" – alte Rollenbilder auf dem Prüfstand

Seit zehn Jahren möchte die deutsche Regierung ihre Politik „gendern". [...] „Gender- was?" fragen die einen noch belustigt, während andere stolz verkünden, dass sie bereits ihre Sprache, ihre Zielgruppen oder sogar ihren Finanzhaushalt „gegendert" hätten. „Gender-Mainstreaming" nennt sich der Verwaltungsprozess, der zugleich ein elegantes Instrument der Weltverbesserung sein will: Männer und Frauen sollten im „Mainstream" des politischen Handelns gesondert erfasst und ihre Rollen reflektiert werden. Ziel ist, das Machtgefälle zwischen den Geschlechtern abzubauen. Dieses anspruchsvolle Programm hatte die Weltfrauenkonferenz in Peking 1995 angeregt. Seitdem ist es Bestandteil internationaler Abkommen geworden, UN und EU haben sich dazu verpflichtet. Und auch die deutsche Regierung hat Gender-Mainstreaming 1999 offiziell eingeführt. [...]

Das Geschlecht wird politisch [...]

„Gender" [bezeichnet, Anm.d.R.] [...] das „soziale Geschlecht", die Rollenzuschreibungen. Letztere können Menschen stark einengen. Männer, die stets stark und cool wirken wollen, um „männlich" zu sein, können unter diesem Anspruch so leiden, dass sie krank werden. Ungünstig haben es auch Frauen getroffen, die angeblich „unweiblich" wirken, wenn sie vorankommen wollen und Ehrgeiz zeigen. Am nachhaltigsten aber wirkt die traditionelle Rollenverteilung, nach der Frauen unentgeltlich zu Hause arbeiten und dafür von Männern alimentiert werden. Daraus folgt ein Machtungleichgewicht, politisch, ökonomisch und privat.

Gender in meiner Stadt

Als politisches Prinzip soll Gender-Mainstreaming überprüfen: Profitieren beide Geschlechter? Setzen wir Rollenbilder voraus, die Menschen einengen? Gender-Expertin Marion Böker, die Verwaltungen beim Gender-Mainstreaming berät, sieht anfangs viele Angestellte mit den Augen rollen. Das Projekt kommt ihnen überflüssig und kompliziert vor. „Aber wenn sie ein paar Beispiele ausprobiert haben, sind sie oft begeistert", sagt Böker. In Berlin etwa haben die Bezirke mit dem Gendern ganz klein angefangen: In einer Bibliothek meinten die Angestellten, Männern könnte es gut tun, auch mal etwas über ihre Seele zu erfahren. Sie platzierten die Psycho-Ratgeber in der Technik-Ecke. Und prompt liehen Männer sie aus. Auf einem Sportplatz waren plötzlich mehr Mädchen aktiv: Die Verwaltung hatte gegendert und gemerkt, dass die Jungen den Platz stundenlang besetzt hielten. Daraufhin hatte sie schlicht einen Nutzungsplan aufgehängt.

Gender in der Bundespolitik

Gender-Mainstreaming kann helfen, seine Zielgruppen besser anzusprechen, meint auch Susanne Baer, Juristin und Leiterin des Gender-Kompetenzzentrums der Bundesregierung in Berlin: „Es sind beeindruckend einfache Prüffragen entwickelt worden: Erreiche ich eigentlich, was ich will und wen ich will? Das ist nicht kompliziert." Das Kompetenzzentrum hat Anleitungen und Checklisten für alle Ebenen entwickelt. „Gendert" man die Steuerpolitik, dann müsste man etwa fragen, ob das Ehegattensplitting nicht alte Rollenbilder zementiert. Die Bundeszentrale für politische Bildung hat untersucht, wie sie beide Geschlechter besser ansprechen kann. Sie hat den Anteil der weiblichen Referenten erhöht und Angebote für Frauen entwickelt: Seitdem erreicht sie ihre weibliche Zielgruppe besser: Zwischen 2000 und 2005 wuchs der Anteil der Frauen unter den Teilnehmenden von 30 auf 43 Prozent.

Heide Österreich, „Heute schon gegendert?" – alte Rollenbilder auf dem Prüfstand, www.goethe.de (24.10.2012)

M 10 ● Die Quote - ein hilfreiches »Miststück«

Die Telekom hat sich als erster Dax-Konzern vor fast zwei Jahren eine eigene Quote verpasst; will bis 2015 30 Prozent aller Positionen im mittleren und oberen Management mit Frauen besetzen. Melanie Kowal, im Unternehmen für das Projekt „Fair Share" zuständig, sagt klar, man habe erkennen müssen, dass ohne spezielle Förderungen Frauen viel zu selten in den oberen Etagen landen; trotz aller guten Vorsätze. Frauen seien nicht so gut wie Männer, wenn es darum gehe, Netzwerke zu bilden, und oft zu zögerlich, sich auf Stellen zu bewerben, wenn sie nicht perfekt auf das geforderte Profil passten. „Man muss sie ermuntern, sich in die Prozesse einzuklagen und ihre Wünsche klar zu artikulieren."

Susanne Kailitz, Alexander Weinlein, Ein hilfreiches „Miststück", Das Parlament, Nr. 11/12, 12. 3. 2012, S. 9

M 11 ● Interview – Jutta Allmendinger über Arbeit

Süddeutsche Zeitung: Sie als Soziologin – wie beurteilen Sie folgende Beobachtung aus der Echtwelt: Drei Männer sitzen beim Mittagessen. Der eine berichtet über seinen neuen Job als Abteilungsleiter: Gerade hat er eine Mitarbeiterin zu sich zitiert, weil die immer um 14 Uhr nach Hause geht. Sie arbeitet von zu Hause aus, weil sie ein kleines Kind hat.

Jutta Allmendinger: Er wird nicht lange Abteilungsleiter bleiben. Das werden ihm die anderen Männer wohl auch gesagt haben.

Nein. Die anderen waren sich einig, dass man als Chef seine Schäfchen um sich herum versammelt haben möchte.

Das sind überholte Muster. Klar muss es Arbeitsbesprechungen geben. Aber die können auch am Vormittag stattfinden. Eine Anwesenheitskultur ist nicht produktiv und schadet insbesondere jungen Müttern. Also: Ihr frisch gebackener Abteilungsleiter sollte loslassen können, klare Strukturen und Aufgaben vorgeben und dann auf „Self Managing Teams" setzen. Die Hierarchien von früher tragen nicht mehr. Andere Arbeitsstrukturen führen zu besseren Ergebnissen und einer besseren Arbeitskultur.

An Ihrem Institut sehen Sie es also nicht so streng mit der Anwesenheitspflicht?

In meinem Arbeitsumfeld arbeiten Männer und Frauen, viele von ihnen mit Kindern, es gibt ganz unterschiedliche Arbeitszeiten. Ich möchte mir die alle gar nicht merken müssen. Dieses Team umfasst mittlerweile mehr als zehn Menschen, die sich weitgehend selbst organisieren. Die Aufgaben sind klar, trotz einiger Überschneidungen. Sie haben ihre Agenda, ihre eigenen wöchentlichen Arbeitstreffen, bei denen ich gar nicht dabei bin.

Und das funktioniert?

Die Ergebnisse ihrer Arbeit sind ganz prima, auch oder gerade weil es manchmal scheppert. Ich bin sehr stolz auf dieses Team. Alle sind sehr gute Korrektive, und alle haben Rückgrat.

Anderes Beispiel. Ein Paar, beide Mitte dreißig, steht vor der Frage: Kind, ja oder nein? Er hat vor kurzem seinen Traumjob angetreten und kann nicht kürzertreten. Sie hat einen Stellvertreterposten in einer Agentur und könnte bald befördert werden.

Wieso könnte er nicht kürzertreten?

Weil er im neuen Job erst mal beweisen muss, was er kann.

Entschuldigung, aber das ist schon wieder nichts als männliche Anpassung. So kommen wir nicht weiter. Oft drückt man sich einfach davor, mit dem Chef deutliche Worte zu sprechen: ich reduziere zwar meine Arbeitszeit, bin aber dennoch hochmotiviert, ich bleibe am Ball, bringe meine Leistung. Und die bemisst sich nicht nur nach der Arbeitszeit. Ich weiß, viele Chefs machen es einem schwer. Ich will hier nichts beschönigen.

Jutta Allmendinger hat das, was immer noch viel zu vielen Frauen verwehrt bleibt: eine Führungsposition. Sie war Professorin für Soziologie an der Ludwig-Maximilian Universität, München, später Direktorin des Instituts für Arbeitsmarkt und Berufsforschung. Seit 2007 ist sie Präsidentin des Wissenschaftszentrums Berlin für Sozialforschung, eine international renommierte Forschungseinrichtung auf dem Gebiet der Sozialwissenschaften. Allmendinger forscht unter anderem über die Ungleichheit der Geschlechter am Arbeitsmarkt.

Und seine Partnerin?

Was für ihren Mann mit Traumjob zutrifft, betrifft die Frau mit Stellvertreterposten umso mehr. Denn sie reduziert als Mutter nicht um 20 Prozent, sondern nimmt eine Auszeit. Danach kommt sie bestenfalls in Teilzeit zurück, die Karriere ist vorbei. Dies ist für alle unerfreulich, frustrierend und letztendlich auch unproduktiv. Die Zukunft liegt in einer Arbeitszeitreduktion beider Partner, und die müssen gerade die Frauen aktiv einfordern.

Wir können uns ja denken, was beide von ihren Arbeitgebern zu hören bekommen: Und das in Zeiten der Wirtschaftskrise!

Die Wirtschaftskrise ist ja überwunden. Das Gejammer entsteht durch einen eklatanten Fachkräftemangel, der aufgrund der demographischen Entwicklung in den nächsten Jahren noch dramatisch zunehmen wird. Gerade deshalb können wir auch nicht auf viele der heute 5,6 Millionen nicht erwerbstätigen Frauen verzichten, brauchen sie am Arbeitsmarkt. Das wollen die allermeisten Frauen auch – allerdings zu fairen Bedingungen. Dazu gehören ordentliche Arbeitszeiten, -löhne und Karriereperspektiven. [...]

Wie entscheiden Paare, die sich keine Nanny leisten können, die Kinderfrage?

Wir dürfen die Erziehung von Kindern aber auch nicht individualisieren und vom Geldbeutel abhängig machen. Bei der Altersversorgung tun wir dies ja auch nicht, da zahlen alle Erwerbstätigen kollektiv für die Renten. Wir brauchen also gut ausgebaute und hochwertige Erziehungsmöglichkeiten. Ganztageskindergärten, die während der Randzeiten flexibel sind. Verlässliche Ganztagsschulen. Wir müssen hier sehr schnell sehr viel tun und die Kommunen beim Ausbau der Betreuung unterstützen.

Das Interview führte Bettina Wündrich, Quotenfrau sein ist hart, Süddeutsche Zeitung, 2./3.10.2010, S. 16

Aufgaben

1. Sammeln Sie gesellschaftliche Akteure, die zum Thema Gleichstellung von Mann und Frau ihre Interessen und Vorstellungen durchzusetzen versuchen.
2. Erklären Sie in eigenen Worten den Begriff Gender Mainstreaming und überprüfen Sie, inwiefern das „Ehegattensplitting" dem Konzept des Gender Mainstreamings entspricht. (M 9)
3. Suchen Sie nach Möglichkeiten, in Ihrem direkten Umfeld (Schule, Vereine, ...) Gender Mainstreaming umzusetzen und nehmen Sie anschließend eine Bewertung des Konzepts vor.
4. Diskutieren Sie ausgehend von M 10 Vor- und Nachteile einer gesetzlich vorgeschriebenen Frauen-Quote für Führungspositionen.
5. Erarbeiten Sie aus M 11 die Anforderungen an die heutige Arbeitswelt und die Begründungen, die dafür vorgebracht werden. Wie beurteilen Sie die Umsetzbarkeit dieser Forderungen?

Ehegatten-splitting

Beim Ehegattensplitting wird das Einkommen beider Ehepartner zu gleichen Teilen auf beide verteilt. Der Mehrverdiener rutscht dadurch weniger in die Steuerprogression, zahlt also weniger Steuern auf das höhere Einkommen.

Gesellschaftlicher Wandel und das Geschlechterverhältnis – die Eisberg-Methode am Beispiel des Betreuungsgeldes

Das Eisberg-Modell ist eine visualisierende Darstellung, die zu einem besseren Verständnis von kommunikativen Abläufen führen kann. Das Modell eignet sich zur Beschreibung privater Kommunikation (v.a. bei Konfliktlösungsversuchen) genauso wie zur Analyse von politischen Positionen.

Bei Eisbergen ist in der Regel nur ein kleiner Teil, die Spitze, zu sehen. Der Rest bleibt, da er unter Wasser ist, im Verborgenen. Im Konfliktfall stoßen deshalb nicht die Spitzen aufeinander, sondern die unter Wasser befindlichen Blöcke. Auf die politische Diskussion übertragen heißt das Folgendes: Für die meisten von uns, die die Abläufe der Politik vor allem von außen verfolgen, sind meist nur die Sachargumente (Daten und Zahlen), bewusst veröffentlichte Äußerungen und die finalen Entscheidungen sichtbar, nicht jedoch die unterschwelligen Ängste, Unsicherheiten, Tabus, Gefühle und meist ideologisch aufgeladenen Interessen und Ideen der Beteiligten. Wer diese kennt und um deren Bedeutung weiß, kann politische Diskussionen und Konflikte besser verstehen und deren Abläufe beurteilen.

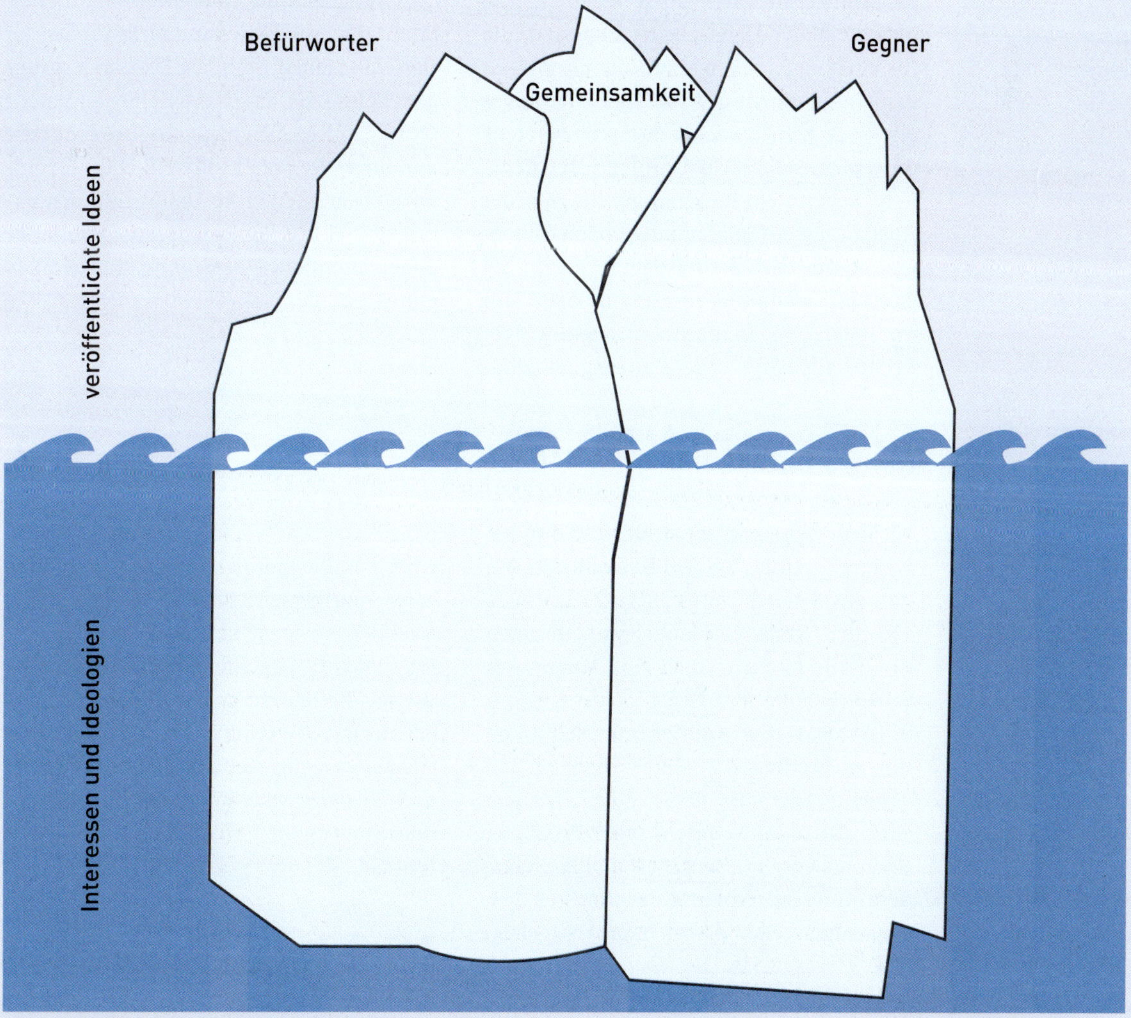

Nach: Jan Weber, Das Betreuungsgeld zwischen Interessen und Ideologien, Praxis Politik, 4/2011, S. 45

Pro Betreuungsgeld – Meilenstein für die Wahlfreiheit der Familien

Der Weg ist frei für die Wahlfreiheit bei der Kinderbetreuung. Der Bundestag hat am Freitag in Berlin dem von der CSU geforderten Betreuungsgeld zugestimmt. Das Betreuungsgeld tritt somit in 265 Tagen zum 1. August 2013 gleichzeitig mit dem Rechtsanspruch auf einen Krippenplatz in Kraft. „Wir unterstützen alle Familien, die Krippenplätze brauchen. Wir dürfen aber die zwei Drittel der Familien in Bayern nicht aus dem Auge verlieren, die in den ersten Lebensmonaten die Kinderbetreuung in den Mittelpunkt ihres Lebens stellen", erklärte der CSU-Vorsitzende, Ministerpräsident Horst Seehofer. „Die überwiegende Mehrheit der Experten, die für mich maßgeblich sind - die Eltern - ist dankbar, dass wir uns für das Betreuungsgeld einsetzen", machte die stellvertretende Generalsekretärin Dorothee Bär deutlich. Neben dem Betreuungsgeld geht der Ausbau der Kitaplätze mit großen Schritten voran. Mit dem Betreuungsgeld sei das ein „wunderbares Gesamtpaket" für die Eltern in Deutschland, betont Bär. Krippenausbau und Betreuungsgeld gehören untrennbar zusammen, so die CSU-Familienministerin Christine Haderthauer. „Wenn der Staat den Eltern von Ein- und Zweijährigen bei der Lösung der Betreuungsfrage mit Milliarden von Steuergeldern helfen will, dann muss er das für alle Eltern tun." Dorothee Bär hielt den Kritikern der Opposition vor, den Eltern nicht zuzutrauen, die richtigen Entscheidungen über die Betreuung ihrer Kinder zu treffen. CSU-Generalsekretär Alexander Dobrindt: „Das ist Familienpolitik à la SPD, dass sie die Familien beschimpft, die ihre Kinder zu Hause erziehen wollen, und dass sie gegen die freie Entscheidung der Eltern über die Betreuung ihrer Kinder vor Gericht ziehen will." CSU-Landesgruppenchefin Gerda Hasselfeldt ergänzte, Mütter sollten sich nicht für ihre Biografie und ihren Weg der Kindererziehung rechtfertigen müssen. „Die Opposition disqualifiziert Eltern als Amateure, wenn sie allein staatlicher Betreuung den Vorzug gibt."

©CSU, Meilenstein für die Wahlfreiheit der Familien, www.csu.de, 9.11.2012

Kontra Betreuungsgeld – Herdprämie

Mit dem Betreuungsgeld fällt die Bundesregierung zurück in alte Denkmuster. Anstatt das wirklich Notwendige für den Ausbau der Kinderbetreuung aufzubringen, damit alle Eltern endlich eine Möglichkeit haben, Familie und Beruf zu vereinbaren, will Schwarz-Gelb Mütter finanziell unterstützen, wenn sie zu Hause bleiben. Das Betreuungsgeld ist damit eine „Herdprämie". Diese widerspricht allen Prinzipien einer modernen Gesellschaft und konterkariert die Familienpolitik der jüngsten Vergangenheit. Das früher noch ehrgeizige Ziel zum Ausbau der Kinderbetreuungsplätze war ein wichtiger Schritt hin zu einer Familienpolitik, die sich am Leitbild einer partnerschaftlichen Arbeitsteilung orientiert - wie sie sich eben viele jüngere Elternpaare wünschen. Eine Geldprämie wie das Betreuungsgeld fällt dahinter wieder zurück. Wir lehnen das Betreuungsgeld entschieden ab, weil es als „Herdprämie" den Wiedereinstieg in den Beruf erschwert und Kinder von frühkindlicher Förderung fernhält.

Bündnis90/Die Grünen, Dagegen: Herdprämie, www.gruene.de (15.11.2012)

Modelle der geschlechtsspezifischen Arbeitsteilung

Familienpolitische Programme sind stets eingebettet in kontroverse Wertvorstellungen (Normen und Ideen) und reale Lebensbedingungen (Praxis), die in der folgenden Tabelle idealtypisch dargestellt werden.

<table>
<tr><th>Modelle

Gesellschaftliche Sphären</th><th>Das traditionelle Ernährermodell</th><th>Modelle allgemeiner Erwerbstätigkeit (Zweiverdienermodelle)</th><th>Modell der partnerschaftlichen Integration von Betreuungs- und Erwerbsarbeit</th></tr>
<tr><td>Erwerbsarbeit</td><td>Normgeschlechterspezifische Arbeitsteilung: Praxis des männlichen Ernährers im „Normalarbeitsverhältnis“ und ggf. des Zuverdienens der Ehefrau</td><td rowspan="2">Idee der individuellen (Wahl-)Freiheit und Verantwortlichkeit für die private Lebensführung auf der Basis der Idee der Leistungsgerechtigkeit; Praxis des Doppelverdienerhaushalts mit individuellen Arrangements der Kinderbetreuung bei Doppelbelastung der Frau</td><td>Idee der gleichen und unabhängigen Erwerbschancen; Praxis der gleichzeitigen Ausübung von Betreuungs- und Erwerbsarbeit durch die Partner</td></tr>
<tr><td>Kinderbetreuung und -erziehung</td><td>Norm der Subsidiarität: Zuständigkeit der Familie als „Keimzelle der Gesellschaft“ für die Kindererziehung; Praxis der exklusiven Hausfrauen- und Mutterrolle</td><td>Norm der gesellschaftlichen (Mit-)Verantwortung für und gleichberechtigte Teilung von Kinderbetreuung; Praxis der Kombination öffentlicher und elterlicher Betreuung und Erziehung</td></tr>
<tr><td>Soziale Sicherung</td><td colspan="3">Praxis der Bundesrepublik Deutschland ermöglicht bzw. behindert die Realisierung der Modelle:
Erwerbszentrierung der sozialen Sicherungssysteme (insbesondere Arbeitslosigkeit und Alterssicherung): Anspruchsberechtigung und -höhe ergeben sich aus den auf Lohnarbeit bezogenen Versicherungsbeiträgen
In der Folge: „abgeleitete“ Sicherung der Ehefrau, finanzielle Abhängigkeit vom Familienernährer; soziale (Folge-) Probleme u.a.: Schwierigkeiten der Einkommenssicherung für junge Eltern, Altersarmut geschiedener Ehefrauen</td></tr>
</table>

Nach: Jan Weber, Das Betreuungsgeld zwischen Interessen und Ideologien, Praxis Politik, 4/2011, S. 41

Aufgaben

1. Analysieren Sie die Pro- und Kontra-Positionen zum Betreuungsgeld, indem Sie die Argumente und dahinter stehenden Werthaltungen identifizieren.
2. Erläutern Sie die vorrangigen familienpolitischen Zielsetzungen von CDU/CSU und Bündnis 90/Die Grünen sowie die damit verbundenen Familienleitbilder.
3. Fassen Sie Ihre Analyseergebnisse zusammen, indem Sie (a) die programmatischen Aussagen und Argumente der Parteien in den „sichtbaren“ Teil des Eisberg-Modells eintragen, (b) die bei der Formulierung dieser Programmatik wirksamen Wertvorstellungen (Gefühle, Wünsche, Ängste etc.) und politischen Interessen in den unteren Teil des Eisberg-Modells eintragen.
4. Stellen Sie fest, welche weiteren Aspekte und Überlegungen für die jeweilige Partei noch ausschlaggebend für die jeweilige Haltung sein könnten und übernehmen Sie auch diese in das Modell.
5. Nehmen Sie nun zum familienpolitischen Instrument des geplanten Betreuungsgeldes begründet Stellung: Zementiert es alte Rollenbilder?

Gesellschaftliche Realität
M 3 – M 8

Die gesellschaftliche Realität zeigt, dass die Gleichstellung von Männern und Frauen in vielen Bereichen immer noch nicht so umgesetzt ist, wie es gesetzlich vorgeschrieben ist. Frauen sind häufiger in Teilzeitbeschäftigungen zu finden, in vielen Berufen verdienen sie trotz vergleichbarer Abschlüsse meist weniger als ihre männlichen Kollegen, usw. Die Gründe für dieses Ungleichgewicht sind vielschichtig. In der gesellschaftlichen Auseinandersetzung werden jedoch häufig tradierte Rollenleitbilder für Männer und Frauen als eine der möglichen Ursachen aufgeführt.

Gender Mainstreaming
M 9

Damit sollen in allen gesellschaftlichen Entwicklungen und Entscheidungen die Konsequenzen für Männer und Frauen gleichermaßen berücksichtigt werden und somit eine Ungleichbehandlung für das eine oder andere Geschlecht ausgeschlossen werden.

Quote
M 10

Mit der Quote sollen die Führungspositionen von großen Firmen und Unternehmen mit einer gesetzlich festgelegten Anzahl von Frauen besetzt werden. Damit soll gewährleistet werden, dass Frauen tatsächlich die gleichen Chancen wie ihre männlichen Kollegen bekommen und nicht an der sogenannten „gläsernen Decke" scheitern. Man erhofft sich, dass durch die Präsenz von Frauen in höheren Positionen eine Sogwirkung auf weitere Bereiche der Arbeits- und Berufswelt entsteht.

Forderungen an die Arbeitswelt und die Gesellschaft
M 11

Die vollständige und gleichberechtigte Einbeziehung von Frauen in den Arbeitsprozess ist nicht nur gesellschaftlich wünschenswert und gesetzlich vorgeschrieben, sondern ist auch unter dem Aspekt des akuten Fachkräftemangels in Deutschland zu bedenken. Dafür müssen neue und alternative Formen des Arbeitens stärker etabliert werden. Teilzeitmodelle, Arbeitszeitkonten, Jobsharing, Väter, die sich über die zwei Partnermonate der Elternzeit hinaus intensiver in die Erziehung ihrer Kinder einbringen wollen, usw. dürfen keine Besonderheit mehr sein. Das partnerschaftliche Aushandeln von Aufgaben zur besseren Vereinbarkeit von Familie und Beruf ist für beide Geschlechter und die gesamte Gesellschaft von enormer Bedeutung.

Geschlechterneutrale Erziehung
Methode und Kompetenzen anwenden

Unsere Gesellschaft wird sich außerdem die Frage stellen müssen, welchen Stellenwert wollen wir zukünftig tradierten Geschlechterrollen geben? Könnte unser Zusammenleben frei von gesellschaftlichem Erwartungsdruck nicht zu einem produktiveren Miteinander führen, jeder ein stärker selbstbestimmtes Leben führen und die Gesellschaft ein offeneres und toleranteres Zusammenleben ermöglichen?

Was machen andere Länder, um dem Geschlechterwahnsinn zu begegnen ...

Sei, was du willst...

Egalia ist die umstrittenste Vorschule Schwedens. Ihr Ziel: Eine geschlechtsneutrale Erziehung [...]

1998 bestimmte der schwedische Staat, dass die Geschlechtergleichstellung in schwedischen Kindergärten vorangetrieben werden solle. Das große Ziel: Jedes Kind soll sich so entwickeln, wie es möchte, und sich nicht durch geschlechtsspezifische Stereotypisierungen in der Erziehung und die Erwartungen der Gesellschaft in eine bestimmte Rolle gedrängt fühlen.

Szene aus dem Film „Billy Elliot – I will dance"

[...] Die Stockholmer Lehrerin Lotta Rajalin, die Geschäftsführerin mehrerer Vorschulen in Stockholm ist, ging das Ganze systematisch an. Sie filmte sich und ihre Kollegen bei der Arbeit. Die Aufnahmen zeigten ziemlich deutlich, dass Erzieherinnen und Erzieher Jungen und Mädchen unterschiedlich behandelten. Ein von der schwedischen Regierung veröffentlichter Bericht aus dem Jahr 2006 bestätigt diese Beobachtungen: Darin heißt es, dass Lehrer Jungen unbewusst mehr Aufmerksamkeit erteilen und ihnen mehr Freiraum zugestehen als den Mädchen. Hier, beim Handeln der Erzieher, so beschloss Lotta Rajalin, musste man ansetzen.

Zwölf Jahre sollte es noch dauern, bis Rajalin 2010 in Stockholm Egalia eröffnete. Und sie ahnte nicht, was das auslösen würde. Zwei Jahre später ist Egalia die bekannteste Vorschule Schwedens. Und die umstrittenste. Die Erzieherinnen und Erzieher sagen statt »Jungen« und »Mädchen« »Freunde«. Die Pronomen »er« und »sie« gibt es nicht, stattdessen wird der in Schweden mögliche geschlechtsneutrale Kunstbegriff »hen« benutzt, ein Kompromiss aus han (er) und hon (sie). Erst vor Kurzem wurde er in die Onlineversion der Nationalenzyklopädie aufgenommen. Auch einige Zeitschriften und Bücher arbeiten bereits mit ihm.

Besucht ein Handwerker Egalia, wird er konsequent als hen bezeichnet – die 36 Kinder von Egalia sollen nicht das Gefühl bekommen, dass ein Installateur immer ein Mann sein muss. »Wir zeigen den Kindern auch Antistereotype: Sprechen wir beispielsweise über den Beruf Astronaut, zeigen wir ihnen das Bild einer Astronautin. So sollen sie lernen, dass sie wirklich alles machen können, was sie möchten, und dass sie nicht durch ihr Geschlecht auf eine Berufsgruppe festgelegt werden«, sagt Lotta Rajalin.

Auch bei der Auswahl der Spielsachen und der Literatur wird genau darauf geachtet, wie es die Entwicklung der Kinder in Geschlechter- und Gleichheitsfragen beeinflussen könnte. Nach Märchen sucht man vergebens in den Regalen, denn Märchen vermitteln Klischees, die in Egalia nicht gerne gesehen werden. Stattdessen stößt man auf die Geschichte eines männlichen Giraffenpaares, das ein Krokodilbaby adoptiert. In vielen Büchern geht es um homosexuelle Elternpaare, Adoptivkinder oder Alleinerziehende. [...] Die Kinder sollen lernen, dass die traditionellen Lebensentwürfe, die sie von zu Hause oder aus ihrem familiären Umfeld kennen, nicht die einzigen sind.

Marie-Charlotte Maas, Sei, was du willst, Die Zeit, 16.8.2012

Aufgaben

1. Wägen Sie ab, inwiefern das Konzept der schwedischen Vorschule „Egalia" einen sinnvollen Beitrag zu einer geschlechterneutralen Erziehung leisten kann. Ist eine Umsetzung Ihrer Meinung nach in Deutschland vorstellbar?
2. Bewerten Sie abschließend die Chance staatlicher Maßnahmen, den sozialen Wandel (hier im Kontext Förderung der Gleichberechtigung von Mann und Frau) voranzutreiben.

Bevölkerungsentwicklung im 21. Jahrhundert

2

Wir werden immer älter – wollten wir das nicht immer? Und wir werden weniger – bekommt dann nicht auch jeder ein größeres Stück vom Kuchen ab?
Während die öffentliche Diskussion der vergangenen Jahre von Katastrophenszenarien beherrscht war und soziale Einschnitte oftmals mit der „drohenden Altersgesellschaft" gerechtfertigt wurden, mehren sich in jüngster Zeit Stimmen, die die Chancen der demografischen Entwicklung in den Vordergrund rücken. Ihnen zufolge kommt es vor allem darauf an, wie wir die Zukunft gestalten, ob es uns gelingt, die in der Öffentlichkeit verbreiteten Denkmuster zu verlassen und Gesellschaft in vielen Bereichen neu zu denken.

In diesem Kapitel werfen wir zuerst einen Blick auf die Bevölkerungsentwicklung in Deutschland. Wir beschäftigen uns mit deren Ursachen und Auswirkungen, aber auch mit Ansätzen der Politik, die Folgeprobleme des demografischen Wandels zu bewältigen. Der Vergleich mit den Verhältnissen in anderen Gesellschaften öffnet dann die Perspektive auf die weltweite Bevölkerungssituation. Wir lernen Theorien kennen, die die demografischen Veränderungen beschreiben und Zukunftsprognosen erleichtern.

KOMPETENZEN

Am Ende dieses Kapitels sollten Sie Folgendes wissen und können:

... Merkmale und Ursachen des demografischen Wandels in Deutschland und anderen modernen Gesellschaften kennen

... Auswirkungen der Veränderungen differenziert einschätzen

... Tragweite von Lösungsansätzen sich abzeichnender Problemlagen bewerten

... demografische Theorien und Beschreibungsmodelle beurteilen

... globale Dimensionen der Bevölkerungsentwicklung erfassen und zur Situation in Deutschland in Beziehung setzen

Was wissen Sie schon?

1. Diskutieren Sie, was die Abbildungen auf dieser Doppelseite mit dem Thema des Kapitels zu tun haben könnten.
2. Die soziale Welt ist ein vernetztes System. Veränderungen in einem ihrer Teilbereiche wirken sich meist auf viele andere aus. Belegen Sie diesen Grundsatz anhand des Bildmaterials. Beziehen Sie nach Möglichkeit weitere Faktoren der Bevölkerungsentwicklung ein.

2.1 Demografischer Wandel in Deutschland

2.1.1 Altersstruktur und Geburtenentwicklung

M 1 ● Altersaufbau der Bevölkerung

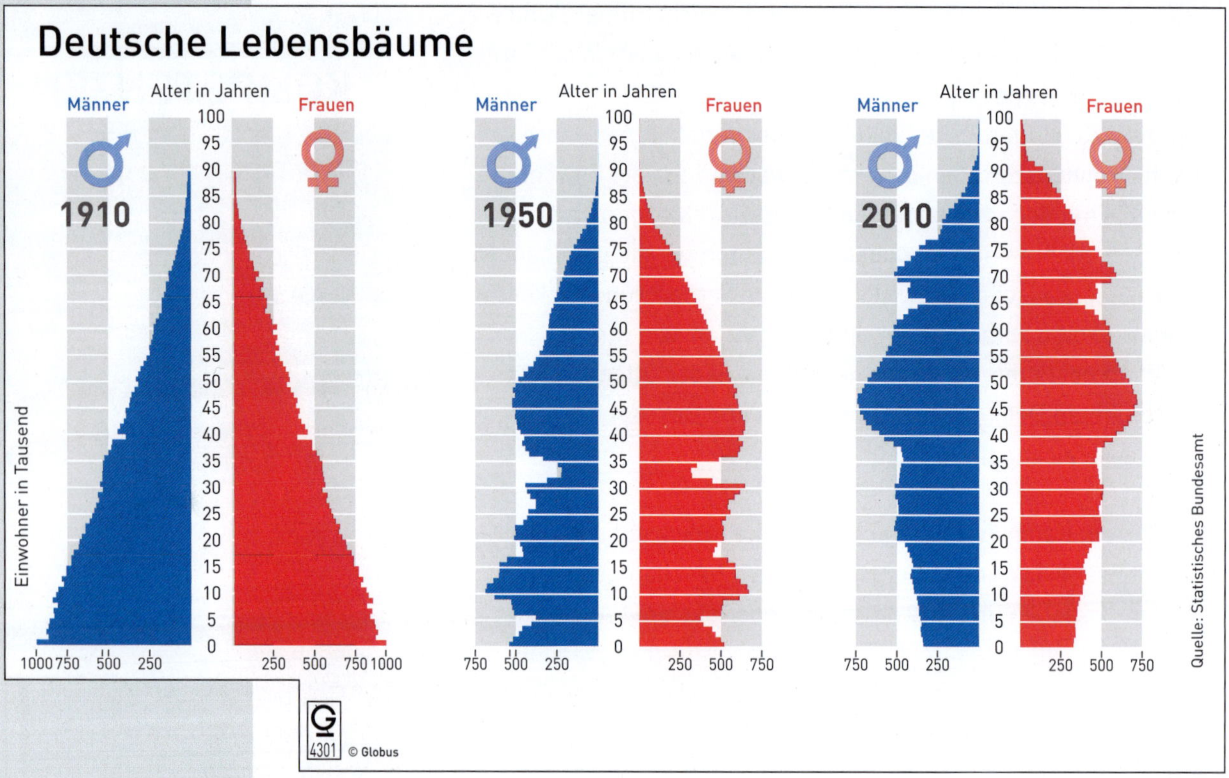

M 2 ● Geburtenentwicklung

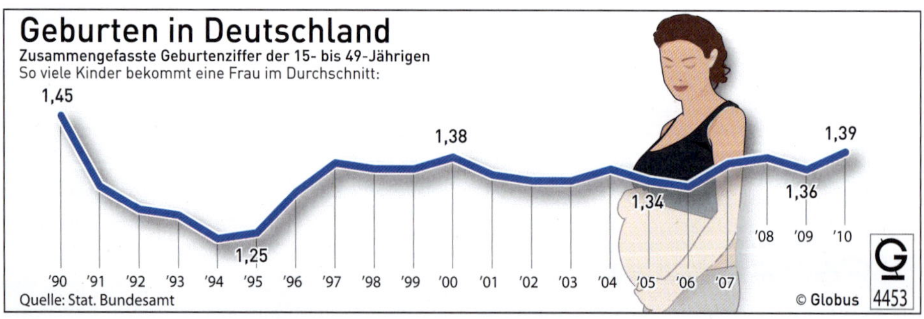

M 3 ● Lebenserwartung

1901/10	1924/26	1932/34[2]	1949/51	1960/62	1970/72	1980/82	1991/93	2008/10
48,3[1,3]/44,8[4]	58,8/56,0	62,8/59,9	68,5/64,6	72,4/66,9	73,8/67,4	76,9/70,2	79/72,5	82,59/77,51

[1] Durchschnitt in Jahren [2] bis 1932/34 Deutsches Reich, ab 1949/51 Westdeutschland, ab 1991/93 Gesamtdeutschland [3] Frauen [4] Männer Datenquelle: Statistisches Bundesamt

M 4 ● Deutschland „schrumpft" – aber nicht überall gleich

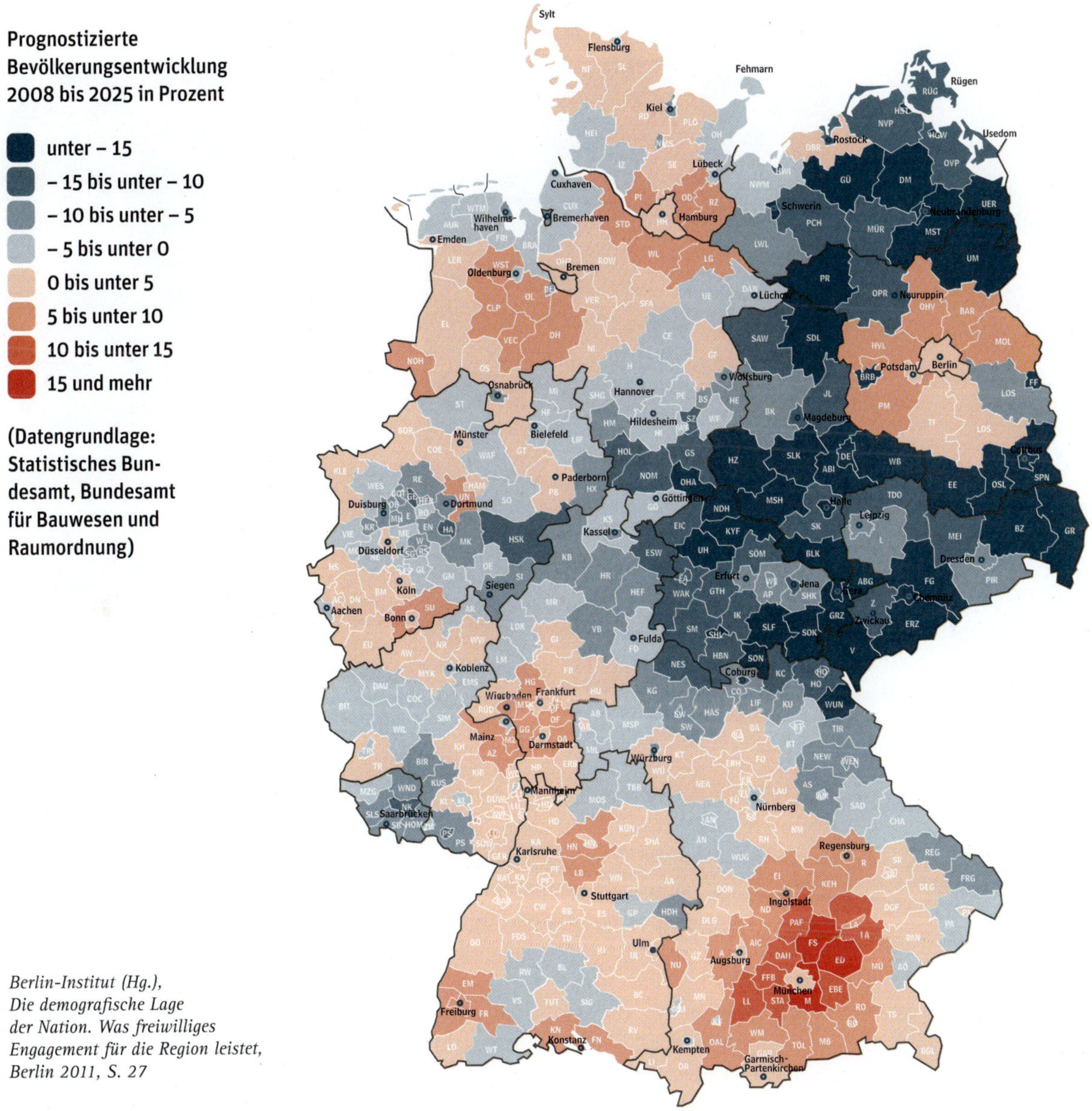

Berlin-Institut (Hg.), Die demografische Lage der Nation. Was freiwilliges Engagement für die Region leistet, Berlin 2011, S. 27

Aufgaben

1. Analysieren Sie aus M 1 – M 3 die Geburten- und Altersentwicklung in Deutschland.
2. Skizzieren Sie eine Bevölkerungspyramide des Jahres 2060 und geben Sie ihr und den Formen aus M 1 einprägsame Namen. Überprüfen Sie Ihre Prognosen anhand des dynamischen Modells des Statistischen Bundesamtes.
3. Ermitteln Sie mögliche Ursachen für den demografischen Wandel in Deutschland sowie die regional ungleiche Bevölkerungsentwicklung. Erkunden Sie schließlich mithilfe der Ergebnisse die demografische Situation Ihrer Heimatregion, -stadt oder -gemeinde. (M 4)

https://www.destatis.de

2.1.2 Migration – der dritte Faktor der Bevölkerungsentwicklung

Tipp
Kapitel 3.1 bietet eine Grafik über die Zuwanderung von Migranten nach Deutschland.
(→ S. 75, M 5)

M 5 ● Migranten fördern Entwicklung

Indischer IT-Experte im Rechenzentrum eines Softwareunternehmens in Baden-Württemberg

Arbeiter aus Portugal an einer Brückenbaustelle in der Nähe von Erfurt

EU Blue Card
Nachweis über den legalen Aufenthalt von Angehörigen aus Drittstaaten. Sie soll insbesondere hochqualifizierten Arbeitnehmern den Aufenthalt in der EU ermöglichen.

Die weltweit eine Milliarde Migranten helfen nach einer neuen UN-Studie Armut zu senken und tragen zur wirtschaftlichen Entwicklung zahlreicher Länder bei. Migranten schickten im Jahr mehr als 300 Milliarden Dollar an Angehörige in ihren Heimatländern, heißt es in dem Bericht. Das war viermal so viel wie die gesamte Entwicklungshilfe, die im Jahr 2007 gewährt wurde. In vielen ärmeren Ländern machen diese Überweisungen einen erheblichen Teil der Verbraucherausgaben aus. Die Gastländer profitierten von den Steuern der Migranten, wachsender Produktivität und oft auch innovativen Ideen, die die Migranten mitbrächten. Nach dem Bericht ziehen die meisten Migranten im eigenen Land um – knapp 740 Millionen. Knapp 200 Millionen ziehen in benachbarte Entwicklungsländer. Nur 70 Millionen Einwohner armer Länder versuchen ihr Glück in den reichen Ländern. [...] Der massive Zustrom von Migranten hat in den vergangenen Jahren in Europa weder zur Verdrängung von einheimischen Arbeitern noch zu steigender Arbeitslosigkeit geführt, zeigt der Bericht. Unter dem Titel „Barrieren überwinden: Migration und menschliche Entwicklung" fordert der Bericht die Zielländer dazu auf, Maßnahmen gegen die Diskriminierung von Migranten zu ergreifen. Das Bewusstsein für Migrantenrechte müsse geschärft werden, um Fremdenfeindlichkeit zu bekämpfen, hieß es. [...] Im Zuge der Finanzkrise sei es dringend notwendig, eine Reform der Zuwanderungspolitik voranzutreiben, hieß es in dem Bericht weiter. Angesichts der immer stärker schrumpfenden und alternden Bevölkerung könne Europa von einer solchen Reform nur profitieren.

Dpa, Migranten fördern Entwicklung vieler Länder, www.zeit.de, 5.10.2009

Info

Ausländer und Personen mit Migrationshintergrund

Ausländer ist jeder, der im Sinne des Grundgesetzes (Artikel 116, Absatz 1) kein Deutscher ist. Von den rund sieben Millionen in Deutschland lebenden Ausländern wurde jeder fünfte in Deutschland geboren. Seit 2005 erheben das Statistische Bundesamt und die Statistischen Landesämter auch Daten zu Menschen mit Migrationshintergrund, wozu folgende Personengruppen zählen: zugewanderte Ausländer, in Deutschland geborene Ausländer, eingebürgerte Ausländer, Spätaussiedler, Kinder mit zumindest einem Elternteil, der eines der genannten Merkmale erfüllt.
Personen mit Migrationshintergrund müssen keine eigene Migrationserfahrung haben. Die meisten von ihnen leben seit ihrer Geburt in Deutschland. Nach dieser Definition lebten im Jahr 2010 rund 15,7 Millionen Menschen mit Migrationshintergrund in Deutschland; das ist fast ein Fünftel der Gesamtbevölkerung.

Nach: www.integration-in-deutschland.de (24.9.2012), Zahlen aktualisiert

M 6 ● Voraussetzungen einer gelungenen Zuwanderungspolitik

Die Bevölkerung Deutschlands nimmt ab und das durchschnittliche Alter der Bevölkerung steigt. Kann eine verstärkte Zuwanderung diesen Prozess aufhalten? Neben der Geburtenrate und der Zahl der Sterbefälle beeinflusst auch die Einwanderung die demografische Entwicklung. Durch die Zuwanderung aus dem Ausland ist in den vergangenen Jahrzehnten die Bevölkerungszahl in Deutschland angestiegen. Seit 1954 sind jährlich durchschnittlich 125.000 Personen mehr nach Deutschland gekommen als weggezogen sind: Menschen mit ausländischer Staatsangehörigkeit, aber auch Deutschstämmige aus Ost- und Südosteuropa. Die Einwanderer sind durchschnittlich jünger als die ansässige Bevölkerung. Daraus ergibt sich ein Verjüngungseffekt für die Gesamtbevölkerung. Die Zuwanderung hat somit das Altern der Gesellschaft verlangsamt.

Doch die Wanderungsgewinne können die sinkenden Geburtenzahlen in Deutschland nicht dauerhaft ausgleichen. Selbst bei einer jährlichen Zuwanderung von 200.000 bis 300.000 Personen wird die Bevölkerung abnehmen. [...]

Ein Blick in die Vergangenheit zeigt, dass Wanderungsbewegungen Schwankungen unterworfen sind. Wie viele Menschen einwandern, hängt oft von wirtschaftlichen und politischen Faktoren ab.

Die Vereinten Nationen haben fünf Szenarien entwickelt, die mit unterschiedlichen Zahlenspielen untersuchen, wie das Altern der Gesellschaft zu vermeiden sein könnte. Demnach sähen die Prognosen bis 2050 für Deutschland nur dann positiv aus, wenn eine „Bestanderhaltungsmigration“ von 18 Millionen Zuwanderern bis zum Jahr 2050 erreicht würde. Das entspräche einer jährlichen Nettozuwanderung von 324.000 Menschen. Doch selbst damit wäre das Arbeitskräftepotenzial nicht auf heutigem Niveau zu erhalten. Die dafür benötigte Zahl von Zuwanderern läge so hoch, dass selbst die Vereinten Nationen dieses Szenario als unrealistisch bezeichnen.

Die Folge einer Zuwanderungsbewegung, die beinahe doppelt so hoch sein müsste wie die heutige gesamte Bevölkerungszahl, wäre nicht zuletzt mit einem massiven Integrationsproblem verbunden. Zudem müssten sich die Einwanderer überwiegend aus jungen Frauen mit einem überdurchschnittlichen Geburtenverhalten zusammensetzen. Und woher sollen diese Einwanderer kommen? Da die meisten EU-Länder – auch die jungen Mitgliedstaaten in Osteuropa – eine ähnliche demografische Entwicklung vorweisen, sind auch sie selbst auf Zuwanderung angewiesen. Hunderte Millionen Menschen müssten dann von außerhalb der europäischen Grenzen einwandern.

Eine verstärkte Zuwanderung kann also einerseits den Rückgang der Bevölkerung abschwächen. Andererseits kann die Integration der Zuwanderer nur gelingen, wenn deren Lebensunterhalt gesichert ist (z.B. Arbeitsplätze) und wenn die Integrationsbereitschaft auf beiden Seiten vorhanden ist.

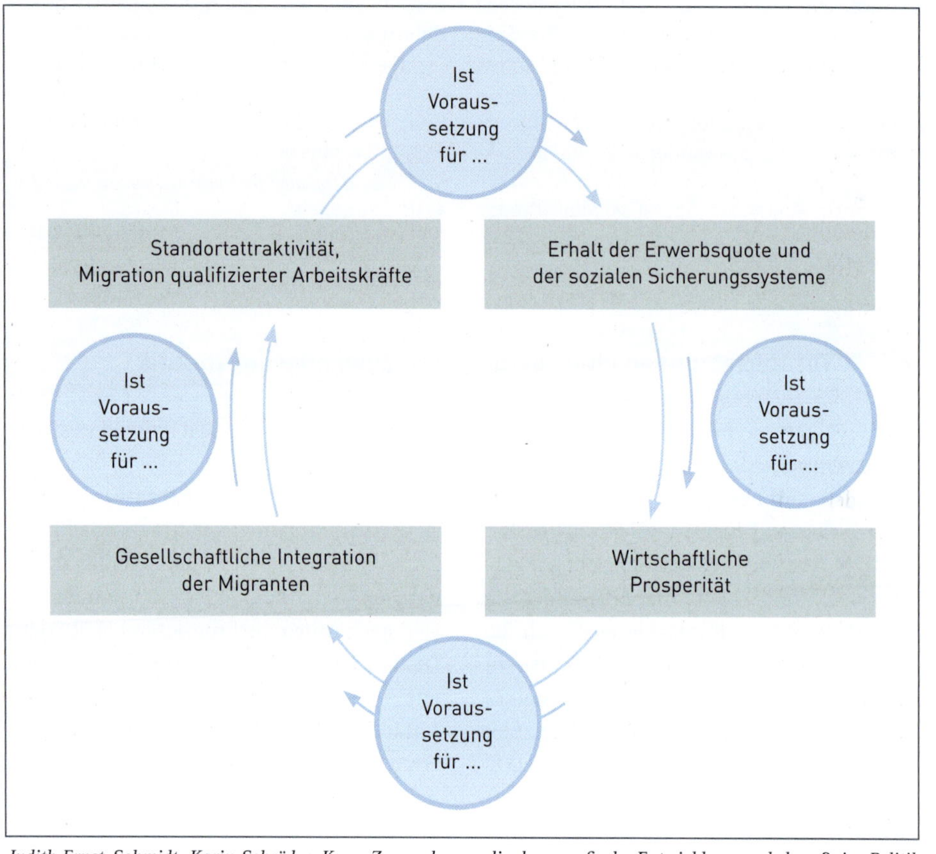

Judith Ernst-Schmidt, Karin Schröder, Kann Zuwanderung die demografische Entwicklung umkehren?, in: Politik & Unterricht, Heft 1-2 – 2007, S. 58-62

Aufgaben

1. Analysieren Sie die Argumentation der Vereinten Nationen (M 5) und erläutern Sie die im Schaubild (M 6) dargestellten Zusammenhänge.
2. Entwerfen Sie ein Thesenpapier, das die in Teilen der Bevölkerung noch immer vorhandenen Vorurteile entkräftet, Zuwanderung sei eine Ursache für hohe Arbeitslosenzahlen und mit einem Verlust an Lebensqualität für die einheimische Bevölkerung verbunden. (M 5 – M 6)
3. Entwickeln Sie einen Maßnahmenkatalog, mit dessen Hilfe sich die bevölkerungspolitischen Effekte einer geregelten Zuwanderung optimieren ließen. (M 5 – M 6)

H zu Aufgabe 3
Erörtern Sie Gefahren, die aus einer vorangig am nationalen Nutzen orientierten Zuwanderungspolitik erwachsen können.

METHODE

Vernetzt denken – die Spinnwebanalyse

Die soziale Welt ist ein hoch komplexes System. Was immer darin geschieht, hat nicht nur eine, sondern vielfältige Ursachen und Gründe (Variablen), die gleichzeitig einwirken und auch untereinander in **Wechselbeziehung** stehen, sich in ihrer Wirkung gegenseitig verstärken oder abschwächen, fördern oder beeinträchtigen oder auf andere Art beeinflussen können. Mit einer strikt linear-kausalen Logik (wenn a ... folgt b) lassen sich soziale Phänomene daher in der Regel nicht oder nur sehr unzureichend beschreiben*. Dazu braucht es vielmehr Verfahren, die ihre **vernetzte Struktur** verdeutlichen (a wird beeinflusst von b und c, wirkt aber auf c zurück ...). Wer nach einer treffenden Analogie sucht für diese Art zu denken, findet sie in der Hyperlink-Struktur des Internets; auch dort beruht die Organisation der (Wissens-)Inhalte auf dem Prinzip der Vernetzung.
Die **Spinnwebanalyse** ist eine leicht umzusetzende Methode, um Ursachen nachzugehen, Folgen zu verdeutlichen und (verborgene) Zusammenhänge (Interdependenzen) aufzudecken. Sie lässt sich am besten in Kleingruppen durchführen und gliedert sich in die folgenden Schritte:

1. Schritt: Ein konkretes Problem, ein Fall oder ein Sachverhalt wird benannt und in die Mitte eines großen Blatts Papier (DIN A1) geschrieben. Danach sammelt die Gruppe die direkten Ursachen oder Folgen des Problems. Diese werden nun in Kreisen um das Problem festgehalten (Ursachen erster Ordnung).

2. Schritt: Nun werden die direkten Ursachen oder Folgen der eben genannten Aspekte fixiert (Ursachen zweiter Ordnung).

3. Schritt: Die gefundenen Aspekte werden wiederum hinsichtlich ihre Entstehungsbedingungen untersucht (Ursachen dritter Ordnung). Dieser Schritt kann beliebig oft wiederholt werden.

4. Schritt: Das entstandene Geflecht aus Ursachen, Wirkungen und Abhängigkeiten (Interdependenzen) kann nun gewichtet werden, um z. B. die Hauptursachen für das Problem von weniger wichtigen Nebeneffekten zu unterscheiden.

Über die reine Analyse geht die Methode hinaus, wenn das entstandene „Spinngewebe" zur Grundlage einer **Diskussion über Lösungswege** herangezogen wird. Was geschähe, wenn man den Einflussfaktor A auf das Problem eliminieren könnte? Wie ließen sich die positiven Auswirkungen des Faktors B mit realistischen Mitteln verstärken? etc.

** Das hängt auch mit dem Ceteris-Paribus-Problem zusammen; vgl. Kap. 2.2.1, S. 49*

Tipp

Sie können die Methode auch mit den Mitteln der Kartenabfrage durchführen. Schreiben Sie dazu jede gefundene Ursache bzw. Folge auf eine eigene Karte. Das hat den Vorteil, dass sich die gefundenen Ursachen und Folgen frei verschieben und beliebig neu gruppieren lassen. Und wenn Sie Lust am spielerischen Visualisieren haben, können Sie die Interdependenzen auch mit einem Wollknäuel verdeutlichen, das zwischen den einzelnen Items hin und her gespannt wird.

Autorentext unter Verwendung von Günther Gugel, Methoden-Manual „Neues Lernen", Weinheim und Basel 2006, S. 186 ff.

Aufgabe

Führen Sie eine Spinnwebanalyse zu einer der folgenden Presseschlagzeilen durch:
„Sandra und Till wollen keine Kinder", „Land ohne Frauen – Sachsen-Anhalt entvölkert sich", „Blue Card – Warum Rajesh Singh aus Indien nach Deutschland kam."

Horrorszenarien und nüchterne Fakten
M 1

„Die Deutschen sterben aus!" „Deutschland vergreist!" „Altenrepublik Deutschland" – seit etlichen Jahren weisen diese und ähnliche Schlagzeilen periodisch wiederkehrend auf ein Problem hin, das unsere Gesellschaft in den kommenden Jahrzehnten dauerhaft beschäftigen wird: auf einen tief greifenden demografischen Wandel, der viele Bereiche der deutschen Gesellschaft erfassen wird.

Geburtenentwicklung
M 2

Das natürliche Wachstum der deutschen Bevölkerung ist seit rund vierzig Jahren negativ. Die Demografen des Statistischen Bundesamts gehen davon aus, dass die insgesamt rückläufige Geburtenzahl künftig weiter zurückgehen wird. Die für die Bestandserhaltung der Gesellschaft notwendige Zahl von 2,1 Kindern pro gebärfähiger Frau wird somit auf unabsehbare Zeit nicht mehr erreicht werden. Faktisch beläuft sich die Geburtenzahl gegenwärtig (Stand: 2010) auf gerade einmal 1,39 Kinder.

Altersaufbau
M 1-M 3

Trotz kontinuierlich steigender Lebenserwartung wird auch die Zahl der Sterbefälle zunehmen, da die geburtenstarken Jahrgänge allmählich ins hohe Alter kommen. Rechnet man diese Faktoren zusammen, ist mit einem Bevölkerungsrückgang von derzeit rund 82 Millionen Menschen auf 65 bis 70 Millionen Menschen bis zum Jahr 2060 zu rechnen. Auch die Altersstruktur wird sich gravierend verschieben. 2008 setzte sich die Bevölkerung noch zu 20 Prozent aus über 65-Jährigen zusammen; 2060 wird deren Anteil auf rund 34 Prozent gestiegen sein. Außerdem werden doppelt so viele 70-Jährige in Deutschland leben wie Kinder geboren werden. Jeder Siebente wird dann 80 Jahre oder älter sein.

Arbeitsmigration
M 4, M 5

Seit 2011 sind für die 2004 beigetretenen neuen EU-Staaten die letzten Zuzugshindernisse gefallen. Die wirtschaftliche Krisensituation in einigen Ländern Südeuropas wird zu einem vorübergehenden Anstieg der Arbeitsmigration beitragen. Es ist aber fraglich, ob dieser Trend mittel- bis langfristig anhält. Um die Bevölkerungszahl einigermaßen stabil zu halten, bedürfte es eines jährlichen Zuwanderungssaldos von etwa 300.000 Personen. Davon gehen selbst optimistische Prognosen nicht aus, weshalb der demografische Effekt des Faktors Migration nicht allzu hoch eingeschätzt wird. Der prognostizierte Schrumpfungs- und Alterungsprozess der deutschen Gesellschaft kann somit allenfalls abgemildert, nicht aber umgekehrt werden.

Deutschland als Einwanderungsland
M 6

Deutschland ist längst zum Einwanderungsland geworden. Es ist aber politisch noch immer umstritten, in welchem Ausmaß Immigration gefördert werden sollte. Während die einen vor den Folgen (unkontrollierter) Zuwanderung warnen und häufig vermeintliche Integrationsprobleme von Menschen aus anderen Kulturkreisen anführen, plädieren andere für gezielte Anreize und Fördermaßnahmen, um hoch qualifizierte Arbeitnehmer ins Land zu holen und dem sich abzeichnenden Fachkräftemangel entgegen zu wirken.

„Modellbaukasten"

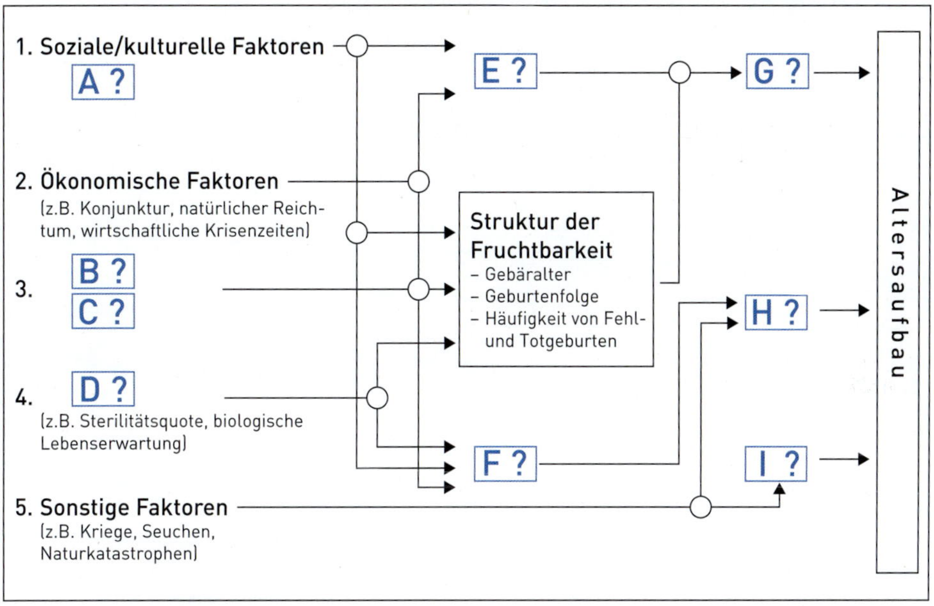

Nach: H. Sahner, Sozialstruktur und Lebenslagen in der Bundesrepublik Deutschland, in: Oscar W. Gabriel/Everhard Holtmann (Hg.): Handbuch Politisches System der Bundesrepublik Deutschland, München 2007, S. 57

① Sterbehäufigkeit

② (z.B. Werte, Normen, Einstellungen; generatives Verhalten; medizinisch-technischer Fortschritt)

③ Struktur der Sterblichkeit
- Säuglingssterblichkeit
- Greisensterblichkeit

④ Biologische Faktoren

⑤ (z.B. Menschenrechtslage, staatliche Bevölkerungssteuerung)

⑥ Geburtenhäufigkeit

⑦ Partnerschafts- und Heiratsstruktur

⑧ Wanderungshäufigkeit

⑨ Politische Faktoren

Aufgaben

1. Welche Faktoren beeinflussen den Altersaufbau einer Gesellschaft? Setzen Sie die fehlenden „Bauelemente" an der passenden Stelle ein.
2. Veranschaulichen Sie die im Modell hergestellten Zusammenhänge durch geeignete Beispiele aus der sozialen Wirklichkeit.
3. Diskutieren Sie Sinnhaftigkeit und Aussagekraft derartiger Modelle bzw. deren grafischer Veranschaulichung.

2.2 Ursachen, Folgen und Chancen des demografischen Wandels

2.2.1 Kinderwunsch und Altersglück

M 1 ● Das ganz normale Chaos

Mai	Kristin	Paolo	Michael	Mama	Papa
1. Dienstag				↑	
2. Mittwoch			15.30 Gitarre	Projektsitzung	Sonder-
3. Donnerstag	9.00 Kinderarzt			Hamburg	urlaub
4. Freitag				↓	
5. Samstag			KiGa-Ausflug		
6. Sonntag					
7. Montag		Hockeytraining ←			Fahrdienst
8. Dienstag				10.30 Schule	
9. Mittwoch	15.00 Kinderge-		15.30 Gitarre	(Sprechstunde wg. Michael)	
10. Donnerstag	burtstag bei Paul	Auto besorgen → Hannes!			Teambesprechung
11. Freitag				Paolo krank!	
12. Samstag				~~20.30 Kino mit Freunden~~	
13. Sonntag					
14. Montag		Hockeytraining ←		Fahrdienst	
15. Dienstag					Sabine wg.
16. Mittwoch			15.30 Gitarre	↙	Babysitting!!!
17. Donnerstag	14.00 Schnupper-			Geschäftsessen FeBa	
18. Freitag	tag Ballettschule	Kein KiGa!	Schulflohmarkt ←	Sachen	11.22 Oma vom

M 2 ● Mütterdämmerung

Aus einer Untersuchung zum Thema „weiblicher Kinderwunsch“:

Besonders belastend ist [...] der „Perfektionszwang“, dem sich fast alle Befragten ausgesetzt sehen: Obwohl fast 80 Prozent der Mütter Gelassenheit als ihr großes Ziel beschreiben, fühlen sich nur 44 Prozent wirklich entspannt – viel zu sehr ist ihr Alltag geprägt von der „Zerrissenheit zwischen liebender Mutter und attraktiver beziehungsweise erfolgreicher Frau“, stellt die Untersuchung fest [...]. Das Problem ist also nicht nur, den Mittelweg zwischen [Karrierefrau] und überfürsorglicher Glucke zu finden – sondern auch, sich permanent dafür rechtfertigen zu müssen, diesen Weg gewählt zu haben.

Oft wird der größte Druck dabei allerdings gar nicht so sehr von außen aufgebaut. Sondern es sind vor allem Mütter, die andere Mütter verurteilen. So stellen die Kölner Forscher eine tiefe Kluft zwischen den „Vollzeitmamas“ und den „arbeitenden Müttern“ fest, wie sie bei jedem Schulfest zu beobachten ist: Am lautesten lachen die Hausfrauen über die Mütter, die bloß gekauften Kuchen mitbringen – und am geringschätzigsten schauen die berufstätigen Mütter auf die Selberbäckerinnen. [...]

Schwanger zu werden ist demnach aber auch mit ganz anderen Ängsten verbunden: So räumt gut die Hälfte der Befragten ein, dass seit der Geburt ihres Kindes dieses im Mittelpunkt stehe und die Partnerschaft in den Hintergrund gerückt sei. Auch Geldsorgen wurden genannt [...]. Daneben treibt viele Frauen die Sorge um, vom Vater des Kindes verlassen zu werden.

Charlotte Frank, Mütterdämmerung, Süddeutsche Zeitung, 25.11.2010, S. 10

M 3 ● Die jungen Alten kommen

Die Alten werden in Zukunft noch älter. In der Öffentlichkeit hat diese erfreuliche Entwicklung zu einigen Fehleinschätzungen geführt. Sie sind hauptsächlich auf ein verzerrtes Bild des Alterns zurückzuführen: Das einer senilen Bevölkerung, deren Alte für die Gemeinschaft vornehmlich eine Bürde sind. Symbolhaft haben sich dafür Begriffe wie „Vergreisung" oder „Überalterung" der Gesellschaft in der medialen Debatte breit gemacht, verbunden mit den Assoziationen von Krankheit, Schwäche und egoistischem Altersstarrsinn.

Die Diskussion leidet unter einem systematischen Denkfehler: der „Ceteris-Paribus-Logik", also der irrigen Annahme, dass sich nur ein Parameter ändert, alles andere aber so bleibt, wie es ist. Es wird zwar allgemein akzeptiert, dass wir sehr viel älter werden. Es wird aber ignoriert, dass wir auch sehr viel gesünder altern als früher. Tatsächlich verändert sich das Alter beträchtlich und ist gleichzeitig von uns selbst veränderbar. Es ist plastisch.

Es gibt begründete Hoffnung, dass sich die Lebensspanne, innerhalb derer wir noch gesund, leistungs- und arbeitsfähig sind, genauso schnell erweitert wie die Lebenserwartung steigt. Grob gesprochen ist damit ein heute 50-Jähriger so fit wie noch 1970 ein 40-Jähriger oder ein 65-Jähriger so gesund wie ein damals 55-Jähriger. Das Alter wird also immer aktiver und agiler, und Alte können (und wollen) gesellschaftlich mehr Verantwortung übernehmen als früher. [...]

Wieso dürfen wir so optimistisch sein? In der Tat ist wissenschaftlich noch nicht geklärt, wie genau sich Alterskrankheiten und funktionale Behinderungen im Licht der steigenden Lebenserwartung entwickeln. Es steht außer Frage, dass der Körper zum Ende des Lebens hin abbaut. Wir alle altern, und manche sind schon in frühem Alter von körperlichem Leid betroffen. Aber der große Trend ist ein anderer. Es scheint realistisch, davon auszugehen, dass der Anteil der kranken und schwachen Jahre am Lebensende im Verhältnis zur gesamten Lebenszeit immer kleiner wird. [...]

Ständige Fortschritte in der Medizin haben dazu geführt, dass viele Alte heute zwar in den Augen der Gesundheitsstatistik krank, aber durchaus fit sind. So lässt sich etwa mit einem Schrittmacher trotz Herzschwierigkeiten noch sehr lange und gut leben. Und künstliche Gelenke halten immer mehr Rentnerinnen und Rentner mobil, obwohl ihr Knie oder ihre Hüfte eigentlich verschlissen sind. Für medikamentöse und andere medizinische Behandlungsformen gelten ähnliche Effekte. Anders ist nicht zu erklären, wieso die Mortalität so eindeutig sinkt, während die Häufigkeit vieler Krankheiten steigt.

Es ist wahrscheinlich, dass sich der Alterungsprozess auch in Zukunft weiter aufschiebt; die Voraussetzungen dafür werden immer besser: Die Medizin wird sich weiter entwickeln und das Streben nach gesünderer Ernährung und Lebensweise lag selten so sehr im Trend wie heute.

Björn Schwentker, James W. Vaupel, Eine neue Kultur des Wandels, in: APuZ, 10-11/2011, S. 7 ff.

Ceteris-Paribus-Logik

(lat.) „Alles andere bleibt gleich"-Logik. In den Erfahrungswissenschaften gebräuchliche Annahme, dass man die Wirkung einer bestimmten Variablen nur dann eindeutig bestimmen könne, wenn man alle anderen Variablen konstant hält, um deren Einfluss auf das Ergebnis auszuschalten.

Aufgaben

1. Erarbeiten Sie die Belastungsfaktoren, die den Wunsch nach eigenen Kindern beeinflussen können. (M 1 – M 2)
2. Analysieren Sie, wie sich das Älterwerden im 21. Jahrhundert verändern wird. (M 3)
3. Die soziale Welt ist ein vernetztes System. Diskutieren Sie, wie die beschriebenen demografischen Veränderungen sich auf andere gesellschaftliche Bereiche auswirken.
4. Erkunden Sie Ihre Kommune und dokumentieren Sie die Spuren des demografischen Wandels in Form einer Fotoreportage.

H zu Aufgabe 1
Befragen Sie Eltern verschiedener Generationen nach ihren Erfahrungen und Motiven, eine Familie zu gründen.

2.2.2 Demografie – Schwarzmalen mit Zahlen?

M 4 ● Die Sicht des Karikaturisten

Karikatur: Jan Tomaschoff

Info

Demografie

Die Demografie (gr. démos ‚Volk' und graphé ‚Beschreibung') ist die wissenschaftliche Disziplin, die sich statistisch mit der Entwicklung von Bevölkerungen und deren strukturellen Eigenarten beschäftigt. Ihre Kernaufgaben liegen in der Beschreibung der Geburtenzahl (Fertilität) sowie der Sterblichkeit (Mortalität) in einer Gesellschaft und der sie betreffenden Wanderungsbewegungen (Migration). Aus den gewonnenen Erkenntnissen entwickelt die Demografie verallgemeinernde Beschreibungs- und Erklärungsmodelle.
Umstritten ist die Bevölkerungswissenschaft vor allem dort, wo sie Aussagen über zukünftige Entwicklungen (Prognosen) trifft. So können selbst komplexe Modelle mit wohl begründeten Annahmen nie alle Faktoren erfassen, die auf die künftige Entwicklung einer Bevölkerung einwirken. Viele Prognosen seien, so die Kritiker, nur Fortschreibungen aktueller Trends oder beruhten auf mehr oder weniger unausgesprochenen Vermutungen bzw. Voarannahmen ihrer Verfasser.
Auch sollte immer kritisch reflektiert werden, welchem Zweck eine Prognose dient, wer ihr Auftraggeber ist und ob mit ihrer Veröffentlichung nicht vielleicht eine bestimmte politische Absicht verfolgt oder einer Ideologie das Wort geredet wird. Schließlich täuscht gerade die Arbeit mit Zahlenmaterial Objektivität und wissenschaftliche Exaktheit vor, die in Wirklichkeit gar nicht gegeben ist.

M 5 ● Albtraum Demografie

Demografie gilt als Zukunftsthema. Dabei ist die Angst vor der demografischen Entwicklung viel älter, als man ahnt.

„Sozialstaat ist in der Sackgasse – wer zahlt morgen die Renten?", fragte zum Beispiel 1959 die österreichische Neue Tageszeitung. Konrad Adenauer prophezeite 1953 angesichts der damaligen Bevölkerungsentwicklung: „Dann sterben wir ja aus." [...] Die Beobachtungen zur alternden Gesellschaft waren in der Tat auch schon damals korrekt [...] – doch die Katastrophe ist ausgeblieben. Offenbar war die demografische Entwicklung nicht der bestimmende Faktor des letzten Jahrhunderts. Wichtiger waren die enorme Entwicklung der Produktivität, die zunehmende Gesundheit der Älteren, die Wanderungen in einer mobilen Welt, die Zunahme der Bildung.

Doch dieser Blick in die Vergangenheit der Demografie ist nicht erwünscht. Denn wer ihn kennt, glaubt nicht mehr so leicht, dass soziale Einschnitte wie die Rente mit 67 oder Abstriche bei der Rentenhöhe, die Erhöhung der Krankenkassenbeiträge oder auch der angebliche Fachkräftemangel wirklich überwiegend demografische Gründe haben. [...] Selbst wenn die Produktivitätssteigerung je Arbeitnehmer jährlich nur ein Prozent beträgt, könnte jeder Beschäftigte im Jahre 2060 dreißig Prozent Rentenbeitrag zahlen und gleichzeitig noch sein verbleibendes Einkommen um über vierzig Prozent steigern, nach Abzug der Preissteigerung. Vorausgesetzt ist allerdings, dass die erhöhte Produktivität auch ausgezahlt wird, die Verteilung zwischen Arbeitnehmer und Arbeitgeber sich nicht zugunsten der Arbeitgeber ändert. Auch bei der Finanzierung der Renten ist das Hauptproblem also nicht die demografische Entwicklung. Die Umverteilung zugunsten der Unternehmer wirkt viel stärker. [...] Bürger, Politiker, Journalisten sollten kritischer mit den Zukunftsprognosen umgehen, die uns da vorgelegt werden. Die Prognostiker kennen die Zukunft auch nicht, sie rechnen Daten hoch. Leider manchmal mit versteckten und sogar dubiosen Annahmen. Was also wird bestimmend sein für die Zukunft des Landes und unseres Wohlstands? Neben der Bildung und der Verteilung des produzierten Reichtums beeinflussen sicherlich die Umweltschäden und die Finanzmärkte unsere Entwicklung. Dass Arbeitslosigkeit und niedrige Löhne zu Löchern in den sozialen Systemen führen, ist ebenfalls augenscheinlich. Bei all diesen wichtigen Themen scheinen die Regierenden in Wirtschaft und Politik aber nicht recht weiterzukommen. Vielleicht hören wir ja deshalb so viel über die angebliche demografische Bedrohung.

Gerd Bosbach, Warum wir positiv in die Zukunft blicken können, Süddeutsche Zeitung, 2.1.2012, S. 2

Demografie und Fachkräftemangel

Der angebliche Fachkräftemangel. Es heißt, dass es heute und auch künftig zu wenige Jugendliche gebe. Doch die heutigen Fachkräfte sind die Ausgebildeten der vergangenen Jahrzehnte. Und dort haben Verantwortliche Fehler begangen. Zwischen 1990 und 2005 wurde Hunderttausenden Jugendlichen die Ausbildung verweigert. [...] Sogar noch 2009 wurden Ausbildungsplätze reduziert und fertig Ausgebildete entlassen – wegen der Finanzkrise. Auch in den Hochschulen wird viel vorhandenes Potential verschenkt. Zulassungsbeschränkungen halten vom Studium ab, überfüllte Hochschulen schwächen Qualität, Kreativität und individuelle Entwicklung. Wer aber heute Bewerbern das Masterstudium verwehrt, der sollte in zehn Jahren keine Krokodilstränen über fehlende studierte Fachkräfte vergießen.

Gerd Bosbach, Warum wir positiv in die Zukunft blicken können, Süddeutsche Zeitung, 2.1.2012, S. 2

Aufgaben

1. Sammeln Sie in der Gruppe mögliche Aufgabenbereiche der Demografie und beurteilen Sie die Reichweite ihrer Erkenntnisse.
2. Analysieren Sie die Probleme, die sich aus der öffentlichen Diskussion von Bevölkerungsprognosen ergeben können (M 4 – M 5). Gehen Sie in diesem Zusammenhang der Frage nach, ob eine Gesellschaft ohne Demografie zukunftsfähig wäre.
3. Suchen Sie weitere Beispiele, anhand derer sich der Missbrauch demografischer Aussagen zu parteipolitischen bzw. ideologischen Zwecken belegen lässt.
4. In M 3 auf Seite 49 wurde auf einen Denkfehler („Ceteris-paribus-Logik") hingewiesen, der zu einer übertrieben dramatischen Darstellung des Alterungsprozesses unserer Gesellschaft führe. Überprüfen Sie, ob die Ceteris-paribus-Logik auch hinter der „Mär der unbezahlbaren Renten" steckt. (M 3, M 5)

2.2.3 Bevölkerungspolitik im (Länder-) Vergleich

Weitere familienpolitische Maßnahmen in Deutschland

- Kinderfreibetrag/ Kindergeld
- Ehegattensplitting
- BAföG
- Kündigungsschutz für werdende Mütter

M 6 ● Familienpolitik in Deutschland – Beispiel Elterngeld und Elternzeit

© Bergmoser + Höller Verlag AG 141 214

M 7 ● Babyboom in Frankreich - wie erklärt sich das?

A) Der finanzielle Aufwand für ein Kind wird in Frankreich zum großen Teil von der Allgemeinheit getragen [...]. Kinderkrippen, kostenloser Kindergarten ab dem dritten Lebensjahr sowie die Förderung durch Familienzulagen stellen eine wirksame Unterstützung für die Familien dar. Auch wenn die Betreuungseinrichtungen für die Allerkleinsten noch unzureichend sind, schafft die Familienpolitik doch Freiraum für die Haushalte. [...]

Viele Länder beneiden uns um die Fähigkeit der französischen Frauen, Arbeit und Mutterschaft zu vereinbaren. Im Jahr 2010 wurde der Schwellenwert von einem Kind pro Frau überschritten, und das ist den Frauen über dreißig, also den erwerbstätigen Frauen zu verdanken. Die Feststellung ist bezeichnend: Die Länder, in denen die Frauen am meisten arbeiten – die Beschäftigungsquote am Arbeitsmarkt in Frankreich übersteigt 80 % –, können die höchsten Fruchtbarkeitsziffern vorweisen. [...] In Frankreich trägt die Aufmerksamkeit der Gesellschaft, in der die Mutterschaft gewürdigt wird, zur Förderung dieses Phänomens bei: Das Bild von der idealen Familie mit zwei Kindern besteht in Frankreich seit Ende des Krieges fort. Außerdem ist für die große Mehrheit (83 %) der jungen Menschen von 16 bis 29 Jahren die Gründung einer Familie ein vorrangiges Ziel.

Virginie Langerock, Frankreich bei Geburten spitze in Europa, www.ambafrance-de.org, 26.4.2012

B) Seit 1993 hat Frankreich hohe Steuererleichterungen für Familien eingeführt, die eine Person zur Kinderbetreuung in ihrem Haushalt beschäftigen. Zu den weiteren Anreizen zählen ein vom dritten Kind an auf die doppelte Zeit (26 Wochen) verlängerter Mutterschutzurlaub bei vollem Lohnausgleich, ein Vaterschaftsurlaub von zwei Wochen, eine Geburtenprämie von 800 Euro bis zu einem bestimmten Monatseinkommen sowie ein einjähriges Elterngeld von monatlich 750 Euro. Zudem steht allen Kindern vom dritten Lebensjahr an eine kostenlose Vollzeitbetreuung in den staatlichen Ecoles maternelles zu. Das Ganztagsschulsystem erfasst alle Schüler vom dritten Lebensjahr bis zum Abitur.

Michael Wiegel, Französinnen erobern Spitzenplatz, Frankfurter Allgemeine Zeitung, 17.1.2007, S. 9

M 8 ● Dimensionen und Modelle der Familienpolitik

rechtliche Dimension (z.B. Rechtsstatus von Ehe und Familie, von Unterhalt und Vormundschaft)	**fiskalische Dimension** (z.B. Transferzahlungen und Steuern)
dienstleistungsbezogene Dimension (z.B. Information und Beratung)	**bildungsorientierte Dimension** (z.B. Schule, Betreuung und Jugendhilfe)

abhängig von länderspezifischen Gegebenheiten und Traditionen

Französisches Modell, welches mit pronatalistischer Ausrichtung die Erwerbstätigkeit von Frauen unterstützt. Familienpolitik wird dabei als Bevölkerungspolitik aufgefasst, mit der insbesondere durch Transferzahlungen das Geburtenverhalten positiv beeinflusst werden soll. Zudem wird großer Wert auf Kinderbetreuungsmöglichkeiten gelegt, damit insbesondere Mütter ihre Erwerbstätigkeit mit der Familie vereinbaren können.

Angelsächsisches Modell, welches Familie als Privatangelegenheit ansieht und hauptsächlich Elemente von Armutspolitik enthält. Familienpolitik ist in diesem Modell nicht-interventionistisch. Die Erwerbstätigkeit von Müttern wird nicht erschwert, aber auch nicht besonders gefördert.

Skandinavisches Modell, bei dem die starke Orientierung auf die Gleichheit der Geschlechter und die Unterstützung erwerbstätiger Eltern das hauptsächliche Ziel ist. In diesem Modell werden beide Elternteile darin unterstützt, Familie und Beruf zu vereinbaren, kennzeichnend sind ein guter Ausbau der Kinderbetreuung und relativ großzügige Transferzahlungen für den begrenzten Zeitraum, den ein Elternteil aufgrund der Erziehung der Kinder zu Hause verbringt. Insbesondere werden auch Vätern bessere Möglichkeiten gegeben, eine größere Rolle bei der Erziehung ihrer Kinder zu übernehmen.

Deutsches Modell, welches relativ viel Geld an Familien transferiert, die Vereinbarkeit von Erwerbstätigkeit und einer Realisation von Kinderwünschen aber weniger unterstützt

Hybride Formen, wie das südeuropäische Modell, wo sich die weitgehende Abwesenheit von Familienpolitik (angelsächsisches Modell) mit der Traditionalität und der Bedeutung subsidiärer privater Arrangements (deutsches Modell) vermischt

Nach: Bert Rürup, Sandra Gruescu, Nachhaltige Bevölkerungspolitik im Sinne einer aktiven Bevölkerungsentwicklung, Bonn 2003, S. 7; grafische Umsetzung vom Autor

fiskalisch
den Staat als Verwalter der Finanzen betreffend

pronatalistisch
Geburten fördernde Haltung mit dem Ziel, die Bevölkerungszahl zu stabilisieren oder zu steigern

hybrid
gemischt, kombiniert

Aufgaben

1. Informieren Sie sich über die Erfolge der familienpolitischen Maßnahmen in Deutschland und deren Auswirkungen auf die demografische Situation unseres Landes. (M 6)
2. Arbeiten Sie die Gründe für die hohe Geburtenrate in Frankreich heraus. (M 7)
3. Entwickeln Sie aus M 7 und M 8 einen Maßnahmenkatalog für die deutsche Politik.

F zu Aufgabe 3
Referieren Sie vor der Klasse die familienpolitischen Maßnahmen eines ausgewählten Staates und deren Effekte.

2.2.4 Unsere Gesellschaft verändert sich – na und ...?

M 9 ● Die Qual der Wahl?

Karikatur: Heiko Sakurai

M 10 ● Wir sollten mehr arbeiten

Kampagnenbutton der Gewerkschaft IG-Metall gegen die Einführung der Rente mit 67

In einem SPIEGEL-Interview fordert Jürgen Rüttgers, Ex-Ministerpräsident von Nordrhein-Westfalen, einen „neuen Generationenvertrag“:

Rüttgers: Wir alle sollten mehr arbeiten. Den Jüngeren müssen wir deshalb die Chance bieten, Beruf und Familie miteinander zu vereinbaren, den Älteren die Möglichkeit, länger im Berufsleben zu bleiben. Die Menschen, die heute in Rente gehen, sind nicht alt. Heute ist man mit 60 oder 65 nicht mehr alt. Viele würden deshalb gern länger arbeiten. [...]

Ich will Flexibilität. Die Zeit bis 70 sollten wir als eine aktive Zeit verstehen. Die Menschen sollten frei entscheiden, wann sie in Rente gehen. Sie müssen dann aber auch hinzuverdienen können, was wir heute in vielen Teilen noch erschweren. Im Alter zwischen 70 und 85 sollten die Menschen die Möglichkeit haben, sich losgelöst von der Erwerbsarbeit gesellschaftlich einzubringen und an verschiedenen Stellen zu helfen: als Ersatzoma oder als Ersatzopa, als Seniorexperte oder durch ehrenamtliches Engagement.

Spiegel: Warum machen wir es nicht wie in Großbritannien? Dort gibt es kein gesetzliches Rentenalter mehr.

Genau darum geht es. Ich werbe für mehr Flexibilität, so dass jeder notfalls noch eine andere Stelle oder eine andere Arbeit übernehmen könnte. Es kann jedenfalls nicht so bleiben, dass 40 Prozent der Betriebe keine Arbeitnehmer über fünfzig beschäftigen. [...]

Und wenn der Arbeitgeber die Alten lieber los wäre?

Natürlich wollen viele Arbeitgeber die Möglichkeit haben, sich von älteren Arbeitnehmern ohne Begründung zu trennen [...]. Aber warum soll man nicht länger arbeiten dürfen, wenn auch der Arbeitgeber das will? Warum ist das bei uns so schwer? Warum gibt es diese Kultur nicht?

Konstantin von Hammerstein und Barbara Schmid im Gespräch mit Jürgen Rüttgers, Demografie – Wir sollten mehr arbeiten, Der Spiegel, 40/2011, S. 25

M 11 ● Wir brauchen tief greifende Reformen

Die Zukunft der Arbeit wird wesentlich auf Modellen der Teilzeitarbeit beruhen, und nicht mehr wie heute die Vollzeitarbeit zur – insbesondere für Männer – sozialen Norm erheben. Viele Menschen in ihren 60ern und 70ern wollen arbeiten, aber nebenher auch genug Freizeit haben. Und künftige Alte dürften viel eher gewillt sein, bis 70 und weit darüber hinaus zu arbeiten, wenn sie nicht in jüngeren Jahren unter dem Druck eines Vollzeitjobs und gleichzeitiger anderer Verpflichtungen in der „Rushhour des Lebens" vitale Energie gelassen hätten. [...]

Jedes heute in Deutschland geborene Kind wird sich, sobald es begreift, dass es hundert Jahre vor sich hat, fragen: Wie will ich eigentlich leben? Wie will ich mein Jahrhundert verbringen, wie meine Lebenszeit einteilen? So wie bisher sicherlich nicht.

Die traditionelle Aufteilung des Lebens in die drei Abschnitte Lernen – Arbeit – Freizeit wird aufbrechen. Es war eigentlich noch nie sinnvoll, die gesamte Ausbildung in die zwei ersten Lebensjahrzehnte zu stecken (und danach nicht oder kaum weiter zu lernen), in die nächsten drei oder vier Jahrzehnte maximale Arbeitslast und Elternschaft gleichzeitig hineinzudrängen, um dann in Rente zu gehen und endlich Zeit zu haben, wenn man sie für die Kinder gar nicht mehr braucht.

Künftig werden sich Arbeit, Ausbildung, Freizeit und Zeit für Kindererziehung im Lebensverlauf zu den verschiedensten Zeiten stark vermischen. Das bedeutet erhebliche strukturelle Veränderungen für jeden der Bereiche. Die Wirtschaft wird sich darauf einstellen müssen, die Arbeit besser an den Zeitbedürfnissen der Menschen zu orientieren und Vollzeitjobs in großem Stil in Teilzeitjobs umzuwandeln. [...]

Das Bildungssystem würde dann in 50 Jahren nicht mehr wiederzuerkennen sein – im positiven Sinn. Lebenslanges Lernen könnte vom Schlagwort zur Realität geworden sein. Universitäten und andere Bildungseinrichtungen würden von Menschen jeden Alters besucht, und regelmäßige, häufige und gründliche Weiterbildung sollte von den Arbeitgebern nicht nur toleriert, sondern gefordert und bezahlt werden. [...]

Chancen ergeben sich auch für das neben dem Altern zweite große Thema des demografischen Wandels: das Geburtenverhalten. Wenn sich die Arbeitszeit gleichmäßiger über das Leben verteilt, könnte das die Geburtenrate nach oben treiben. Denn dann müssen junge Menschen weniger arbeiten, haben wieder Zeit für Kinder, und die Belastung für beide Geschlechter, gleichzeitig Job und Elternschaft zu meistern, nimmt spürbar ab.

Auch wenn die Kinderzahl pro Frau in Deutschland seit etwa 40 Jahren bei ungefähr 1,4 liegt, wünschen sich junge Paare weiterhin mehr Kinder. Viele von ihnen können ihre Kinderwünsche nur derzeit nicht umsetzen. [...]

Auch hier hilft die Umverteilung der Arbeit. Wenn sie nämlich nicht nur entlang des Lebensverlaufs, sondern auch zwischen den Geschlechtern gelingt. Das ist schon deswegen nicht nur ein moralisches, sondern auch ein ökonomisches Gebot, weil die Wirtschaft auf die Expertise und Arbeitskraft der gut ausgebildeten Frauen nicht länger verzichten kann.

Björn Schwentker, James W. Vaupel, Eine neue Kultur des Wandels, in: APuZ, 10-11/2011, S. 9 f.

Aufgaben

1. Nehmen Sie persönlich Stellung zur Aussage der Karikatur. (M 9)
2. Erörtern Sie, ob Kinderlose in unserer Gesellschaft steuerlich stärker belastet werden sollten, um finanzielle Nachteile für Familien teilweise auszugleichen.
3. Diskutieren Sie, inwieweit die genannten Reformvorschläge geeignet sind, die demografische Situation in Deutschland positiv zu beeinflussen. (M 10 – M 11)

H zu Aufgabe 3
Recherchieren Sie die Gründe für die ablehnende Haltung der Gewerkschaft zur Rente ab 67.

F zu Aufgabe 3
Wie werden Sie im Alter leben? Verfassen Sie einen fiktiven Tagebucheintrag aus dem Jahr 2090.

Demografischer Wandel als komplexes Bedingungsgefüge
M 1, M 2

Die Demografie beschreibt und erklärt die Entwicklung von Bevölkerungen. Ihre statistischen Modelle versuchen dabei auch, künftige Entwicklungen möglichst genau vorherzusagen. Das ist keine einfache Aufgabe, da sich der demografische Wandel nur im Wechselspiel mit anderen gesellschaftlichen Veränderungen verstehen lässt.

Folgen im Alltag
M 4

Die beschriebene Alters- und Geburtenentwicklung hat weit reichende Folgen für unsere Gesellschaft. So wird sich das Bild vieler Kommunen in den nächsten Jahrzehnten deutlich verändern, da mehr Einrichtungen für ältere Menschen geschaffen und deren Bedürfnisse stärker berücksichtigt werden müssen.

Sozialer Frieden
M 5

Ob dies auf Kosten des zahlenmäßig kleiner werdenden Anteils jüngerer bzw. erwerbstätiger Menschen geht und ob es vielleicht sogar zu einem den sozialen Frieden gefährdenden „Generationenkampf" kommen könnte, wird kontrovers diskutiert.

Familienpolitische Maßnahmen
M 6

Bislang setzt die Bundesregierung mit Kinderfreibetrag/Kindergeld, Ehegattensplitting, BAföG und Elterngeld überwiegend auf fiskalische Maßnahmen, um Familien zu entlasten. Andere Instrumente sind der Kündigungsschutz für werdende Mütter sowie der Anspruch beider Elternteile auf Elternzeit, um sich für begrenzte Zeit ausschließlich der Erziehung ihres Kindes zu widmen.

Defizite in der Praxis

Demgegenüber sind die Versorgung mit Kinderbetreuungsplätzen, tarifliche Regelungen zur besseren Vereinbarkeit von Familie und Beruf oder zur Reintegration in die Arbeitswelt nach der Phase der Kindererziehung unzureichend. Auch effiziente Maßnahmen zur Anwerbung hoch qualifizierter ausländischer Arbeitskräfte stoßen in Teilen der Politik nach wie vor auf ideologische Vorbehalte.

Beispiele aus anderen Ländern
M 7, M 8

Dass es auch anders geht, zeigen z. B. Frankreich mit seiner aktiven Geburtenförderung und seinem dichten Netz außerhäuslicher Kinderbetreuung oder die skandinavischen Länder, wo deutlich mehr getan wird für eine gleichberechtigte Rollenverteilung von Frauen und Männern und die Unterstützung erwerbstätiger Eltern.

Was getan werden könnte
M 10, M 11

Wertesystem
- Etablierung neuer Lebenskonzepte jenseits des Standards „Lernen – Arbeiten – Lebensabend"
- Neudefinition des Älterwerdens; Entdeckung des spezifischen Beitrags der älteren Generationen im Beruf und für die soziale Gemeinschaft
- Gleichberechtigung und gerechte Lastenverteilung als Grundlage der Geschlechterkultur

Infrastruktur
- Dezentralisierung wichtiger Einrichtungen und Dienste („System der kurzen Wege")
- finanzielle Schwerpunktförderung für „ausblutende" Gemeinden
- Niederlassungsanreize für bestimmte Berufsgruppen, z. B. Mediziner

Familie
- zügiger Ausbau außerhäuslicher Betreuungsangebote
- Aufwertung pädagogischer Berufe im Vorschul- und Primarbereich
- steuerliche Mehrbelastung Kinderloser zugunsten von Familien

Bildungssystem
- Öffnung von Bildungseinrichtungen für alle Altersgruppen
- Anreize für lebenslange Weiterbildung

Arbeitswelt
- Umverteilung von Arbeit, z. B. variables Renteneintrittsalter, flexible Teilzeitmodelle, lebenslange Arbeitszeitkonten
- Aktivierung des brachliegenden Arbeitskräftepotenzials (Frauen, ausländische Arbeitnehmer)

„Kronhausen verändert sich" – eine Spinnwebanalyse

Aufgaben

1. Vervollständigen Sie die Spinnwebanalyse zum Fallbeispiel „Kronhausen" um möglichst viele weitere Ursachen und Folgen (zur Methode siehe S. 45).
2. Ergänzen Sie alle aus Ihrer Sicht relevanten Verknüpfungen und verbalisieren Sie die erkannten Zusammenhänge.
3. Diskutieren Sie, welche Entwicklungen Sie eher positiv bzw. negativ einschätzen.
4. Arbeiten Sie auf dieser Grundlage ein kommunales Rettungsprogramm aus, das die negativen Folgen der Stadtentwicklung Kronhausens abwenden oder zumindest mildern könnte.
5. Miniprojekt: In den Haushaltsberatungen Kronhausens geht es um die Verwendung von zwei Millionen Euro aus dem Etatposten „Infrastruktur und Stadtentwicklung". Zur Debatte stehen die Erschließung eines neuen Gewerbegebiets, der Bau einer Seniorenbegegnungsstätte, die Umgestaltung der zentralen Fußgängerzone durch Grüninseln und Erholungsplätze oder die Renovierung und technische Neuausstattung des Schulzentrums (Realschule, Gymnasium). Simulieren Sie eine Stadtratssitzung und diskutieren Sie das Pro und Contra der einzelnen Vorschläge. Am Ende der Sitzung sollte eine Entscheidung herbeigeführt werden.

2.3 Bevölkerungsentwicklung in globaler Dimension

2.3.1 Schlaglichter auf den weltweiten Wandel

M 1 ● Ruanda – ein Volk verändert sich

Ruanda
Staatsform: Republik
Regierungssystem: Präsidentialismus
Hauptstadt: Kigali
Landessprachen: Kinyarwanda, Englisch, Französisch
Fläche: 26.338 km²
Einwohnerzahl: 11,4 Mio.
BIP/Einw.: 353 USD
Human Developement Index: 0,429

Der Bauer Abraham Kasyibwami lebt in einem Land, das gleich zwei Superlative bereithält, auf die keiner wirklich stolz sein kann. Ruanda ist das am dichtesten besiedelte Land des Kontinents, und es war Schauplatz des größten Völkermords seit dem Zweiten Weltkrieg. Zu viele Menschen auf zu wenig Land – das, so sagen viele, heizte die ethnischen Spannungen zwischen Hutu und Tutsi zusätzlich an. Ist der Genozid von Ruanda damit ein Menetekel für die blutige Zukunft eines überbevölkerten Kontinents?

Mit seinen fünf Kindern liegt Kasyibwami, 47, ziemlich genau im landesweiten Durchschnitt. Als er seine Familie gegründet hat, da ging es beim Nachwuchs noch um Quantität. „Wer wusste schon, wie viele Kinder überleben würden?", sagt der hagere Mann.

Gebrauchen konnte er jedenfalls jedes Paar Hände: für sein kleines Feld, auf dem er das zum Überleben Notwendige anbaute. So haben sie es alle gehalten in dem kleinen Weiler Gasharu, 90 Minuten südlich der Hauptstadt Kigali. [...] Es war ein Teufelskreis: Armut gebärt viele Kinder, und sie zu ernähren stürzt ihre Eltern noch tiefer in die Armut.

Doch es hat sich etwas getan, in Gasharu. Heute werden hier nur noch zwei oder drei Kinder pro Jahr geboren. Die Zeitenwende fing an mit den Reis-Setzlingen, die die Bauern im Dorf von der Deutschen Welthungerhilfe bekamen, zusammen mit ein paar Kilo Mineraldünger und einigen Tipps, um den Ertrag zu steigern. Die Ernte ließ sich verkaufen. „Ich konnte mir zwei Kühe und zehn Ziegen leisten", sagt Kasyibwami. Eigentlich, sagt er heute, hätten auch zwei Kinder genügt. „Du musst viel härter arbeiten, wenn du viele Kinder hast."

Das Beispiel der Bauern von Gasharu offenbart, dass sich das wachsende Heer von Afrikanern durchaus auch künftig wird ernähren können. [...] Was es braucht, sind Bildung, politische Stabilität – und der Zugang aller Frauen zu modernen Verhütungsmitteln.

Jens Glüsing, u.a., Demografie – das große Schrumpfen, Der Spiegel, 44/2011, S. 145 f.

M 2 ● Brasilien – von der Masse zur Klasse

Brasilien
Staatsform: Bundesrepublik
Regierungssystem: Präsidentialismus
Hauptstadt: Brasilia
Landessprache: Portugiesisch
Fläche: 8.514.215 km²
Einwohnerzahl: 192,38 Mio.
BIP/Einw.: 12.789 USD
Human Developement Index: 0,718

Es gibt eine alte und eine neue Zeitrechnung - und dazwischen liegt für Maria Andrea do Nascimento ein 3.000 Kilometer langer Weg. Den legten ihre Eltern auf der Pritsche eines Lastwagens aus ihrer Heimat im armen Nordosten Brasiliens zurück, bis nach Rio de Janeiro. Dort wuchs die heute 39-Jährige in einer Favela auf. „Meine Mutter war immer im Stress, weil sie nicht wusste, wie sie mich und meine fünf Brüder ernähren sollte", erinnert sie sich.

Die Mutter sparte sich das Essen für ihre Kinder vom Mund ab, starb früh, mit 56 Jahren. Doch der Aufbruch in die große Stadt bedeutete für ihre Tochter die Chance zum Aufstieg. Andrea jobbte erst in einem kümmerlichen Optikerladen in der Favela. Nebenher ging sie zur Schule.

Inzwischen ist sie Filialleiterin bei einem Optiker im besseren Viertel der Vorstadt Duque de Caxias, ihr Mann leitet eine Autowerkstatt. Die beiden sind damit zwei jener etwa 20 Millionen Brasilianer, die unter der Regierung Lula in die untere Mittelschicht aufgestiegen sind. 7.000 Real im Monat sind in der Familienkasse, das sind knapp 3.000 Euro. Aus der Favela sind sie ausgezogen, sie haben jetzt eine Wohnung in Bonsucesso, einem Stadtviertel in der ärmlichen Nordzone von Rio. Die Nascimentos haben einen gebrauchten VW Golf, Baujahr 2008. Ihre beiden Kinder gehen auf Privatschulen. [...]

Ihre Arbeit im Optikerladen unterbrach Andrea do Nascimento für die Geburt ihrer zweiten Tochter nur kurz. „Es war hart", sagt sie, „aber ich wollte finanziell unabhängig sein." Viele ihrer Freundinnen ließen sich nach dem ersten oder dem zweiten Kind sterilisieren. Häufig lassen Brasilianerinnen den Eingriff im Zuge eines Kaiserschnitts vornehmen. „Dann erfährt der Mann es gar nicht", erklärt Nascimento. [...]

In Brasilien hat der wirtschaftliche Höhenflug gerade erst begonnen. Befeuert wird er durch die Masse an gutausgebildeten jungen Leuten.

ebd., S. 146 f.

M 3 ● Singapur – Boom an den Börsen, Krise in den Kreißsälen

Nanny Eliana ist ein Kind der demografischen Dividende. Schon mit 33 hat sie es ganz weit nach oben geschafft: Die Frau aus Singapur ist seit neun Jahren Inhaberin einer PR-Agentur; sie gibt Modezeitschriften heraus und hat jetzt auch noch einen preisgekrönten Roman geschrieben. Sie sieht blendend aus und versteckt ihre Schönheit nicht. [...] Andernorts würde sie den Männern den Kopf verdrehen. In Singapur ist das anders. Hier interessieren sich die Herren eher für Geschäftsabschlüsse. Der Stadtstaat mit seinen fünf Millionen Einwohnern steht für den Erfolg der asiatischen Tigerstaaten. Noch in den sechziger Jahren hatten die Einwohner ein niedrigeres Bruttoinlandsprodukt pro Kopf als die Kenianer, heute rangieren sie mit 44000 Dollar unter den Top Ten dieser Welt. Damals glich auch die Geburtenrate noch jener Afrikas: Sieben Kinder bekam die Frau durchschnittlich in Singapur. Sie heiratete früh, in der Regel den Mann, den ihre Eltern für sie ausgesucht hatten, und ihr Platz war im Haushalt. Nanny Eliana ist unverheiratet und kinderlos, und das macht ihr Spaß. „Ich verdiene viel Geld und mache Karriere", sagt sie strahlend. „Das sehen viele Frauen meiner Generation so: Immer mehr wollen Single bleiben, arbeiten und reich werden." [...] Einst waren es die Eltern, die den Bräutigam aussuchten. Heute versucht sich der Staat in dieser Rolle. „Macht drei Kinder oder mehr!", wirbt der Staat auf Plakaten. Er druckt Ratgeber, die den Weg zu versteckten Parkplätzen für den Autosex weisen, und organisiert Kuppelpartys, auf denen nur Singles zugelassen sind. [...] Auf 1,25 Kinder pro Frau ist die Geburtenrate Singapurs gefallen - und liegt damit immerhin noch über derjenigen vieler anderer Metropolen Asiens. [...] Der Aufstieg Südostasiens ist atemberaubend, und als treibende Kraft dabei gilt die Bildung der Frauen.

ebd., S. 147 f.

Singapur
Staatsform: Republik
Regierungssystem: Parlamentarismus
Hauptstadt: Singapur
Landessprache: Malaiisch, Chinesisch, Tamil, Englisch
Fläche: 712,4 km²
Einwohnerzahl: 5,07 Mio.
BIP/Einw.: 49.271 USD
Human Development Index: 0,846

Demografischer Bonus
Bezeichnung für die Vorteile des Geburtenrückgangs in vormals kinderreichen Gesellschaften:
mehr Erwerbstätige
↓
weniger wirtschaftlich Anhängige (Kinder, Alte, ...)
↓
höheres Konsumniveau
\+
höheres Investitionsvolumen
=
Wirtschaft prosperiert

Aufgaben

1. Vergleichen Sie die Lebenswege der porträtierten Personen. (M 1 – M 3)
2. Arbeiten Sie heraus, wie deren persönliche Lebenschancen mit der ökonomischen und sozialen Entwicklung in ihren Heimatländern zusammenhängen.
3. Stellen Sie begründete Vermutungen darüber an, wie sich die beschriebenen Gesellschaften in den kommenden Jahrzehnten weiterentwickeln werden.

2.3.2 Modelle und Theorien der demografischen Entwicklung

M 4 ● Bevölkerungsentwicklung in ausgewählten Ländern

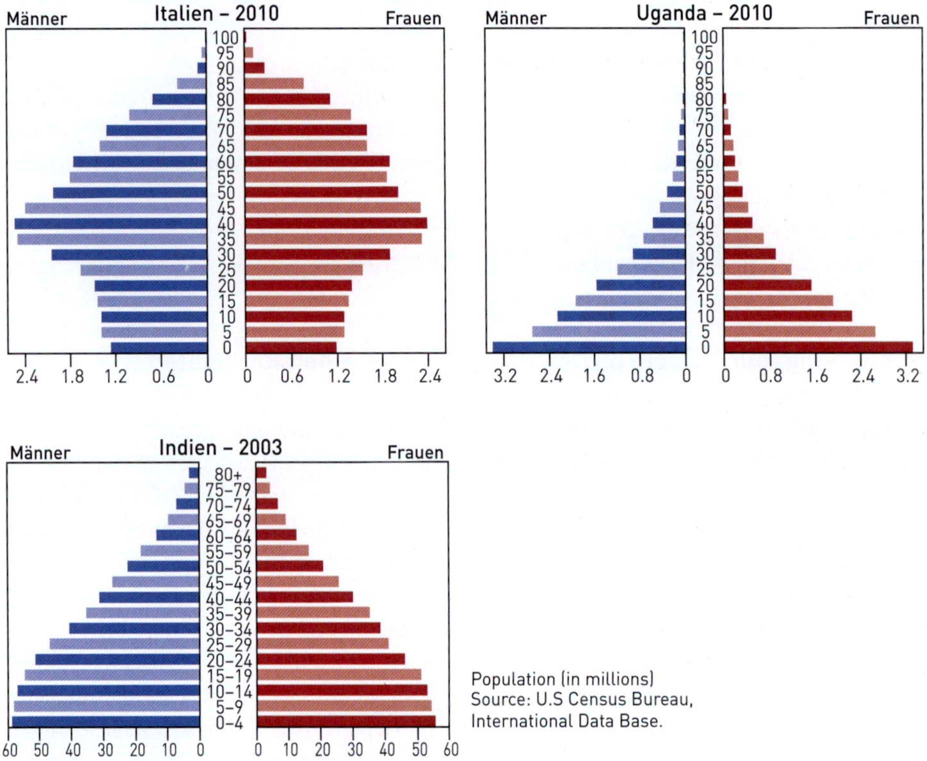

Population (in millions)
Source: U.S Census Bureau,
International Data Base.

Info

Grundtypen der Bevölkerungsentwicklung

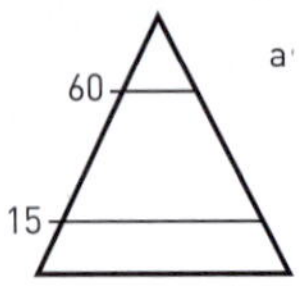

Die klassische Pyramidenform ergibt sich aus der nahezu linearen Abnahme der Bevölkerungszahl mit zunehmendem Alter. Sie folgt aus einer hohen Geburtenrate (Fertilität) bei gleichzeitig hoher Sterblichkeit (Mortalität) über alle Altersstufen hinweg.

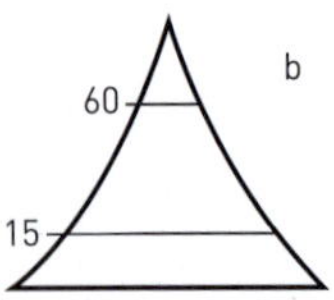

Bei einer konstant sehr hohen oder sogar steigenden Fertilität verzerrt sich die Pyramide zur Pagodenform mit exponentiell verbreiterter Basis. Dies geht einher mit einer geringen Lebenserwartung und einer früh einsetzenden hohen Mortalität.

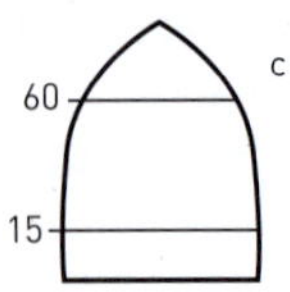

Die Bienenstockform zeigt einen Altersaufbau mit hoher Lebenserwartung, hoher Mortalität in den oberen Altersstufen sowie einer annähernd gleichbleibender Fertilität von 2,1 Kindern pro Frau. Die Bevölkerungszahl bleibt konstant.

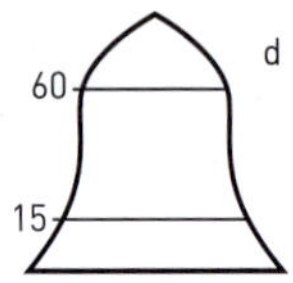

Die Glockenform ist kennzeichnend für Bevölkerungen mit deutlichem Geburtenzuwachs nach einer längeren Periode niedriger Geburten- und Sterblichkeitsraten. Sie ist z. B. Ausdruck eines steigenden Wohlstandsniveaus in Zeiten wirtschaftlicher Prosperität.

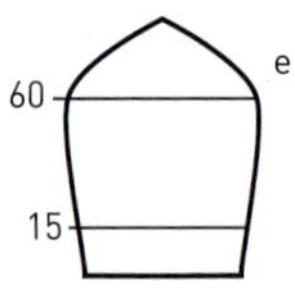

Die Bevölkerungen vieler Industriestaaten weisen eine Altersstruktur in Urnenform auf, da hier eine niedrige Geburtenrate zu einem wachsenden Überhang älterer Menschen führt. Gleichzeitig nehmen die jüngeren Altersjahrgänge stetig ab.

Autorentext, Grafik nach: www.wikipedia.de, Stichwort: Altersstruktur (2.10.2012)

M 5 ● Die Theorie des demografischen Übergangs

Rohe Geburtenrate bzw. rohe Sterberate
Geburten bzw. Sterbefälle pro 1000 Einwohner

Veränderungen von Sterblichkeit und Fruchtbarkeit verlaufen in verschiedenen Regionen der Welt, ja sogar innerhalb einzelner Länder nicht zeitgleich. Die Suche nach Gemeinsamkeiten und Trends in der demografischen Vielfalt führte Frank Notestein vom Office for Population Research der Universität Princeton 1945 zur Formulierung der „demografischen Transition". Dieses Konzept beschreibt Gemeinsamkeiten in der Reihenfolge demografischer Veränderungen, die sich in fast allen Ländern der Welt, sowohl im Europa des 18. und 19. Jahrhunderts wie auch in den Kolonien und Entwicklungsländern des 20. Jahrhunderts, beobachten ließen und zum Teil noch beobachten lassen. [...]

Aus heutiger Sicht hat der demografische Übergang fünf Phasen:

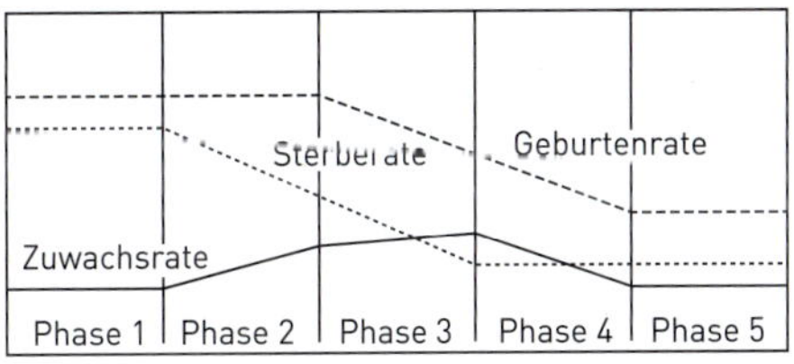

Phase 1: In vorindustriellen Gesellschaften lagen Geburten- und Sterberaten hoch. Die Sterblichkeit schwankte stark, mitunter von einem Jahr zum nächsten. Die durchschnittliche Lebenserwartung war gering. Die Bevölkerung wuchs – wenn überhaupt – nur sehr langsam.
Phase 2: Mit Einsetzen der gesellschaftlichen Modernisierungsprozesse sank zuerst die Sterblichkeit. Die Lebenserwartung begann zu steigen. Da die durchschnittlichen Kinderzahlen anfänglich hoch blieben, begann die Bevölkerung beträchtlich zu wachsen.
Phase 3: Mit der Zeit reagierten die Familien auf die veränderten Lebensbedingungen und eine niedrigere Säuglings- und Kindersterblichkeit mit einer Beschränkung ihrer Kinderzahl. Die Geburtenrate begann zu sinken. Das Bevölkerungswachstum verlangsamte sich.
Phase 4: Geburten- und Sterberate pendelten sich in etlichen Ländern auf niedrigem Niveau ein. Notestein und andere hatten bei der Formulierung und Weiterentwicklung des Konzepts des demografischen Übergangs am Ende dieses Prozesses wieder ein demografisches Gleichgewicht zwischen Fruchtbarkeit und Sterblichkeit vor Augen. Dieses hätte in der vierten Phase wieder erreicht werden sollen.
Phase 5: Die Erfahrungen der letzten 30 Jahre in Europa und in anderen Industriestaaten zeigen jedoch, dass der demografische Übergang nicht notwendigerweise auf ein Gleichgewicht zwischen Geburten und Sterbefällen zusteuert. In einer Reihe von Ländern (darunter Deutschland) sank die rohe Geburtenrate bereits deutlich unter das Niveau der rohen Sterberate (sog. „Zweiter demografischer Übergang"). In anderen Industrieländern steht diese Entwicklung noch bevor. Ursache ist die anhaltend niedrige Fertilität. Für eine Trendwende gibt es gegenwärtig keine Anhaltspunkte.

Nach: Rainer Münz, Ralf E. Ulrich, Demografischer Übergang – Theorie und Praxis, in: www.berlin-institut.org (2.10.2012)

Aufgaben

1. Ordnen Sie die Länderbeispiele aus M1 (Seite 58) in das Phasenmodell des demografischen Übergangs ein. Stellen Sie Bezüge her zu den Impulsbildern auf den Einstiegsseiten dieses Kapitels.
2. Verfassen Sie ein vergleichbares Länderporträt für Phase 5 des Modells.
3. Diskutieren Sie den Aussagewert des Modells. Ist z. B. mit der letzten Phase die Bevölkerungsentwicklung zwangsläufig abgeschlossen? (M 5)

2.3.3 Die Weltbevölkerung der Zukunft – immer mehr und immer älter?

M 6 ● Die Welt wächst – erst einmal

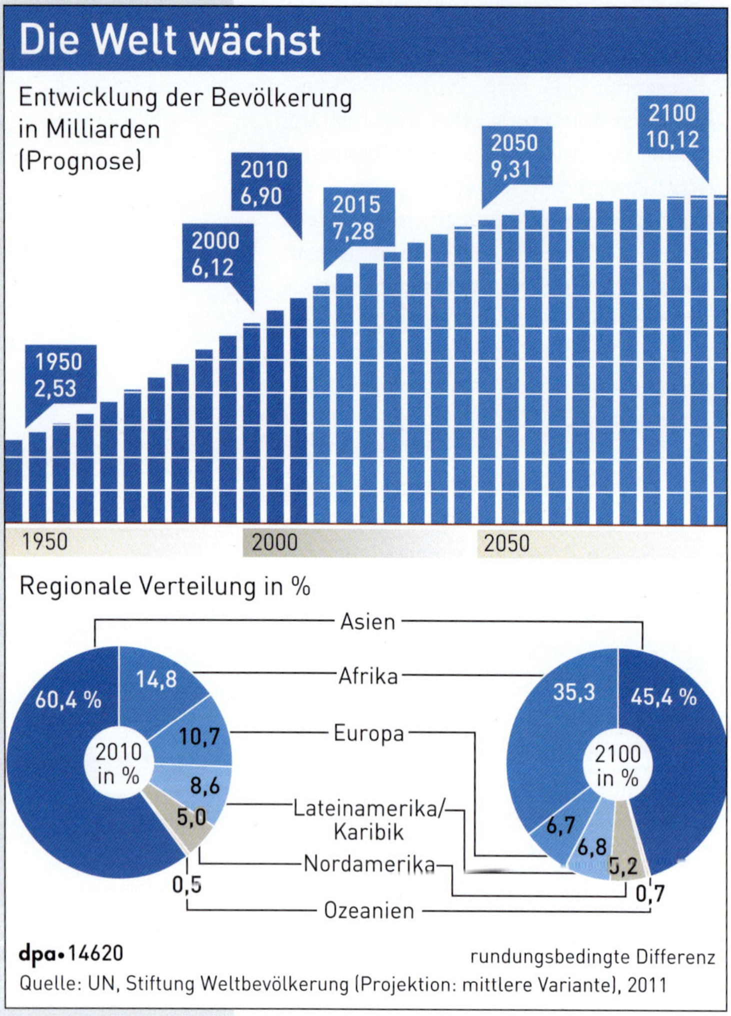

M 7 ● Auf dem Weg in die 4-2-1-Gesellschaft?

Wieder eine Rekordzahl: Sieben Milliarden Menschen leben jetzt auf der Erde. Viele befürchten, dass nur Horrorszenarien mit Plagen, Epidemien und Hungersnöten die Bevölkerungsexplosion bremsen werden. Andere setzen auf den wissenschaftlichen Fortschritt und eine gerechte Verteilung. [...]

In den nächsten Jahrzehnten könnten wir erfahren, wer recht behält. Aber auch etwas anderes wird sich zeigen: Dass das unaufhörliche Wachstum der Menschheit keineswegs naturgegeben ist. [...]

Zwar wird die Weltbevölkerung in den nächsten vierzig Jahren noch einmal um rund ein Drittel wachsen – nach dem jüngsten Bevölkerungsbericht der UNO bis 2050 auf 9,3 Milliarden Menschen und bis zum Jahr 2100 auf mehr als zehn Milliarden. Doch zugleich ist dann der Scheitelpunkt der Bevölkerungskurve erreicht. [...]

Auf der einen Seite (und zunächst noch) schrumpft die Bevölkerung vor allem in den industrialisierten oder reichen Teilen der Welt. In den nächsten vierzig Jahren wird der demografische Anteil dieser entwickelten Nationen um ein Viertel abnehmen.

Zugleich wachsen auf der anderen Seite viele der jüngeren Schwellen- und Entwicklungsländer noch rasant weiter. Und der weitaus größte Teil dieses Wachstums bis 2050 wird in armen Ländern, vor allem in Afrika südlich der Sahara, erfolgen, die jetzt schon kaum in der Lage sind, ihren jungen Menschen Perspektiven oder Arbeit zu bieten.

So entwickelt sich jenes Vakuum, das einen dritten, bereits einsetzenden Bevölkerungstrend ausgelöst hat – die zwangsläufige und unaufhaltsame Wanderung des Südens in den Norden: ein Szenario, das schon längst mit realen und diffusen Ängsten überfrachtet ist, man denke nur an die Auseinandersetzungen um die Bootsflüchtlinge. [...]

Doch dann wird das geschehen, was vielen von uns, die wir wie Kaninchen die Zehn-Milliarden-Schlange anstarren, noch gar nicht richtig klar sein dürfte: eine Hyper-Überalterung wird einsetzen. [...]

Und es wird kein europäisches Phänomen sein, sondern ein weltweites. In Südkorea und Taiwan wird die Bevölkerung innerhalb der nächsten 15 Jahre schrumpfen. In China dauert es noch etwas länger, dann werden die Effekte der Ein-Kind-Politik sichtbar: Eine 4-2-1-Gesellschaft ist am Entstehen, in der ein Enkel für zwei Eltern und vier Großeltern sorgen muss.

Petra Steinberger, Bevölkerungsexplosion – wir werden viele Alte sein – sehr viele, in: www.sueddeutsche.de, 31.10.2011

M 8 ● „... Kontrolle ist besser" – Bevölkerungspolitik auf chinesisch

Lijuan Wang hätte das richtige Alter, um eine Familie zu gründen. Sie ist 26 Jahre alt, hat einen einigermaßen gut bezahlten Job und eine Wohnung. Der richtige Partner fehlt noch, aber der ließe sich wohl finden. Unabdingbar für das junge Glück mit ernsten Heiratsabsichten wäre allerdings ein Blick in die jüngste Fassung der „Bestimmungen der Stadt Schanghai über Bevölkerung und Familienplanung". Die 47 Artikel dort sind so etwas wie das städtische Grundgesetz des Kinderkriegens. Verstöße können das künftige Familienglück hart treffen.

Jede einzelne Provinz des Riesenreiches [China] mit seinen über 1,3 Milliarden Menschen hat inzwischen solche Regelungen. Ziel ist es, die Bevölkerungsexplosion einzudämmen. Das gilt als Beitrag dafür, die Lebensbedingungen im eigenen Land zu verbessern, Wohlstand zu sichern, aber auch die Ressourcen zu schonen. Jeder Bürger wird in den „Bestimmungen" aufgefordert, sich hinter die gesteckten Ziele der Ein-Kind-Politik zu stellen. [...]

Dringend empfohlen werden dort späte Heirat und späte Geburt des ersten Kindes. Es gibt genaue Altersangaben. Eine Frau sollte mindestens 24 Jahre alt sein, bevor sie an eine Schwangerschaft denkt.

Vor der erlaubten Geburt eines zweiten Kindes werden hohe Hürden aufgestellt. Sowohl Ehefrau als auch Ehemann müssen zum Beispiel selbst Einzelkinder gewesen sein. Die Chancen für weiteren Nachwuchs steigen, wenn das erste Kind amtlich als behindert eingestuft wird und die Aussichten sehr gering sind, dass es später eine „normale Arbeitsfähigkeit" entwickelt. [...]

Beim ersten „überschüssigen" Kind sind drei Jahreseinkommen fällig, beim zweiten sogar sechs Jahreseinkommen. Strafe wird das nicht genannt, sondern „soziales Ernährungsgeld". Schließlich muss die ganze staatliche Gemeinschaft am Ende für die Kleinen sorgen. Bei allzu reichem ungenehmigten Kindersegen werden außerdem Sozialleistungen gestrichen, staatliche Auszeichnungen aberkannt. Abtreibungen sind bis zum sechsten Monat möglich.

Michael Kasperowitsch, Chinas Kontrollbehörde geht gegen „überschüssigen" Nachwuchs vor, Nürnberger Nachrichten, 19.11.2011, S. 3

Aufgaben

1. Analysieren Sie die wesentlichen Faktoren der weltweiten Bevölkerungsentwicklung im 21. Jahrhundert. (M 6 – M 7)
2. Entwerfen Sie ein Szenario, das die Auswirkungen der Entwicklungen gegen Ende des Jahrhunderts charakterisiert. Versuchen Sie möglichst viele gesellschaftliche Teilbereiche in Ihre Darstellung einzubeziehen.
3. Beurteilen Sie die „Ein-Kind-Politik" der Volksrepublik China in M 8. Gehen Sie auf das ihr zugrunde liegende Menschenbild ein. Schätzen Sie deren langfristige Folgen für die chinesische Gesellschaft ab.

2.3.4 Wie viele Menschen verträgt die Erde? – ein Ausblick

M 9 ● Ungleiche Lebensbedingungen

Ungleiche Lebensbedingungen

Länder mit niedrigem und mittlerem Einkommen	Zugang zu sauberem Wasser (in % der Bevölkerung)	Zugang zu sanitären Einrichtungen (in % der Bevölkerung)	Kindersterblichkeit unter 5 Jahren (je 1 000 Kinder)	Besuch weiterführender Schulen (in % der Jugendlichen der entsprechenden Altersgruppe)	Gesundheitsausgaben (pro Kopf in US-Dollar*)
Afrika südlich der Sahara	60	31	130	34	132
Südasien	87	36	71	52	106
Naher Osten und Nordafrika	87	84	33	73	350
Ostasien und Pazifik	88	59	26	74	231
Lateinamerika und Karibik	93	79	23	89	733
Europa und Zentralasien	95	89	21	89	738
zum Vergleich: Industrieländer mit hohem Einkommen	100	99	7	100	4 136

*2008, umgerechnet mit Kaufkraftparitäten

jeweils letzter verfügbarer Stand

4846 © Globus Quelle: Weltbank 2011

M 10 ● „Überbevölkerung" – Tatsache oder ideologisches Konstrukt?

Thomas Malthus (1766-1834) britischer Ökonom; Vertreter der klassischen Nationalökonomie

Du oder ich. Darum ging es lange Zeit in Wahrheit, wenn von Überbevölkerung geredet wurde. Denn es sind doch meist die anderen, von denen wir annehmen, es seien viel zu viele. [...]

Wer von zu vielen Menschen sprach, meinte damit: Es gibt zu wenig für alle. Zu wenig Land, Nahrung oder andere Ressourcen. Aber ob sie tatsächlich nicht in ausreichender Menge zur Verfügung stehen – oder ob es nur um ein Verteilungsproblem geht? Bis heute ist das nicht geklärt. Fest steht jedoch: Bevölkerungsstatistiken und ihre Interpretation sind ihrer Natur nach immer politisch, und die Diskussion darüber ist nicht selten xenophob oder gar rassistisch aufgeladen. Vor allem zwei ideologisch geprägte Denkmuster stehen sich gegenüber. Die einen folgen dem englischen Ökonomen Thomas Malthus. Der hatte in seinem Standardwerk „An Essay on the Principle of Population" von 1798 die These aufgestellt, dass Überbevölkerung unausweichlich und schicksalhaft sei, weil die Menschheit naturgegeben immer schneller wachse, als Nahrung produziert werden könne. Außer durch Plagen und Epidemien regulierten nach Malthus die immer wiederkehrenden Hungersnöte dieses ungebremste Wachstum – sie dienten also letztlich der Überlebensfähigkeit. Dieses Prinzip sei unabänderlich, deshalb brächten Almosen für die Armen: gar nichts. [...] Die anderen halten schon das Konzept der Überbevölkerung für einen Trugschluss. Die Erde, meinen sie, bie-

xenophob
fremdenfeindlich

te genügend Platz für alle und noch ein paar. Das Marx'sche Prinzip, wonach Mangel durch die ungleiche Verteilung des Wohlstands bedingt ist, trifft sich bei dieser Gruppe mit dem Glauben an den steten wissenschaftlichen Fortschritt in der Produktion von Nahrung für die Menschheit.

Petra Steinberger, Bevölkerungsexplosion – wir werden viele Alte sein – sehr viele, www.sueddeutsche.de, 31.10.2011

Karl Marx (1818-1889) deutscher Philosoph und Gesellschaftstheoretiker, mit Friedrich Engels einflussreichster Theorektiker des Sozialismus/Kommunismus (Marxismus) (→ Kap. 6.1, S. 126)

M 11 ● Wie lange erträgt die Menschheit noch unseren Lebensstil?

Wer wollte, konnte sich hierzulande entspannt zurücklehnen: Die deutsche Bevölkerung schrumpft, und die Philippinen, Indien und Russland, die sich einen bizarren Wettlauf um die Geburt des siebenmilliardsten Erdbewohners lieferten, sind weit weg. Überbevölkerung? Was geht uns das an?
Viel, auch wenn der Zuwachs in Asien und in den kommenden Jahren noch mehr als bisher in den ärmsten Teilen Afrikas stattfinden wird. Denn die Ressourcen, die nötig wären, um diesen Menschenmassen eine Lebensgrundlage zu bieten, werden bei uns in den reichen Ländern verbraucht.
Auf dem Papier gibt es zwar genügend Nahrungsmittel und Wasser, um sieben, neun oder sogar elf Milliarden Menschen zu versorgen. Doch die Realität spricht bereits heute eine ganz andere Sprache – siehe die schon wieder vergessene Hungerkatastrophe am Horn von Afrika.
Eine Milliarde Menschen auf der Welt hungern. Unter anderem, weil wir dem Globus eingeheizt haben und Dürren immer öfter die Ernten vernichten; weil wir versuchen, die schlimmsten Folgen des Klimawandels zu bekämpfen, indem wir wertvolle Lebensmittel in unsere Tanks schütten; weil die Lust auf Fleisch traditionell eher vegetarisch lebende Nationen angesteckt hat und immer mehr Grundnahrungsmittel für die Mast von Schlachtvieh verbraucht werden. Viel bleibt da für die Ärmsten der Armen nicht mehr übrig, die vielleicht irgendwann vor unserer Haustür stehen werden. Dann können wir Grenzen schließen und Armeen schicken – oder vielleicht doch rechtzeitig den eigenen Lebensstil überdenken.

Armin Jelenik, Die Sieben-Milliarden-Frage, Nürnberger Nachrichten, 1.11.2011, S. 2

M 12 ● Migration als globale Herausforderung

Im Zuge der wirtschaftlichen Globalisierung werden die internationalen Wanderungsbewegungen weiter zunehmen. Die Integration der Märkte wird für viele Menschen neue Möglichkeiten, aber auch neue Zwänge zur Migration schaffen. Generell wird die individuelle Mobilität zunehmen, sowohl in den wirtschaftlich entwickelten als auch in den weniger entwickelten Weltregionen. In vielen Gebieten wird angesichts von Armut, Unterentwicklung und Konflikten der Abwanderungsdruck weiterhin steigen, und es wird auch künftig ethnisch-religiöse Konflikte mit ethnischen Vertreibungen (wie in den Kriegen im ehemaligen Jugoslawien oder den Bürgerkriegen in Ruanda oder im Sudan) geben. Wahrscheinlich wird die Verschlechterung der Umweltbedingungen vor allem in den wüstennahen Gebieten zu neuen Wanderungsbewegungen führen, und es können weitere komplexe Katastrophen mit Massenfluchtbewegungen ausbrechen.
Vielen Regierungen ist bewusst, dass sie diese globalen Herausforderungen nicht mehr im Alleingang bewältigen können. Zahlreiche Staaten haben bereits mit der Konzeption und Gestaltung der nationalen Migrationspolitik erhebliche Schwierigkeiten. Den Regierungen fällt insbesondere die Balance zwischen der wirtschaftlich als notwendig erachteten Öffnung für Zuwan-

derer und der häufig von den Einheimischen geforderten Begrenzung der Wanderungsbewegungen schwer: Unternehmen drängen auf eine Ausweitung der Zuwanderung, um Engpässe am Arbeitsmarkt auszugleichen, während bei der Bevölkerung die Sorge über zusätzliche Konkurrenz um wenige Jobs wächst.

Steffen Angenendt, Migration - Herausforderungen, www.bpb.de, 1.6.2009

M13 ● Weltweite Wanderungsströme

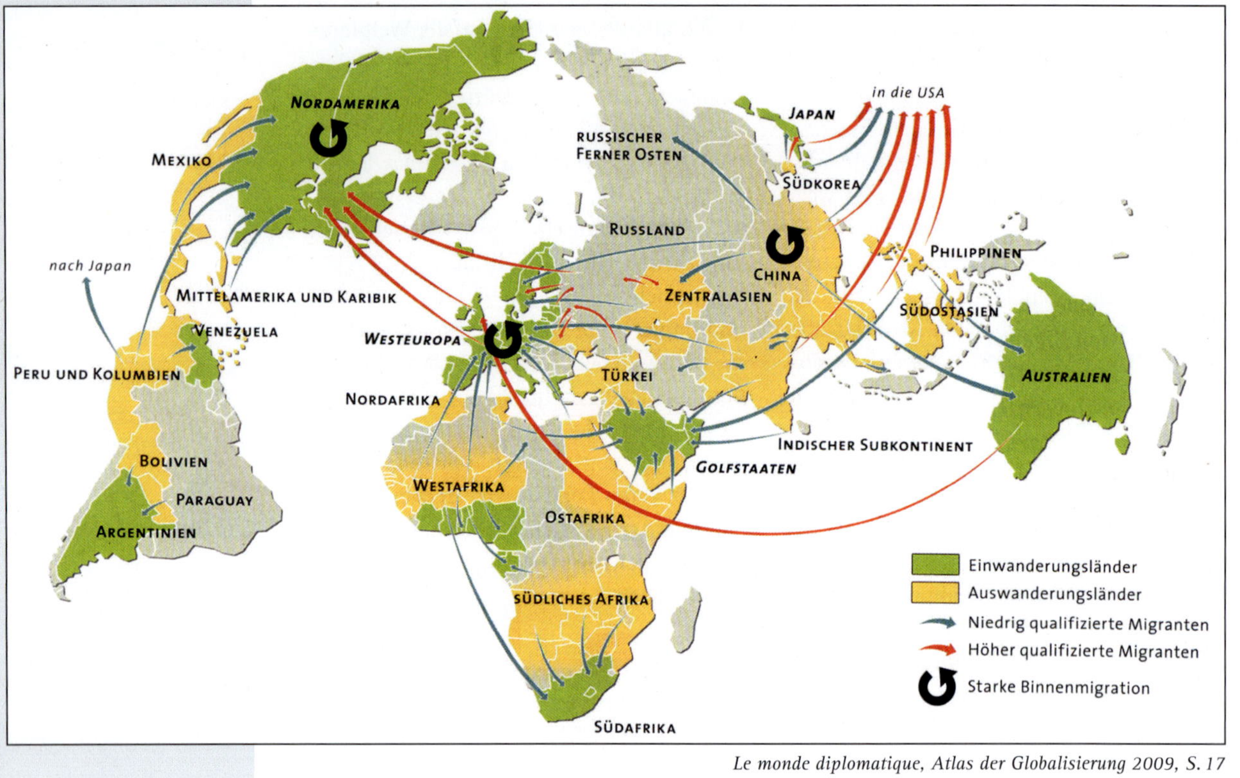

Le monde diplomatique, Atlas der Globalisierung 2009, S. 17

Aufgaben

1. Erstellen Sie einen Ursachenkatalog für die weltweit unterschiedlichen Lebensbedingungen und wägen Sie ab, welche Rolle die Bevölkerungsentwicklung in den jeweiligen Regionen spielt. (M 10)
2. Beurteilen Sie die Gültigkeit der Malthus'schen Bevölkerungstheorie. Setzen Sie sich hierbei auch mit der Argumentation ihrer Kritiker auseinander. (M11)
3. Entwerfen Sie einen Aktionsplan gegen weltweite Ungerechtigkeit. Wie sollten wir unseren Lebensstil ändern? Was sollte die industrialisierte Welt unternehmen? (M 9 – M 11)
4. Diskutieren Sie, wie den Gefahren unkontrollierter Migration begegnet werden sollte. (M 12)
5. Analysieren Sie das Schaubild aus M 13 und erschließen Sie mögliche Gründe dafür, dass Menschen ihre Heimat auf Dauer verlassen (Push- und Pull-Faktoren). Sie können hierzu auch Migranten aus Ihrem sozialen Umfeld befragen. (M 11 – M 13)

Push- und Pull-Faktoren

Gründe, warum Menschen aus einem ursprünglichen Gebiet verdrängt bzw. von einem anderen angezogen werden

„Bevölkerungs-explosion"
M 6, M 7

Gegenwärtig leben auf der Erde rund sieben Milliarden Menschen. Die Weltbevölkerung hat sich damit in den letzten 50 Jahren mehr als verdoppelt. Ihren Höhepunkt wird die „Bevölkerungsexplosion" nach Schätzungen der Vereinten Nationen gegen Ende des Jahrhunderts erreichen – rund zehn Millionen Menschen.

Nord-Süd-Wanderung
M 13

Schon heute stehen der stetig schrumpfenden, aber wohlhabenden industrialisierten Welt viele Schwellen- und Entwicklungsländer Asiens und vor allem Afrikas gegenüber, deren Bevölkerungen noch jahrzehntelang überproportional wachsen werden. Die Suche nach Arbeit, Wohlstand und einem menschenwürdigen Leben wird eine Wanderungsbewegung vom armen Süden in den reichen Norden auslösen, deren Ausmaß sich heute allenfalls erahnen lässt. Diese Wanderungsströme zu kanalisieren und Verteilungskonflikte zu vermeiden, wird eine der großen Herausforderungen für die Weltpolitik des 21. Jahrhunderts sein.

Globale Überalterung
M 4

Eine zweite Herausforderung wird sich in ihrer ganzen Tragweite erst gegen Ende des Jahrhunderts abzeichnen; dann nämlich, wenn auch die Weltbevölkerung als ganze in das Stadium ihrer Überalterung eintritt und sich die brennende Frage stellen wird, wer für die vielen Alten aufkommen soll.

Theorie des demografischen Übergangs
M 5

Im globalen Maßstab zeichnet sich somit eine Entwicklung ab, die auf der Ebene einzelner Gesellschaften durch die Theorie des demografischen Übergangs beschrieben wird. Ihr zufolge entwickeln sich Gesellschaften im Prozess ihrer Modernisierung in einer kalkulierbaren Abfolge mehrerer klar definierter Phasen, die durch die Faktoren sinkende Sterblichkeit, höhere Lebenserwartung und abnehmende Geburtenrate gekennzeichnet sind. Sinkt die Zahl der Geburten – wie etwa in Deutschland – längerfristig unter die Bestandserhaltungsgrenze, spricht man vom sog. „Zweiten demografischen Übergang".

„Überbevölkerung" als Konstrukt
M 10

Wie viele Menschen verträgt die Erde? Während die Denkschule um den britischen Ökonomen Thomas Malthus davon ausgeht, dass die globale Überbevölkerung ein zwangsläufiger Prozess sei, der nur durch katastrophale Ereignisse (Hungersnöte, Epidemien, Kriege) eingedämmt werde, stellen Kapitalismuskritiker in Anknüpfung an Karl Marx das Konzept der Überbevölkerung grundsätzlich in Frage. Nicht die Größe der Weltbevölkerung, sondern die ungleiche und sozial ungerechte Verteilung der Ressourcen sei für Unterentwicklung mit all seinen ökonomischen, sozialen und politischen Folgeproblemen verantwortlich.

Bevölkerungs-kontrolle
M 8

Mit steigendem Lebensstandard sinkt die Zahl der Geburten. Erlangten also mehr Menschen ein entsprechendes Wohlstandsniveau, würde sich das „Bevölkerungsproblem" von selbst lösen. Dennoch greifen viele Staaten zu Kontrollmaßnahmen, um ihre Bevölkerungszahlen stabil zu halten – mal moderat in Form von Aufklärungs- und Bildungskampagnen (für Frauen), mal autoritär wie z. B. Chinas ethisch fragwürdige „Ein-Kind-Politk".

Kartenanamorphoten – die Wahrheit liegt in der Verzerrung

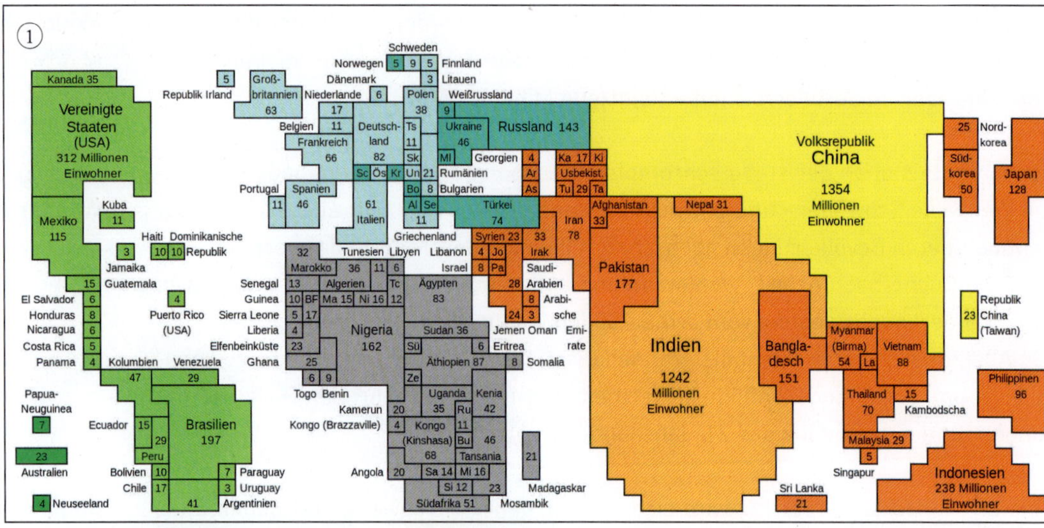

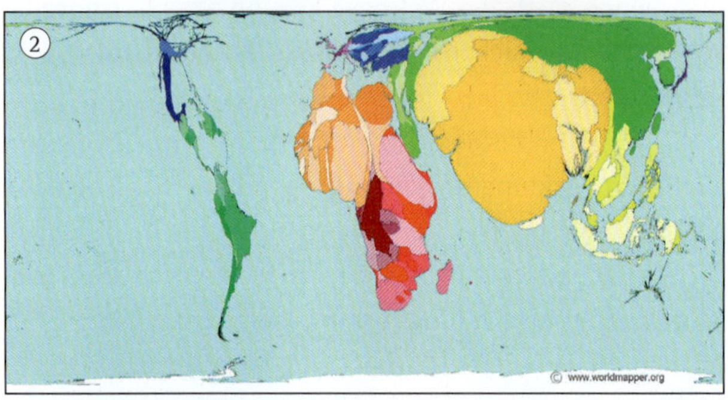

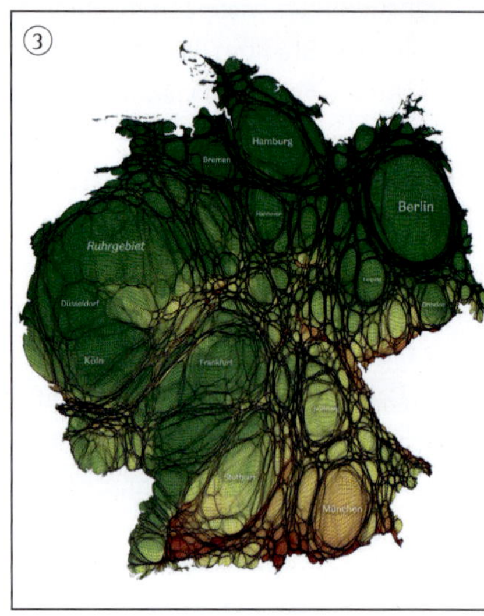

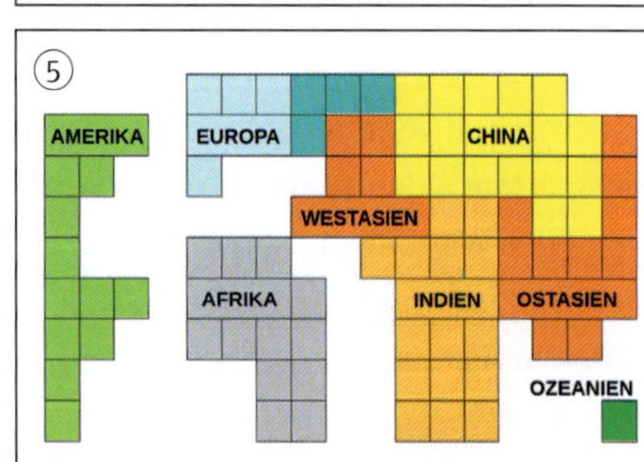

Lösung: 1) Verteilung der Weltbevölkerung, 2) Absolute Armut, 3) Bevölkerungsverteilung/Metropolenbildung in Deutschland, 4) Netto-Zuwanderung (=Wanderungsüberschuss), 5) Verteilung der Weltbevölkerung in stark vereinfachter Darstellung

Was sind Kartenanamorphoten?

Kartenanamorphoten (Sg. die Kartenanamorphote) sind soziografische Darstellungen im Stil von Land- bzw. Weltkarten. Im Unterschied zu diesen geben sie den dargestellten Raum aber nicht flächentreu wieder, sondern entsprechend den Größenverhältnissen einer jeweils zugrunde liegenden Variablen. So gibt beispielsweise die sog. „isodemografische Karte" die Größe von Ländern proportional zu deren Einwohnerzahl wieder; die entstehende Abweichung von der geografischen Normalgestalt nimmt der Betrachter als mehr oder weniger augenfällige Verzerrung wahr. Im genannten Beispiel wirkt etwa der asiatische Raum unnatürlich „aufgebläht", Australien dagegen schrumpft zur scheinbar unbedeutenden Insel inmitten des pazifischen Ozeans.

Kartenanamorphoten sind mehr als eine visuelle Spielerei. Sie verdeutlichen verborgene oder kaum beachtete Relationen und Ungleichheiten und machen auf anschauliche Weise auf gegenwärtige oder künftige ökonomische bzw. soziale Probleme wie (regionale) Überbevölkerung oder Altersverteilung, Säuglingssterblichkeit, Landflucht, Kinderarbeit, Ressourcenverknappung, drohende Verteilungskonflikte oder Migrationsströme aufmerksam.

Wie lassen sich Kartenanamorphoten erstellen?

1. Entscheiden Sie sich zuerst für einen klar umrissenen Untersuchungsgegenstand und recherchieren Sie nach statistischem Material.
2. Überlegen Sie, wie detailgenau Ihre Kartenanamorphote(n) ausfallen soll(en). Das ist zum einen abhängig von der Art und Zielsetzung des Projekts, zum anderen vom verfügbaren Zeitrahmen. Ist dieser eher knapp bemessen, spricht nichts dagegen, die Fülle an statistischen Einzeldaten zu größeren Einheiten zusammenzufassen, um den Arbeitsaufwand angemessen zu begrenzen.
3. Rechnen Sie Werte der jeweiligen Variablen in Prozentanteile zum gesamten betrachteten geografischen Raum um.
4. Formen Sie die Ergebnisse dieser Berechnung in Flächenanteile um. Welche Gesamtfläche Sie zugrunde legen, ist im Grunde genommen gleichgültig, da Sie die fertige Grafik schnell und problemlos vergrößern oder verkleinern können.
5. Montieren Sie die einzelnen Elemente zu einer Gesamtkarte, der fertigen Kartenanamorphote. Achten Sie darauf, dass die wiedergegebene Region trotz der verzerrten Darstellung noch als solche erkennbar bleibt. Formen Sie einzelne Flächen nötigenfalls entsprechend um – natürlich ohne den Flächeninhalt zu verändern.

Tipp: Sie können Kartenanamorphoten manuell erstellen oder die Standard-Zeichentools eines PCs verwenden (1, 5). Wer Anamorphoten im Stil von „Worldmapper-Karten" erzeugen möchte (3, 4) kann sich u. a. der Open-Source-Software „Scape Toad" (http://scapetoad.choros.ch) bedienen.

Aufgaben

1 Überlegen Sie, welche Variablen den Kartenanamorphoten 1 bis 5 zugrunde liegen könnten. Begründen Sie Ihre Vorschläge. Die Lösungen finden Sie auf Seite 68.

2 Recherchieren Sie nach weiteren demografisch relevanten Kartenanamorphoten, z. B. unter www.worldmapper.com oder www.viewsoftheworld.net.

3 Diskutieren Sie die Vor- und Nachteile dieser Visualisierungsform, auch im Vergleich der verschiedenen Darstellungsvarianten.

F zu Aufgabe 3
Miniprojekt: Erarbeiten Sie Kartenanamorphoten zum demografischen Wandel. Die Anleitung oben hilft Ihnen dabei. Sie können den Blick z. B. auf Deutschland, Europa oder globale Trends lenken. Experimentieren Sie mit verschiedenen Darstellungsarten. Präsentieren Sie Ihre Ergebnisse der Schulgemeinschaft.

DIE NEUE KOMÖDIE
VON DEN MACHERN VON
WER FRÜHER STIRBT IST LÄNGER TOT
Almanya
WILLKOMMEN IN DEUTSCHLAND
Cinetext

34 AG 194

3 Integration in Deutschland

Deutschland ist ein Einwanderungsland. Jeder fünfte Mitbürger, jede fünfte Mitbürgerin hat mittlerweile ausländische Wurzeln und vielleicht verfügen Sie selbst, einige Ihrer Klassekameraden oder manche Freunde über einen „Migrationshintergrund". Vielleicht ist Ihnen das aber auch gar nicht richtig bewusst, denn die meisten Bürgerinnen und Bürger, die oder deren Vorfahren einst nach Deutschland zugezogen sind, sind gut integriert. Trotzdem gibt es immer wieder Schlagzeilen über Integrationsdefizite, Integrationsverweigerer und Parallelgesellschaften.
Die deutsche Politik stellt sich mittlerweile dieser Herausforderung und betreibt aktive Integrationspolitik.
Das Kapitel 3.1 zeigt Ihnen zunächst auf, was es heißt, sich zu integrieren, und welche Maßnahmen diesen Prozess vorantreiben sollen. Kapitel 3.2 befasst sich dann mit der aktuellen Debatte um Zuwanderung und Integration.

KOMPETENZEN

Am Ende dieses Kapitels sollten Sie Folgendes wissen und können:

... die Notwendigkeit, Chancen und Probleme der Integration von in Deutschland lebenden Migranten kennen.

... wesentliche Maßnahmen und Etappen deutscher Integrationspolitik beschreiben.

... die aktuelle Debatte um Zuwanderung und Integration in Deutschland kritisch bewerten.

... zu Umfang und Reichweite von Integration Stellung nehmen.

Was wissen Sie schon?

1. Aufgrund der politischen Verhältnisse in Ihrem Heimatland beschließen Ihre Eltern, mit der ganzen Familie einen Neustart zu wagen und in ein Ihnen völlig fremdes Land zu ziehen. Verfassen Sie einen Tagebucheintrag über Ihre Gedanken, Empfindungen, Reaktionen bei dieser Nachricht.
2. Als positiv denkender Mensch beschließen Sie, das Beste aus der Situation zu machen, und stellen für sich selbst eine „To-do-Liste" auf, welche Schritte Sie unternehmen (müssen), um schnell in dem neuen Land „anzukommen", sich also dort zu integrieren.
3. Miniprojekt:
Gestalten Sie einen Filmnachmittag an Ihrer Schule zum Thema Migration. Nehmen Sie einen geeigneten Film (z. B. Almanya) zum Anlass, mit Mitschülerinnen und Mitschülern, aber auch Eltern über die Themen Migration und Integration zu diskutieren.

3.1 Integration als gesellschaftliche und politische Herausforderung

3.1.1 Integration – was heißt das?

Integration [lat.]
Soziologie: Verbindung einer unterschiedl. Vielheit von Menschen zu einer gesellschaftl. (und kulturellen) Einheit.

Meyers großes Taschenlexikon, Mannheim 1999, Bd. 5, S. 1602

M 1 ● Wann ist man integriert?

Menschen, die nach Deutschland zugewandert sind, sind integriert, wenn sie ...	stimme ich zu	stimme ich nicht zu
... die deutsche Sprache beherrschen.		
... das Wahlrecht besitzen und dieses auch ausüben.		
... deutsches Fernsehen schauen.		
... in einem vorwiegend von Deutschen bewohnten Wohnviertel wohnen.		
... deutsche Speisen kochen und essen.		
... eine Schule in Deutschland besuchen und abgeschlossen haben.		
... sich zu den Grundwerten unserer Demokratie bekennen.		
... in der Öffentlichkeit nicht durch ihre Kleidung (z. B. Kopftuch) auffallen.		
... sich zum christlichen Glauben bekennen.		
... die deutsche Fußballnationalmannschaft „anfeuern".		
... in deutschen Gaststätten speisen.		
... deutsche Freunde haben.		
... Weihnachten mit Weihnachtsbaum und Geschenken feiern.		
... auch zu Hause Deutsch sprechen.		
... einen Arbeitsplatz haben.		

M 2 ● Integration – aus Sicht der Karikaturisten

Karikatur: Thomas Plaßmann, Baaske Cartoons

Integration – aus Sicht der Journalisten

„Integration ist der wichtigste Beitrag zum inneren Frieden."

Heribert Prantl, Deutsche Einheit die zweite, Süddeutsche Zeitung, 12.2.2008, S. 4

M 3 ● Wie Integration funktioniert – psychologisch

Auswandern ist Stress pur für den Geist. Die Psychologie teilt sie in vier Phasen auf: die erste ist die »Honeymoon«-Phase, in der sich der Migrant sicher fühlt, weil er Armut und Perspektivlosigkeit hinter sich gelassen hat und einem neuen Leben entgegensieht; die zweite Phase ist von »Überkompensation« geprägt. Der Migrant gibt sich der Illusion einer Rückkehr in die alte Heimat hin, die er verklärt: Dort war alles schöner, dorthin will er irgendwann, wenn er genug Geld verdient hat, wieder zurück. Diese Phase kann lange anhalten.

Danach folgt eine Periode der »Dekompensation«: Der Migrant hat mittlerweile Kinder in der Fremde, die seine Werte nicht mehr bedingungslos teilen. Die Tochter hat einen deutschen Freund, der Sohn will lieber Schauspieler werden und nicht Anwalt, wie es sich seine Eltern erträumen, und auch die Erwartungen an das Auswanderungsland haben sich womöglich nicht erfüllt. Langsam schleicht sich ein Gefühl ein: Die alte Heimat und ihre Menschen sind fremd geworden. In der vierten Phase steht eine generationenübergreifende Anpassung an, in der sich gemischte Ehen und bikulturelle Identitäten herausbilden. »Diese letzte Phase wird von Politik und Medien verhindert. Dabei muss man sie eigentlich verstehen und fördern«, sagt Elif Cindik.

Sie kennt die vier Phasen gut. Die 41-Jährige begegnet ihnen jeden Tag in ihrer Münchner Praxis. Jeden Tag hört sie dort die Geschichten der Menschen, denen der Wechsel von der Türkei nach Deutschland zu schaffen macht – nicht nur ihnen, sondern auch ihren Nachkommen. Schwule türkische Männer, die sich wegen ihres Schwulseins hassen und sie inständig bitten: »Therapieren Sie mir das weg!« Heiratsmigrantinnen, die noch nie »ihre Scheide im Spiegel« betrachtet haben, so Cindik, und aus Angst den ersten Sex verweigern – jahrelang. Männer, die depressiv werden, weil sie nach 30 Jahren am Band bei BMW arbeitslos geworden sind und nun für Schmarotzer gehalten werden. Lesbische türkische Frauen, deren Mütter mit Selbstmord drohen, wenn die Töchter nicht »damit« aufhören. Oder junge türkische Frauen, die unter dem Druck stehen zu heiraten, aber keine Männer finden, weil ihnen Hans zu verklemmt und Ahmet zu prollig ist. Cindik hat gut zu tun. Unter ihren Patienten ist die türkische Putzfrau und der aufstrebende türkischstämmige Manager, aber auch der niederbayerische Metzger. Sie eint die Suche nach Hilfe und das Bedürfnis, ihr Leid in ihrer Muttersprache zu erzählen. »Auch wenn sie diese nur noch radebrechen«, sagt sie. Viele der in Deutschland Aufgewachsenen fingen auf Türkisch an, um dann die Sprachen zu mixen.

Es gibt nicht viele wie Cindik. Die psychosoziale Versorgung in Deutschland ist eine fast komplett türkenfreie Zone.

Özlem Topcu, Bernd Ulrich, Hans zu verklemmt, Ahmet zu prollig, Die Zeit, 20.10.2011

Dr. Elif Duygu Cindik-Herbrüggen ist Psychologin. Sie hört sich jeden Tag in ihrer Praxis die Geschichten der Menschen an, denen der Wechsel von der Türkei nach Deutschland zu schaffen macht.

Migrationshintergrund der Gesamtbevölkerung in Deutschland (Stand 2010)

- Gesamtbevölkerung: 81.715 Mio.
- Personen ohne Migrationshintergrund: 65.970 Mio. (80,7%)
- Personen mit Migrationshintergrund: 15.746 Mio. (19%)

Nach: 9. Bericht der Beauftragten der Bundesregierung für Migration, Flüchtlinge und Integration über die Lage der Ausländerinnen und Ausländer in Deutschland, 2012, S. 28

Aufgaben

1. Wann ist man integriert? Bearbeiten Sie den Fragebogen M 1 zunächst alleine auf einem Papier und vergleichen Sie anschließend Ihre Ergebnisse in der Klasse.
2. Stellen Sie Überlegungen an, welche Aussageabsichten der Karikaturist in M 2 und der Journalist in der dazugehörigen Randspalte jeweils verfolgen könnten. Begründen Sie Ihre Ergebnisse.
3. Erstellen Sie mit den Informationen aus M 3 eine Verlaufsskizze (Schaubild) über die psychischen Abläufe im Integrationsprozess. Diskutieren Sie – vom Schaubild ausgehend – Integrations fördernde bzw. behindernde Begleitumstände.

3.1.2 Integrationspolitik aktuell – die Pflicht zur Integration?

M 4 ● Ein Test zum Erwerb der deutschen Staatsbürgerschaft

Frage 1
Welches ist das Wappen der Bundesrepublik Deutschland?

Frage 2
Ab welchem Alter darf man in Deutschland an der Wahl zum Deutschen Bundestag teilnehmen?
a) 16
b) 18
c) 21
d) 23

Frage 3
Was ist mit dem deutschen Grundgesetz vereinbar?
a) die Prügelstrafe
b) die Folter
c) die Todesstrafe
d) die Geldstrafe

Frage 4
Wann kann in Deutschland eine Partei verboten werden?
a) wenn ihr Wahlkampf zu teuer ist
b) wenn sie gegen die Verfassung kämpft
c) wenn sie Kritik am Staatsoberhaupt äußert
d) wenn ihr Programm eine neue Richtung vorschlägt

Frage 5
Die Wahlen in Deutschland sind...
a) speziell
b) geheim
c) berufsbezogen
d) geschlechtsabhängig

Frage 6
Meinungsfreiheit in Deutschland heißt, dass ich...
a) auf Flugblättern falsche Tatsachen behaupten darf
b) meine Meinung in Leserbriefen äußern darf
c) Nazi-Symbole tragen darf
d) meine Meinung sagen darf, solange ich der Regierung nicht widerspreche

Frage 7
Was ist bei Bundestags- und Landtagswahlen in Deutschland erlaubt?
a) Der Ehemann wählt für seine Frau mit.
b) Man kann durch Briefwahl seine Stimme abgeben.
c) Man kann am Wahltag telefonisch seine Stimme abgeben.
d) Kinder ab dem Alter von 14 Jahren dürfen wählen.

Frage 8
Das Dritte Reich war eine
a) Diktatur
b) Demokratie
c) Monarchie
d) Räterepublik

Frage 9
Warum nennt man die Zeit im Herbst 1989 in der DDR „Die Wende"?
In dieser Zeit veränderte sich die DDR politisch
a) von einer Diktatur zur Demokratie
b) von der liberalen Markwirtschaft zum Sozialismus
c) von einer Monarchie zur Sozialdemokratie
d) von einem religiösen Staat zu einem kommunistischen Staat

Frage 10
In der DDR lebten vor allem Migranten aus
a) Vietnam, Polen, Mosambik
b) Frankreich, Rumänien, Somalia
c) Chile, Ungarn, Simbabwe
d) Nordkorea, Mexiko, Ägypten

Frage 11
Die Bundesrepublik Deutschland hat die Grenzen von heute seit
a) 1933
b) 1949
c) 1971
d) 1990

Frage 12
Was ist seit 2007 in vielen deutschen Restaurants gesetzlich verboten?
a) telefonieren
b) rauchen
c) Alkohol trinken
d) lautes Reden

Nach: Bundesamt für Migration und Flüchtlinge, Einbürgerungstest (Auszüge), www.bamf.de (3.2.2013)

Info

Art. 116 GG

(1) Deutscher im Sinne dieses Grundgesetzes ist vorbehaltlich anderweitiger gesetzlicher Regelung, wer die deutsche Staatsangehörigkeit besitzt oder als Flüchtling oder Vertriebener deutscher Volkszugehörigkeit oder als dessen Ehegatte oder Abkömmling in dem Gebiete des Deutschen Reiches nach dem Stande vom 31. Dezember 1937 Aufnahme gefunden hat.

Abstammungsprinzip

In Deutschland gilt grundsätzlich das Abstammungsprinzip: Wer eine deutsche Mutter und/oder einen deutschen Vater hat, ist automatisch Deutscher. Wenn das andere Elternteil eine andere Staatsbürgschaft hat, kann das Kind auch beide Staatsangehörigkeiten bekommen und muss keine wieder abgeben. Daneben gilt aber seit 2000 auch das Geburtsortprinzip: Wer in Deutschland geboren wird, auch wenn beide Eltern nicht Deutsche sind, ist Deutscher, wenn bestimmte Voraussetzungen erfüllt sind. Wenn er aber die fremde Staatsbürgerschaft der Eltern erhalten hat, muss er sich [...] (zwischen dem 18. und 23. Lebensjahr) für eine Staatsangehörigkeit - die deutsche oder die der Eltern - entscheiden. So will es das so genannte Optionsmodell.

Daphne Gratwohl, Stichwort: Deutsche Staatsbürgerschaft, www.dw.de, 17.7.2011

Warum sollten Sie sich einbürgern lassen?

→ Sie können mitbestimmen, wer in Deutschland regiert. Sie dürfen wählen und auch gewählt werden.
→ Sie haben freien Zugang zu allen Berufen.
→ Sie genießen gleichberechtigten Schutz in allen Systemen der sozialen Sicherung.
→ Sie genießen Reisefreiheit innerhalb der Europäischen Union.
→ Sie können leichter eine Arbeit in anderen Ländern der Europäischen Union aufnehmen.
→ Sie genießen Reise- und Visumserleichterungen für viele außereuropäische Staaten.
→ Sie benötigen keine Aufenthaltserlaubnis mehr und müssen wegen der Passausstellung nicht zu ausländischen Konsulaten oder Botschaften.

Lothar Frick (Hg.), PASS Auf, lass Dich einbürgern! – Die Einbürgerungskampagne der Stadt Stuttgart, in: Politik und Unterricht – Zeitschrift für die Praxis der politischen Bildung, Landeszentrale für politische Bildung, 2011, Heft 2, S. 42

M 5 ● Die Entscheidung der Migranten

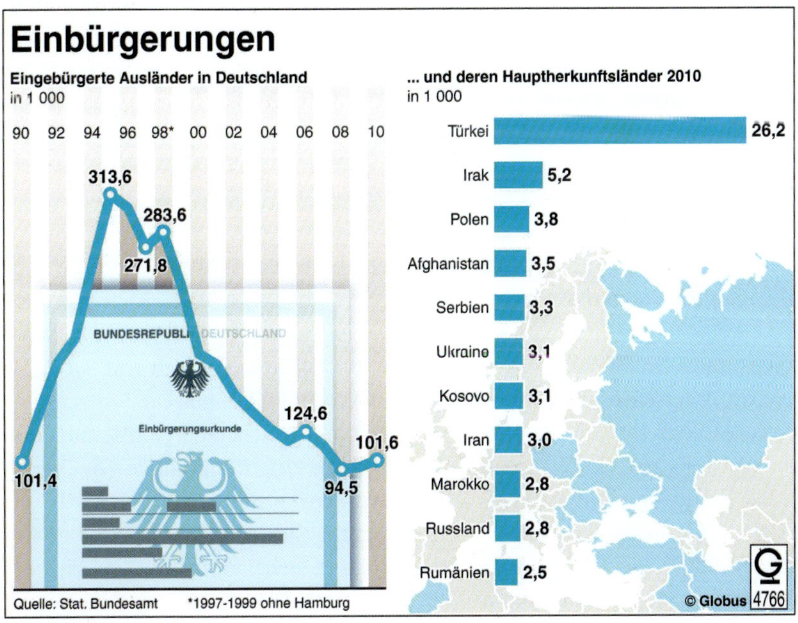

Aufgaben

1. Lösen Sie den Test M 4 auf einem Blatt und arbeiten Sie heraus, welche Kenntnisse, Fähigkeiten und Werthaltungen mit solchen Tests geprüft werden.
   Lösung: 1a, 2b, 3d, 4b, 5b, 6b, 7b, 8a, 9a, 10a, 11d, 12b
2. Nehmen Sie kritisch Stellung zur Aussagekraft derartiger Tests.
3. Stellen Sie einen Zusammenhang zwischen den Materialien in der Randspalte und M 5 her und diskutieren Sie, welche Motive hinter der in M 5 skizzierten Entwicklung stehen könnten.

H zu Aufgabe 3
Berücksichtigen Sie die Quellenangabe, um die Intention des Materials in der Randspalte zu erfassen.

Integrationskurse

Die Integrationskurse umfassen einen Basis- und Aufbaukurs von jeweils 300 Unterrichtsstunden sowie einen Orientierungskurs von bis zu 30 Unterrichtsstunden, in dem Kenntnisse der deutschen Rechtsordnung, Kultur und Geschichte vermittelt werden.

Integrationsgipfel im Kanzleramt

Seit 2006 finden regelmäßig Integrationsgipfel und Islamkonferenzen im Kanzleramt statt. Diese sind ein Ansatz, die Integration von Ausländern in Deutschland im Dialog mit den Betroffenen zu gestalten.

M 6 ● Integration nach dem Zuwanderungsgesetz vom 1. Januar 2005

Mit dem Zuwanderungsgesetz (§ 43 Abs. 1 AufenthG) wird erstmals eine gesetzliche Selbstverpflichtung des Bundes und der Länder zur Förderung der Integration von Ausländern formuliert, wie sie vorher vergleichbar nur für den Aussiedlerbereich existierte. Ein Mindestrahmen staatlicher Integrationsangebote (Sprachkurse, Einführungen in die Rechtsordnung, die Kultur und die Geschichte Deutschlands) ist damit nun gesetzlich festgeschrieben. Ausländer, die sich dauerhaft im Bundesgebiet aufhalten, haben einen Anspruch auf die Teilnahme an den Integrationskursen. [...]

Wer unzureichend Deutsch spricht und weniger als sechs Jahre in Deutschland ist, muss nach dem Gesetz an einem Kurs teilnehmen. Wer dieser Pflicht nicht nachkommt, wird von der Ausländerbehörde zu einem Beratungsgespräch gebeten. Nichtteilnahme soll bei der Verlängerung der Aufenthaltserlaubnis berücksichtigt werden.

Ausreichende Kenntnisse der deutschen Sprache sowie Grundkenntnisse der Rechts- und Gesellschaftsordnung und der Lebensverhältnisse im Bundesgebiet sind auch Voraussetzung für die Gewährung eines dauerhaften Aufenthaltsrechts (Niederlassungserlaubnis). Darüber hinaus ermöglicht die erfolgreiche Kursteilnahme auch eine Fristverkürzung bei der Einbürgerung (d.h. Erwerb der deutschen Staatsbürgerschaft) von acht auf sieben Jahre.

Ende 2007 trat eine Novellierung des Zuwanderungsgesetzes in Kraft, die elf EU-Richtlinien umsetzte sowie Änderungen hinsichtlich des Bleiberechts, der Integration, der Einbürgerung und des Nachzugs von Ehepartnern beinhaltet. Künftig sind bei einer Verletzung der Teilnahmepflicht an einem Integrationskurs finanzielle Sanktionen möglich, etwa eine Kürzung von Sozialleistungen. Ehepartner aus Nicht-EU-Staaten dürfen erst nach Deutschland ziehen, wenn sie mindestens 18 Jahre alt sind und deutsche Sprachkenntnisse nachweisen können. Diese Maßnahmen sollen sog. „Zwangsehen" vermeiden helfen und Integration erleichtern.

M 7 ● „Ich bin stinkend faul" – heißt das, der riecht schlecht? – im Integrationskurs

Im Parterre eines alten Gründerzeitgebäudes hat gerade die Deutschstunde begonnen, die Prüfung ist noch fern, die Zertifikatsfeier nicht mehr als ein vager Traum, denn dies ist ein Frauenkurs mit »langsamer Progression«. Das heißt: Lehrer wie Schüler brauchen Geduld, viel Geduld. Hier sind jene versammelt, denen Integration am schwersten fällt: Frauen ohne Arbeit und Kontakte, oft ohne Ausbildung oder sogar ohne Schulabschluss, ans Haus gebunden – und verantwortlich für Kinder, die sich wiederum leichter täten im Land, wenn bei ihnen zu Hause Deutsch gesprochen würde. [...]

20 Frauen, die Hälfte von ihnen mit Kopftuch, haben einen Kreis gebildet. Im Hintergrund läuft das Lied „Ich wär' so gerne Millionär" der Popgruppe Die Prinzen. [...]

Es geht um Wünsche und Wohlstand – und um ziemlich viele Konjunktive. Die Frauen schauen konzentriert auf kleine Zettel, die Kursleiterin Nicole Krauß verteilt hat. Auf den Blättern stehen Sätze aus dem Lied der Prinzen: »Ich hab ein großes Maul« oder »Ich bin stinkend faul«. Stinkend faul – heißt das, der riecht schlecht?

Die Frauen im Kurs nehmen die Sprache beim Wort. Jedes Mal, wenn einer der Sätze auf ihren Zetteln im Lied auftaucht, sollen sie einen Schritt in den Kreis hineingehen. Am »Hörverständnis« arbeiten heißt das auf Kursdeutsch. Viele fühlen sich unwohl, im Mittelpunkt zu stehen, erst nach einigen

Minuten entwickeln sie Spaß an der Bewegung, durch die eine Art Tanz entsteht. Sie erkennen deutsche Sätze wieder – ein erster Erfolg. Die Aufgabe klingt einfach, ist sie aber nicht. Nicht das Sprechen, nicht das Hören. Nicht einmal das Wünschen, das die Frauen dann selbstständig formulieren sollen, beginnend mit »Ich würde gern... / Ich möchte gern...«. Die Lehrerin fragt in die Runde: »Was wünschst du dir?« »Ich möchte gern eine Weltreise machen!«, sagt die erste Frau. »Ich würde gern Auto fahren«, sagt die zweite. Und die dritte: »Ich würde gern ein Konto eröffnen.«

Die Frauen, die jeden Montag, Dienstag und Donnerstag für je drei Stunden zum Unterricht kommen, haben viele Wünsche. Sie stammen aus der Türkei, aus Marokko, Niger, Algerien, Afghanistan, dem Kosovo, Togo, Makedonien, Syrien, Gambia, Nigeria und Iran. Und sie lernen neben Deutsch auch ein wenig mehr Selbstständigkeit und Mündigkeit. Denn ihre Lehrerin unterrichtet hier nicht nur Grammatik und Präpositionen, sondern sie thematisiert mithilfe der Lesetexte bewusst Fragen der Emanzipation oder erklärt ihnen, wie man ein Konto eröffnet. Die Frauen sind hier, weil sie diesen Kurs machen müssen oder wollen, ihr Ziel ist der »B1-Status«, laut Gesetz die Grundlage für eine Einbürgerung sowie Einstellungsvoraussetzung bei vielen deutschen Arbeitgebern.

Christian Schüle, Özlem Topcu, Die Deutschstunde – Integrationskurse für Migranten, www.zeit.de, 21.6.2010

Integration – aus Sicht der Politiker

„Integration setzt bei Zuwanderern den Willen und aktive Bemühungen voraus, hier anzukommen und die neue Heimat auch als Heimat anzuerkennen. Umgekehrt bedarf es einer Willkommenskultur aufseiten der aufnehmenden Gesellschaft."

Thomas de Maiziere (Bundesinnenminister 2009-2011, dann Verteidigungsminister), Was muss Integrationspolitik heute leisten?, www.noz.de, 19.10.2010

M 8 ● Der Integrationskurs in der Karikatur

Karikatur: Gerhard Mester, Baaske Cartoons

Aufgaben

1. Mit dem Zuwanderungsgesetz von 2005 (M 6) betritt die Bundesrepublik Deutschland erstmals den Weg einer aktiven Integrationspolitik. Arbeiten Sie aus M 6 und M 7 heraus, welche Interessen der Staat mit dieser Politik verfolgt.
2. Analysieren Sie die Aussage der Karikatur in M 8. Entwerfen Sie davon ausgehend Leitgedanken einer „Willkommenskultur" (Zitat, Randspalte), wie sie vom damaligen Innenminister gefordert wurde.

Migranten in Deutschland

Die Bundesrepublik hat zwischen 1955 und 1973 ausländische Arbeitskräfte (so genannte Gastarbeiter) aus verschiedenen Mittelmeerländern angeworben. Sie bilden mit ihren nachgezogenen Familien die größte Gruppe der in Deutschland lebenden Menschen mit Migrationshintergrund. Seit Ende des Kalten Krieges ziehen Aussiedlerinnen und Aussiedler aus Ostmittel- und Südosteuropa und der ehemaligen Sowjetunion sowie Flüchtlinge und Asylbewerber aus Kriegs- und Krisengebieten (z. B. ehemaliges Jugoslawien, Irak, Afghanistan) zu.

M 9 ● Deutsche Ausländerpolitik 1955 bis 2005 – Rückblick eines Betroffenen

Nach den Anwerbeabkommen mit Italien, Spanien und Griechenland dachten sich die Türken: „Das muss was Schönes sein, das wollen wir auch!" Die Deutschen zierten sich ein wenig. Da aber die NATO eine stabile Türkei als Außenflanke und die deutsche Wirtschaft Arbeitskräfte brauchte, kam es zu dem Abkommen.

Kurz darauf standen in der Verbindungsstelle in Istanbul die türkischen Bewerber nackt in einer Reihe und unterzogen sich einer Gesundheitsprüfung. Die Arbeiter sollten ja arbeiten und nicht den Krankenkassen zur Last fallen. Wer die Auslese bestand, wurde mit dem Zug nach München geschickt. Auf Bildern sieht man junge Männer in ihrem Sonntagsanzug mit einem kleinen Koffer in der Hand. Sie kamen mit sehr viel Ehrfurcht, denn sie empfanden den deutschen Zivilisationsstand als erdrückend überlegen. Irgendwie müssen sich die Details des zweiten Weltkrieges nicht bis nach Anatolien rumgesprochen haben.

Das geplante „Rotationsprinzip" setzte sich nicht durch, denn die Wirtschaft wollte ihre einmal eingearbeiteten Arbeitskräfte nicht wieder hergeben. Zwischen Ende der 1950er Jahre und 1973, dem Jahr des Anwerbestopps, kamen aus allen Anwerberländern insgesamt 14 Millionen Menschen. 11 Millionen kehrten bis 1973 auch ohne Rotationsprinzip wieder in ihre Heimat zurück. Kann also nicht so doll gewesen sein in Deutschland. Die, die blieben, hatten in den kommenden Jahrzehnten oft Gelegenheit, diese Entscheidung zu bereuen. Zunächst allerdings waren es die Kinder der türkischen Gastarbeiter, die die Entscheidung ihrer Eltern bereuten.

Nach dem Anwerberbestopp 1973 holten die meisten ihre Familien nach. Da kleine Kinder allerdings stören, wenn beide Elternteile im Schichtdienst in der Fabrik arbeiten, wurden die Kinder munter zwischen Deutschland und den Verwandten in der alten Heimat hin- und hergeschickt. Irgendwo zwischen der Akkordarbeit am Band und dem abendlichen Putzjob ging zuweilen das Gefühl dafür verloren, dass Kinder keine Gegenstände sind, die man beliebig oft woanders abstellen kann, ohne dass sie Schaden nehmen. Später strauchelten diese Kinder durch ein Schulsystem, das so recht nichts mit ihnen anzufangen wusste. Zunächst wurden sie in rein türkische Klassen gesteckt, in denen sie von türkischen Lehrern unterrichtet wurden. Dann, nach der Integration in das reguläre Schulsystem, stellte man erstaunt fest, dass sie oftmals nicht genügend Deutsch sprachen. Wer es nicht gut konnte, wurde in Haupt- oder Sonderschulen gesteckt – als sei das ein besonders geeigneter Ort, um Deutsch zu lernen. Jedenfalls konnten die Kinder irgendwann so viel Deutsch, um zu verstehen, dass diese Sprache ganz viele böse und kränkende Wörter enthält. Türkenwitze kursierten auf dem Schulhof, und man wurde von ganz vielen Häuserwänden aufgefordert, die Bundesrepublik zu verlassen. Das war nicht nett.

Mit dem industriellen Strukturwandel und der aufkommenden Massenarbeitslosigkeit Ende der 1970er Jahre, warf man den ausländischen Arbeiternehmern vor, den Deutschen die Arbeit wegzunehmen. Besonders logisch war das nicht, da die ausländischen Arbeitnehmer als erste entlassen wurden. Aber es klang nach einer guten Erklärung für die Arbeitslosigkeit.

Dann nahm mit der Auflösung des Ostblocks die Zahl der Asylbewerber sprunghaft zu. Die Asylbewerber wurden Asylanten genannt, was sich auf Simulanten reimte, und irgendwie ansteckend klang. Mit den hitzig geführten Debatten um Überfremdung rückten immer wieder die Lieblingsausländer der Deutschen, die Türken, in den Mittelpunkt. Das Boot war voll, und da dachten sich ein paar junge Männer in Solingen, man müsse einige Leute aus dem deutschen Boot werfen, damit es nicht untergehe. Am Ende verloren fünf türkische Frauen und Kinder ihr Leben. Diesmal waren die Türken nicht nur wie üblich beleidigt, sondern aufgebracht. Vor allem die zweite Generation sah in der stummen Anpassung ihrer Eltern einen gescheiterten Weg. Sie verachteten die Eltern dafür, dass sie sich von wildfremden Menschen duzen ließen, deren Toiletten putzten und das auf diese Weise verdiente Geld den gierigen Verwandten in der Türkei schickten. Sie probierten einen anderen Weg: Wenn man vor deutschen Diskos abgewiesen wird, dann gründet man eben eine türkische Disko. In der eigenen Community machte man es sich gemütlich – ein schönes deutsches Wort, zusammen mit einem Glas türkischen Tee noch schöner. Viele heirateten einen türkischen Partner aus der Türkei und die Sache mit dem Deutsch lernen ging wieder von vorne los. Zwischen Disko und Zwangsverheiratung zogen die halbstarken türkischen Jugendlichen dann noch schnell ein paar Kinder auf dem Schulhof ab, bevor sie die nächsten Jahre im Spielcasino zubrachten und ihre Familien in den Ruin trieben. Während also der eine Teil der Türken unseren Ruf ruinierte, lief der Rest als ehrenamtliche Türken-Erklärer durchs Land, und versuchte das schiefe Bild gerade zu rücken. Auf Schul- und Nachbarschaftsfesten übernahmen die Türken mit Baklava und Bauchtanz die Exotik-Nummer, was deutsche Sozialpädagogen entzückte. Überhaupt waren wir die Lieblinge des linksalternativen Milieus, die es sich in den Kopf gesetzt hatten, neben dem deutschen Wald uns arme wehrlose Türken zu retten. Sie waren immer sehr nett und redeten mit uns wie mit behinderten Kindern. Irgendwann wurden die meisten von uns Deutsche. Das überzeugte die Beamten an den Passkontrollen aber nicht sonderlich. Jedes Mal sahen sie zweifelnd zwischen unserem neuen Ausweis und unseren Gesichtern hin und her. Dann flogen in New York zwei Flugzeuge in Hochhäuser und plötzlich waren wir nicht mehr Kanaken, sondern muslimische Kanaken. Wir waren auch nicht mehr Postboten, Arzthelferinnen und Anwälte, sondern hauptberuflich Muslime. [...]

Und weil immer mehr keine Lust auf das immer gleiche haben, ziehen ganz viele Deutschtürken der zweiten und dritten Generation in die Türkei. Anwerbung umgekehrt.

50 Jahre Türken in Deutschland. War da noch was? Ach ja, eine Kindheit mit der Sendung mit der Maus und Nutellabroten. Brüder, die mit dem 1. FC Köln feierten und litten. Bafög, damit ich als Arbeiterkind studieren konnte. [...] Bio-Walnussbrot und Apfelkuchen. Vom Flughafen kommend der Anblick des Kölner Doms. Irgendwie herzerwärmend. Ach, irgendwie Heimat.

Deniz Baspinar, Und, wie war Deutschland so?, www.zeit.de, 28.10.2011

Brandanschlag in Solingen

Vier Jugendliche der Neonazi-Szene verübten am 29. Mai 1993 einen Brandanschlag auf ein von Türken bewohntes Haus in Solingen (Nordrhein-Westfalen). Fünf Menschen kamen dabei ums Leben. Der Anschlag von Solingen steht in einer Reihe weiterer rechtsextremer Ausschreitungen gegen Ausländer in Hoyerswerda, Rostock und Mölln.

Aufgaben

1. Erstellen Sie aus M 9 eine Übersicht wesentlicher Etappen der bundesdeutschen Ausländerpolitik. Beziehen Sie in Ihre Darstellung auch die jeweiligen Reaktionen der Migranten sowie besondere Ereignisse ein, die die Ausländerpolitik beeinflussten. Überlegen Sie sich für Ihre Übersicht eine geeignete grafische Darstellung.
2. Lange Zeit standen wirtschaftliche Interessen im Zentrum der deutschen Ausländerpolitik. Belegen Sie diese These mit Hilfe von M 9.
3. Zweifellos wurden in der Vergangenheit Fehler gemacht. Erstellen Sie ein „Schwarzbuch“ von Versäumnissen sowohl der Bundesregierungen als auch der Gesellschaft bei der Integration von Migranten.

F zu Aufgabe 3
Ist Deutschlands Integrationspolitik auf einem guten Weg? Diskutieren Sie diese Frage mit Ihrem Wissen aus diesem Kapitel.

ORIENTIERUNGSWISSEN

Integration in Deutschland
M 1, M 3

Integration in Deutschland bedeutet die Eingliederung von Zuwanderern in die deutsche Gesellschaft. Umstritten ist jedoch, wie weit sich Migranten anpassen müssen oder sollen. Es wird u.a. diskutiert, ob es reiche, dass Zuwanderer die deutsche Sprache erwerben und Gesetz und Verfassung achten, oder auch die deutsche Kultur übernehmen müssen.

Notwendigkeit der Integration
M 2

Mittlerweile haben Politik und Gesellschaft erkannt, dass Integration eine Notwendigkeit ist, um den sozialen Frieden der Aufnahmegesellschaft zu gewährleisten. Integration verhindert ethnische Konflikte, Parallelgesellschaften und soziale Brennpunktviertel, hilft Kriminalität und Gewalt einzudämmen und eröffnet Einwanderern die Möglichkeit, wirtschaftliche, kulturelle und politische Chancen wahrzunehmen und am gesellschaftlichen Leben teilzuhaben. Integration ist somit nicht nur ein Gewinn für die Migranten selbst, sondern auch eine Bereicherung der Gesamtgesellschaft.

Deutsche Integrationspolitik

Die Bundesrepublik Deutschland ist seit den 60er Jahren faktisch ein Einwanderungsland, hat diesen Status allerdings erst sehr spät akzeptiert. Einwanderungspolitik verstand sich bis vor wenigen Jahren als Ausländerpolitik, die Migranten in erster Linie als Arbeitskräfte sah. Die Frage der Integration wurde von Seiten der Politik nicht gestellt und allein den Migranten überlassen. Inzwischen hat sich die Einsicht durchgesetzt, dass der forcierte Zuzug von Ausländern einerseits hilft, demografischen Entwicklungen (Bevölkerungsrückgang) und wirtschaftlichen Problemen (Fachkräftemangel) der deutschen Gesellschaft entgegenzuwirken, andererseits aber für den Zusammenhalt unserer Gesellschaft auch eine aktive staatliche Integrationspolitik notwendig ist.

Zuwanderungsgesetz regelt Integration
M 6, M 7

Vor diesem Hintergrund wurde 2005 das sog. „Zuwanderungsgesetz" erlassen, welches Integrationskurse zum Erwerb der deutschen Sprache und von Wissen über deutsche Rechtsnormen und Kultur verpflichtend vorschreibt. Ein Einbürgerungstest (sog. Deutschtest) entscheidet über den Erwerb der deutschen Staatsangehörigkeit, die gemeinhin als höchste Stufe eines erfolgreichen Integrationsprozesses gilt. Trotz der Vorteile, die mit dem Erwerb der deutschen Staatsangehörigkeit verbunden sind, sind die Einbürgerungszahlen niedriger als erhofft.

„Willkommenskultur"
M 8

„Integration ist keine Einbahnstraße" – Langsam setzt sich in der deutschen Gesellschaft die Einsicht durch, dass nicht nur Migranten ihren Beitrag leisten müssen, Teil der Gesellschaft zu werden, sondern auch die Aufnahmegesellschaft gefordert ist, Integration zuzulassen, offener und toleranter zu werden und Vorurteile abzubauen.

Integration in der Karikatur

Karikatur: Thomas Plaßmann, Baaske Cartoons

Karikatur: Thomas Plaßmann, Baaske Cartoons

Karikatur: Gerhard Mester, Baaske Cartoons

Aufgabe

Analysieren Sie die Karikaturen in arbeitsteiliger Gruppenarbeit. Arbeiten Sie heraus, inwiefern der vielzitierte Satz „Integration ist keine Einbahnstraße" auf jede Karikatur anwendbar ist.

3.2 Die Debatte um Zuwanderung und Integration

3.2.1 „Multikulti“ vor dem Aus?

Thilo Sarrazin veröffentlichte im Jahr 2010 das Buch: „Deutschland schafft sich ab – Wie wir unser Land aufs Spiel setzen“. Das Buch wurde zum „Bestseller“ und löste deutschlandweit eine Diskussion über Zuwanderung und Integration aus.

M 1 ● Das sagt Thilo Sarrazin ...

... über Migration
„Aber die unqualifizierte Migration, die wir gegenwärtig haben, und die Migration des ungebildeten, unqualifizierten Familiennachzugs, das kann in dieser Form nicht weitergehen.“
Thilo Sarrazin im Interview mit Nana Brink, www.dradio.de, 24.8.2010

... über Einwanderer
„Ich muss niemanden anerkennen, der vom Staat lebt, diesen Staat ablehnt, für die Ausbildung seiner Kinder nicht vernünftig sorgt und ständig neue kleine Kopftuchmädchen produziert. Das gilt für 70 Prozent der türkischen und 90 Prozent der arabischen Bevölkerung in Berlin.“
Thilo Sarrazin im Interview mit Frank Berberich, Lettre International, 2009, Heft 89, S. 197f.

... über die Zukunft
„Ich möchte nicht, dass das Land meiner Enkel und Urenkel zu großen Teilen muslimisch ist, dass dort über weite Strecken Türkisch und Arabisch gesprochen wird, die Frauen ein Kopftuch tragen und der Tagesrhythmus vom Ruf des Muezzine bestimmt wird. Wenn ich das erleben will, kann ich eine Reise ins Morgenland buchen.“
Thilo Sarrazin, Deutschland schafft sich ab – wie wir unser Land aufs Spiel setzen, München 2010, S. 380

Klaus J. Bade gründete u.a. das Osnabrücker Institut für Migrationsforschung und Interkulturelle Studien (IMIS) und ist Vorsitzender des Sachverständigenrates deutscher Stiftungen für Integration und Migration (SVR).

M 2 ● „Die von Sarrazin geschürten Ängste sind völlig überzogen!“ – im Gespräch mit Klaus J. Bade

NG/FH: Hat die Sarrazin-Debatte tatsächlich, wie einige Medien behaupten, eine überfällige Diskussion über den Stand der Integration in Deutschland endlich angestoßen? Oder was sind ihre bisher zu beobachtenden Effekte?
Klaus J. Bade: Die Debatte um das Buch von Sarrazin hat eine desintegrative Eigendynamik an der Grenze zu Hysterie und Panik entwickelt. Sie kann zerstören, was sie eröffnen könnte: eine sachliche Auseinandersetzung mit Erfolgen, Problemen und Aufgaben im Feld von Integration und Migration. Stattdessen wurden abwegige Ängste vor kultureller und demografischer »Überfremdung« geschürt und auf die muslimischen Einwanderer projiziert, die zu 45 % deutsche Staatsangehörige sind. Das verursacht Verletzungen bei der Zuwandererbevölkerung und belastet unnötig das Zusammenleben in der Einwanderungsgesellschaft in kultureller Toleranz und sozialem Frieden. [...]
Viele bejubeln Sarrazin aus der Sorge heraus, dass ihre Enkel und Großenkel als Deutsche zu Fremden im eigenen Land werden würden. Sind diese Sorgen denn ganz unberechtigt?
Sarrazin operiert mit einem statischen Kulturbegriff. Kultur ist aber kein Zustand, sondern ein Prozess. Darin findet jede Zeit ihre eigene Form. Zuwanderer werden zu

Einwanderern, Einwanderer werden zu Einheimischen und meist auch zu Deutschen mit Migrationshintergrund, die sich in der dritten oder vierten Generation, wenn sie den Urenkeln von Sarrazin begegnen, vielleicht gar nicht mehr daran erinnern wollen oder können, woher der Urgroßvater eigentlich gekommen ist [...].

Ist also die kollektive Rede von »den Muslimen« im Blick auf Bildung und Integrationsfähigkeit eine Irreführung?

Dass das eine bewusste Irreführung wäre, will ich nicht unterstellen, klar ist nur, dass es Unfug ist. Nur zwei Beispiele dazu: Aus dem Iran kam eine ausgesprochene Elitenwanderung nach Deutschland, die kaum Integrationsprobleme hatte. Und die Italiener schneiden in ihren Bildungsabschlüssen in Deutschland sogar knapp schlechter ab als die Türken, obgleich die Italiener bekanntlich keine Muslime sind. Die dumpfe Agitation gegen »Muslime« kann aber dazu führen, dass sich die ohnehin laufende Abwanderung der bestens integrierten neuen Elite, die wir dringend brauchen, noch verstärkt, siehe Abwanderung in die Türkei. [...]

Ist die ganze Sarrazin-Manie demnach vor allem der Ausdruck einer Legitimationskrise der Demokratie in Deutschland?

Soweit würde ich noch nicht gehen. Aber Tendenzen dahin lassen sich ablesen an abnehmender Wahlbeteiligung, wachsender Neigung zur Protestwahl und, zur Bereitschaft, an der Wahlurne Protestparteien die Stimme zu geben bis hin zu der für eine lebendige und streitbare Demokratie in der Tat lebensgefährlichen Überlegung der informellen »Man wird doch wohl noch fragen dürfen-Fraktion«, ob denn die parlamentarische Demokratie geeignet sei, die aktuellen »Herausforderungen« zu »bewältigen«. Das Thema Migration und Integration ist bei alledem nur ein Spielball unter anderen im weiten Feld von Politikverdrossenheit und Protestverhalten, in dem die verschiedensten Empörungen, aber auch Verlustängste zusammentreffen.

Klaus J. Bade im Interview mit Neue Gesellschaft/Frankfurter Hefte (NG/FH), Mehr Sachlichkeit und konstruktives politisches Engagement – Die „Sarrazin-Debatte" und die Folgen, www.frankfurter-hefte.de, (5.9.2012)

M 3 ● Jeder vierte Deutsche ist ausländerfeindlich

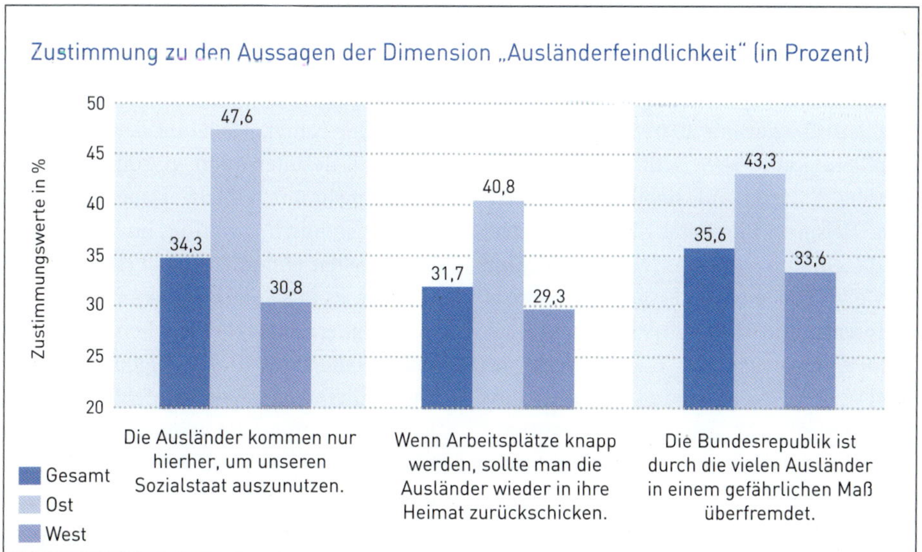

Nach: Friedrich-Ebert-Stiftung (Hg.), Die Mitte in der Krise. Rechtsextreme Einstellungen in Deutschland 2010, Berlin 2010, S. 78

Unwort des Jahres 2011: „Dönermorde"

Zwischen 2000 und 2006 ermordete die rechtsextreme Terrorzelle NSU (nationalsozialistischer Untergrund), auch Zwickauer Terrorzelle genannt, aus einer fremden- und staatsfeindlichen Einstellung heraus neun Mitbürger ausländischer Herkunft. Die Morde wurden vom deutschen Verfassungsschutz lange Zeit als „Bandenkriege im Ausländermilieu" verkannt und unterschätzt. Daher auch die Bezeichnung „Dönermorde".
(→ S. 145)

Aladin El-Mafaalani ist Soziologe. Er untersucht u. a. die Sozialisationsbedingungen in Deutschland geborener Migrantenkinder, um Lehrern und Erziehern eine sensiblere pädagogische Praxis vorzuschlagen.

M 4 ● Fakt ist: Integrationsprobleme gibt es

ZEIT ONLINE: Herr El-Mafaalani, Sie haben muslimische Kinder und Jugendliche untersucht, die sich in Deutschland schwer integrieren. Welche Rolle spielt die Religion?

Aladin El-Mafaalani: Der Schwerpunkt unserer Untersuchung lag auf türkisch- und arabischstämmigen Jugendlichen. Der Islam bedeutet für sie ganz Unterschiedliches und hat meistens wenig Einfluss darauf, wie gut sich ein Kind in die Gesellschaft integrieren kann. Problematischer sind die Traditionen, die aus muslimisch geprägten Gesellschaften mit nach Deutschland gebracht wurden.

Die Kultur bereitet also mehr Schwierigkeiten als die Religion?

Es ist eine Mischung aus kulturellen und sozialen Faktoren. Manche Eltern schreiben ihren Kindern traditionelle Werte und Denkweisen aus den armen, ländlichen Regionen ihrer Heimatländer vor, die sich hier nicht mehr umsetzen lassen. Was die Kinder in der deutschen Schule erleben, steht im Gegensatz dazu. Beide Überzeugungen prallen aufeinander und die Jugendlichen werden mit diesem Konflikt alleine gelassen.

Können Sie ein Beispiel nennen?

Mein Co-Autor Ahmet Toprak hat drei typische Erziehungsstile in muslimischen Familien definiert. Der konservative, autoritäre betrifft zwar nur 30 bis 40 Prozent der Familien, kann aber sehr problematisch werden. Er setzt auf sichtbaren Respekt. Zum Beispiel: Ein Vater, der mit seinem Kind schimpft, erwartet, dass das Kind schweigt und erträgt. Fragen sind immer rhetorisch und dürfen nicht beantwortet werden. Es macht gar nichts, wenn das Kind genervt guckt, aber es darf die Autoritätsperson nicht anschauen. Verhält sich dasselbe Kind aber einem deutschen Lehrer gegenüber genauso – es guckt genervt, schweigt, wenn es gefragt wird, schaut den Lehrer nicht an – findet der das Verhalten respektlos. Und das Kind versteht gar nicht, was die Lehrer von ihm wollen.

Doch inzwischen sind viele Eltern mit Migrationshintergrund selbst in Deutschland zur Schule gegangen. Sie wünschen sich auch eine gute Bildung für ihre Kinder.

Zum Teil sind türkischstämmige Eltern tatsächlich noch Analphabeten. Die Eltern, die hier schon zur Schule gegangen sind, waren damals oft in reinen Ausländerklassen untergebracht oder lebten in Vierteln, in denen die meisten Klassenkameraden aus der Türkei kamen. Sie fühlten sich selbst diskriminiert. Die Bildungswünsche sind zwar wirklich vergleichsweise hoch. Das hat aber keine Konsequenzen, weil die Eltern nicht wissen, was die deutsche Schule von ihnen erwartet.

Welche Missverständnisse entstehen zwischen deutschen Lehrern und muslimischen Eltern?

Die Schule hat in der Türkei oder in arabischen Ländern einen umfassenderen Auftrag. Da wird auch erzogen. Lehrkräfte fordern nichts von den Eltern. Ruft also ein deutscher Lehrer die Eltern wegen einer vermeintlichen Lappalie an, wird der Lehrer als inkompetent wahrgenommen. In benachteiligten Milieus werden die Eltern infolgedessen vielleicht noch strenger, als sie ohnehin schon sind, weil sie glauben, dass das vermeintliche Laissez-faire der deutschen Schule ihren Kindern schadet und zu der Erfolglosigkeit in der Schule führt. Der Lehrer wiederum denkt: Die Eltern sind desinteressiert und müssten ihre Kinder mehr unterstützen. Dabei sind beide Seiten eigentlich am Erfolg interessiert.

Sie müssten einander nur verstehen?

Oft hilft es ja schon viel, wenn der Lehrer den Schülern sagt: Hier machen wir das so: Wir schauen uns in die Augen und sprechen miteinander. Wir empfehlen Lehrern natürlich auch die Eltern zu besuchen, das hat aber seine Grenzen. Es gibt noch andere Schwierigkeiten, die muslimische Jugendliche oft allein bewältigen müssen. Viele Probleme können sie zu Hause nicht besprechen. Sexualität ist zum Beispiel oft tabu. Aber die Lehrkräfte werden nicht als

Bezugspersonen wahrgenommen.

Wie muss also das Bildungssystem damit umgehen?

Die Funktion der Schule kann nicht mehr allein die Wissensvermittlung sein. Das gilt nicht nur für Migrantenkinder. Man muss mehr an der Persönlichkeit orientiert arbeiten. Wir verschwenden unheimlich viele Ressourcen mit Bewertungen und Auslese. Wir brauchen richtige Ganztagsschulen und interdisziplinäre Ansätze. Schulsozialarbeiter sollten nicht nur da eingesetzt werden, wo schon nichts mehr geht. Es gibt auch Gymnasien, die in der 5. Klasse einen sehr hohen Migrantenanteil haben, aber kaum noch ein Migrantenkind im Abitur. Denn wenn die Eltern nicht mithelfen können, haben die Kinder keine Chance.

Was halten Sie vom Islamunterricht, wenn doch der Islam gar keine so große Rolle für die Integration spielt?

Der würde gut tun, gar nicht wegen der inhaltlichen Dimension. Sondern weil er eine institutionelle Form der Anerkennung darstellt. Die Jugendlichen erleben oft, dass ihnen Dinge aufgestülpt werden: Mach unseren Religionsunterricht mit oder du hast eben frei. Fremdsprachen sind wichtig, sogar Chinesisch und Russisch, aber Türkisch und Arabisch werden nirgendwo angeboten. Auch die arabische Geschichte spielt keine Rolle. Antisemitismus und Diskriminierung werden nur im Rahmen des Holocaust besprochen, also in der Erinnerungskultur. Dass die Jugendlichen aktuell antisemitische Tendenzen zeigen, wird ebenso wenig im Unterricht behandelt wie die Islamophobie, unter der sie leiden. Ich bin ja selbst Lehrer: Mir ist noch kein Jugendlicher über den Weg gelaufen, der für Themen rund um kulturelle und religiöse Missverständnisse nicht zugänglich gewesen wäre.

Wie entsteht dann Gewalt, Kriminalität oder religiöse Radikalität?

Die Jugendlichen empfinden die eigenen Eltern oft als hilfsbedürftig – sie können kein Formular selbstständig ausfüllen, leben nicht zeitgemäß und können also nicht als Rollenmodell dienen. Da junge Menschen auch in der Schule weder Anerkennung noch Orientierung finden, wird dieses Vakuum anders gefüllt. Unkontrolliert. Hier kommen die Peers ins Spiel, die natürlich für alle Jugendlichen wichtig sind. Problematisch ist das, wenn die einzige relevante Lebenswelt aus den anderen perspektivlosen Jugendlichen besteht. So können radikale Formen entstehen. Das ist nicht so häufig, aber wenn es passiert, sind Gewaltexzesse zum Beispiel extremer als früher.

Aladin El-Mafaalani im Interview mit Parvin Sadigh, Allein zwischen Tradition und wahrem Leben, www.zeit.de, 28.9.2011

Aufgaben

1. Schildern Sie, welche spontanen Reaktionen Sarrazins Thesen bei Ihnen auslösen.
2. Entwickeln Sie Erklärungsansätze, weshalb Sarrazins Thesen (M 1) bei vielen Bundesbürgern auf Zustimmung stoßen. Analysieren Sie die unterschwelligen Gefühle und Ängste, die dadurch hervorgerufen werden.
3. Analysieren Sie aus M 2, welche Folgen der sog. „Sarrazin-Debatte" Klaus J. Bade befürchtetet.
4. Nehmen Sie Stellung zu den in M 3 aufgestellten Behauptungen.
5. Erläutern Sie mit Hilfe von M 4 kulturelle und soziale Faktoren, die nach Meinung des Soziologen El-Mafaalani Integration erschweren.
6. El-Mafaalani spricht dem deutschen Bildungssystem eine herausragende Funktion bei der Integration Jugendlicher zu. Listen Sie auf, was Schule leisten kann und soll (M 4). Ergänzen Sie Ihre Auflistung durch eigene Vorschläge.

3.2.2 Wie weit soll und kann Integration gehen?

M 5 ● Integration aus Sicht des Experten

Dr. Stefan Luft lehrt Politikwissenschaft an der Universität Bremen.

Assimilation, Integration, Identität - das sind drei Schlüsselbegriffe in der aktuellen Debatte. Konsens herrscht zumindest so weit, dass die Integration von Einwanderern als im allgemeinen gesellschaftlichen Interesse liegend betrachtet wird. „Assimilation" hingegen wird meist mit dem negativen Vorzeichen des „Zwangs" versehen und abgelehnt. Auch die Frage, welche Rolle „Identität" im Migrations- und Integrationsprozess spielt, ist umstritten. [...] Bedingung einer erfolgreichen Integration ist ein gewisses Maß an „Assimilation" („Angleichung" von lateinisch similis - ähnlich). Zu Unrecht wird sie in der politischen Integrationsdebatte nahezu automatisch mit negativem Vorzeichen versehen oder mit „Zwang" oder „Zwangsgermanisierung" gleichgesetzt. Dabei bleibt außer Acht, dass eine Angleichung von Einwanderern unumgänglich ist für eine erfolgreiche Integration. Dazu gehört in erster Linie die Sprache, aber auch eine Reihe von über die Bildungseinrichtungen vermittelten Fertigkeiten.

In diesem Sinne bedeutet Assimilation tatsächlich in gewissem Maße Anpassung an die Aufnahmegesellschaft. Der Soziologe Hartmut Esser unterscheidet zwischen „kultureller Assimilation" (Wissen, Fertigkeiten, Sprache), „struktureller Assimilation" (Besetzung von Positionen in Funktionsbereichen wie dem Bildungssystem oder dem Arbeitsmarkt), „sozialer Assimilation" (Angleichung in den Beziehungsmustern, wie im Heiratsverhalten) und die „emotionale Assimilation" (die gefühlsmäßige Identifikation mit der Aufnahmegesellschaft).

Die Formel „Integration ist keine Einbahnstraße", mit der ein Sich-aufeinander-Zubewegen der Aufnahmegesellschaft und der Einwanderergruppen im Integrationsprozess ausgedrückt werden soll, verdeckt diese grundlegende Notwendigkeit der Anpassung. Dies bedeutet nicht, dass Zuwanderer jede herkunftsbedingte Identität aufgeben müssten. [...] Wer sich erfolgreich in eine moderne Industrie- und Dienstleistungsgesellschaft integrieren will, muss erhebliche Anpassungsleistungen erbringen und kommt nicht darum herum, seine „Herkunftsidentität" in wesentlichen Teilen abzulegen: Dazu gehören unverzichtbar das Erlernen der Sprache des Aufnahmelandes, die Akzeptanz der Rechtskultur des Aufnahmelandes, des staatlichen Gewaltmonopols, der Rechtsnormen, auch wenn sie den Ehrvorstellungen der Herkunftsregion widersprechen. Daran wurde zu lange vorbeigeredet.

Stefan Luft, Assimilation, Integration, Identität, www.faz.net, 14.2.2008

M 6 ● Integration aus Sicht des Betroffenen

Richte nie über einen Menschen, solange du nicht zwei Monde lang in seinen Schuhen gelaufen bist, heißt es in einem indianischen Sprichwort. Dieser Satz kommt mir immer in den Sinn, wenn ich den „Integrationsdebatte" genannten täglichen Wahnsinn verfolge. Es fängt schon damit an, mit welcher Selbstverständlichkeit noch von „wir" und „ihr" gesprochen wird. Es sind bald 50 Jahre her, seit meine Mutter nach Deutschland aufbrach. Ich bin hier in Deutschland geboren und aufgewachsen. Ich träume auf Deutsch. Ich habe keine andere Heimat und möchte auch keine andere. Ich bin gerne Deutscher - eigentlich... Zwei Monde lang in den Schuhen eines anderen laufen? Ich kann nur allen eingeborenen Deutschen sagen: Seid heilfroh, dass ihr nicht in unseren Schuhen laufen müsst. Wenn wir über euch so sprechen würden, wie ihr es über uns zu tun pflegt, würde es sich ungefähr so anhören:

Ich kann euer Integrationsgequatsche nicht mehr ertragen. Ihr wisst ja noch nicht einmal, was ihr damit meint. Wenn mit Integration gemeint wäre, Deutsch lernen zu müssen und die Werteordnung des Grundgesetzes halbwegs verinnerlicht zu haben, dann wäre es ja akzeptabel. Aber das reicht vielen von euch nicht. Wir sollen uns auch eurer Leitkultur anpassen. Was ist das denn überhaupt? Wie sieht die aus? [...]

Solange ihr Ur-Deutschen nicht in der Lage seid, ein Gesellschafts- und Menschenbild zu beschreiben, an dem wir ahnungslose Schwarzköpfe uns orientieren sollen, sage ich mal, worauf ich keine Lust habe. Der Umkehrschluss hilft vielleicht:

- Wenn Integration bedeutet, euer Familienleben zu übernehmen, sage ich: Nein danke! Bei uns steckt man nicht Oma und Opa bei der erstbesten Gelegenheit ins Altersheim.
- Bei uns sieht man sich nicht nur an den Feiertagen einmal im Jahr, besäuft sich und streitet sich dann unter dem Weihnachtsbaum wie die Kesselflicker. [...]
- Wenn Integration bedeutet, dass Tausende und Zehntausende Kinder Opfer sexueller Gewalt durch Priester werden und die Gesellschaft so lange wie möglich die Augen davor verschließt, dann sage ich: Nein danke!
- Wenn Integration bedeutet, ein ungerechtes Bildungssystem zu akzeptieren, das zwar nach außen Chancengleichheit suggeriert, in Wirklichkeit aber genau das Gegenteil befördert, dann sage ich: Nein danke!
- Deutschland ist ein Land, in dem die Krankenkassen Abtreibungen bezahlen, aber kinderlose Paare die hohen Kosten für eine künstliche Befruchtung aus eigener Tasche finanzieren müssen. Im Jahr 2010 gaben die Deutschen dreimal so viel Geld für Haustierfutter aus als für Babynahrung. [...]
- Ihr zeigt euch ganz besorgt über „Ehrenmorde“, aber ihr schweigt schamlos über eure eigenen Ehrenmorde. Ja, die gibt es bei euch auch, sogar viel öfter als bei uns! Ihr nennt eure „Ehrenmorde“ verniedlichend Familientragödie. Ein weiterer Unterschied: Eure Männer machen kurzen Prozess und knallen nicht nur die Frau, sondern gleich auch die Kinder ab.

Ich weiß, ihr denkt: Mein Urteil ist zu pauschal, ich übertreibe, ich konzentriere mich auf Negativbeispiele, ich ignoriere alles Gute, ich schere alle über einen Kamm, ich nehme es mit der Wahrheit nicht so genau, ich rede nicht mit, sondern nur über euch, ich will gar nicht aufklären, sondern hetzen, kurz: Ich habe tendenziell etwas gegen Deutsche und mir ist jedes Mittel recht, euch schlecht aussehen zu lassen. Was soll ich dazu sagen? Stimmt! Aber, ich sage auch: WILLKOMMEN IN MEINER WELT! Solche Vorurteile begleiten mich schon mein ganzes Leben.

Mehmet Daimagüler, Ich bin gerne Deutscher, eigentlich, www.welt.de, 22.10.2011

Mehmet Gürcan Daimagüler ist 1968 in Siegen geboren. Als Sohn türkischer Gastarbeiter studierte er Jura, VWL und Philosophie in Bonn, Kiel, Witten-Herdecke, Harvard und Yale. Heute arbeitet er als Rechtsanwalt und Strategieberater in Berlin.

Aufgaben

1. Erklären Sie die Begriffe „Assimilation“, „Integration“ und „Identität“, wie Dr. Stefan Luft sie in M 5 verwendet.
2. Diskutieren Sie in Ihrer Klasse die Forderung des Autors „Wer sich integrieren will, muss [...] seine „Herkunftsidentität“ in wesentlichen Teilen ablegen.“
3. Erläutern Sie den „Integrationsbegriff“, den Mehmet Daimagüler (M 6) verwendet.

Sarrazin Debatte
M 1, M 2

Mit der Veröffentlichung des Buches „Deutschland schafft sich ab" im Sommer 2010 löste der ehemalige Berliner Finanzsenator Thilo Sarrazin eine neue Debatte darüber aus, ob und inwieweit die in Deutschland lebenden Muslime integrationswillig und integrationsbereit sind. Obwohl die meisten seiner Thesen populistisch und überzogen sind, ja das zum Beleg herangezogene Zahlenmaterial unwissenschaftlich und tendenziös eingesetzt wurde, findet das Werk bis heute reißenden Absatz.

Fremdenfeindlichkeit
M 3

Viele Deutsche fühlen sich scheinbar in ihrer latent fremdenfeindlichen Haltung bestätigt. Uralte Ängste vor einer Überfremdung und – angesichts der eigenen niedrigen Geburtenrate plausiblen – Verdrängung der Deutschen und ihrer Kultur finden durch Sarrazins provokante Thesen neue Nahrung.
Fälle von Zwangsverheiratung und Ehrenmorde unter Muslimen erwecken den Eindruck einer muslimischen Parallelgesellschaft und verstellen den Blick dafür, dass der überwiegende Teil der in Deutschland lebenden Migranten gut integriert ist.

Integrationsprobleme
M 4

Dennoch soll und darf der Blick nicht davor verschlossen werden, dass v. a. muslimische Jugendliche Probleme haben, sich zu integrieren. Soziale und kulturelle Faktoren, weniger jedoch die Religion, scheinen hier die Ursachen zu sein. Ein Bildungssystem, das frühzeitig einsetzt, das die Persönlichkeitsbildung der Kinder und Jugendlichen, nicht ihre Selektion im Auge hat, das ihnen Perspektiven gibt und ihre Kultur nicht außen vor lässt (z. B. durch Türkisch als Fremdsprache, Islamunterricht) könnte hier Abhilfe schaffen.

Politische Reaktionen

Die politisch Verantwortlichen der meisten Parteien lehnten Sarrazins Thesen ab, dennoch setzte ein Denkprozess ein, der in der Feststellung der Bundeskanzlerin gipfelte, „Multikulti ist gescheitert", dass also das Nebeneinander verschiedener Kulturen nicht automatisch ein Miteinander bewirkt, sondern, dass aktive Integrationspolitik nötig ist, um ein Auseinanderdriften der Gesellschaft in verschiedene Parallelgesellschaften zu verhindern. Migranten müsse man nicht nur fördern, sondern auch fordern, stellte die Kanzlerin fest.

Assimilation
M 5

Gefordert wird nun verstärkt die Assimilation der in Deutschland lebenden Ausländer. Assimilation, d. h. nicht nur die Akzeptanz und Anpassung an die Kultur des Aufnahmelandes, sondern deren Übernahme bis hin zu einer teilweisen Aufgabe der ursprünglichen Identität, wurde noch vor wenigen Jahren als Dominanz der Deutschen gegenüber den Migranten abgelehnt. Heute erscheint sie vielen als der einzige gangbare Weg der Integration, der den Migranten nicht nur die ökonomische, sondern auch die kulturelle und soziale Teilhabe ermöglicht.

Kritik der Migranten
M 6

Für einige seit Jahren in Deutschland lebende Migranten, die sich längst zu den Grundwerten unserer Verfassung bekennen, geht diese Forderung zu weit, verlangt sie doch eine unreflektierte Übernahme auch der Schattenseiten deutscher Kultur und Gesellschaft.

Integrationsbereitschaft und Offenheit der Bevölkerung am Beispiel „Islamunterricht an deutschen Schulen" erfragen

Hintergrundinformation
Auf der dritten Islamkonferenz unter dem damaligen Innenminister Wolfgang Schäuble im Jahr 2008 wurde festgelegt, dass Islamunterricht als ordentliches Fach an allen deutschen Schulen etabliert wird, wo Bedarf besteht und es gewünscht wird. Derzeit finden Modellversuche in verschiedenen Bundesländern, u. a. in Bayern, Berlin, Niedersachsen und Nordrhein-Westfalen statt.

Aufgaben

1. Bilden Sie sich mit dem im Kapitel 3 erworbenen Wissen zunächst selbst eine Meinung zum Thema „Islamunterricht an deutschen Schulen".
2. Legen Sie nun zwei bis drei Fragen fest, die Sie bei einer Umfrage in der Stadt (alternativ: auf dem Schulhof bzw. im Bekanntenkreis) zum Thema „Islamunterricht an deutschen Schulen" an Passanten richten möchten.
3. Überlegen Sie sich, wie Sie die Antworten am besten dokumentieren könnten (Mitschrift per Hand, Aufnahmegerät etc.).
4. Bilden Sie Zweierteams, die die Umfrage durchführen.
5. Legen Sie das Areal und den Zeitraum Ihrer Befragung fest.
6. Führen Sie die Befragung durch. Achten Sie dabei auf Höflichkeit (Entschuldigen Sie..., Vielen Dank...) und Ernsthaftigkeit Ihres Auftretens. Beginnen Sie Ihre Befragung am besten mit knappen Hintergrundinformationen zum Thema.
7. Werten Sie Ihre Ergebnisse aus, präsentieren Sie sie in geeigneter Form und vergleichen Sie sie mit Ihrer eigenen Meinung.

Mögliche Fragen für Ihre Umfrage:

1. *Was halten Sie generell von der Einführung von Islamunterricht an deutschen Schulen für muslimische Schülerinnen und Schüler?*
2. *Unter welchen Voraussetzungen wäre für Sie Islamunterricht an deutschen Schulen akzeptabel?*
3. *Unter welchen Bedingungen würden Sie Islamunterricht an deutschen Schulen ablehnen?*

„Auch wenn das eine oder andere Kind nicht den IQ hat, um Abitur zu machen, hat jeder Mensch in Deutschland die Chance, mit Fleiß etwas aus seinem Leben zu machen"
Jürgen Milski, ehemaliger Moderator bei 9life, am 26.11.2011 bei Anne Will

„Es ist nahezu inzestuös, wie die Chefetagen sich selbst wieder rekrutieren, und es gibt eine soziale Vererbung dieser hohen sozialen Position."
Christoph Butterwegge (Politikwissenschaftler, Universität Köln) am 26.10.2011 bei der TV-Sendung „Anne Will".

„Wenn du glaubst, Bildung sei teuer, dann probier aus, was Dummheit kostet!"
Deutsches Sprichwort

„Bildung lässt sich nicht downloaden."
Günther Jauch, in: Der Spiegel 21/2009

„Mindestlohn! Bildung kostenfrei, von der Kinderkrippe bis zur Uni! Das muss doch möglich sein in Deutschland!"
Sigmar Gabriel, Stern Nr. 6/2011, 3.2.2011, S. 67

„Das größte Problem in der Welt ist Armut in Verbindung mit fehlender Bildung. Wir müssen dafür sorgen, dass Bildung alle erreicht."
Nelson Mandela, Interview im Reader's Digest, Übersetzer: Thomas M. Höpfner, April 2005

Bildung – Chancen(un)gleichheit?

4

2008 rief die Bundeskanzlerin Angela Merkel die „Bildungsrepublik Deutschland" aus: „Wohlstand für alle heißt heute und morgen: Bildung für alle."

Mit welcher Art von Zeugnis man die Schule verlässt, entscheidet zu einem Großteil über die späteren Berufs- und Karrieremöglichkeiten. Doch nicht nur aus der individuellen Perspektive kommt es auf eine möglichst gute Qualifikation an: Moderne Industrienationen wie Deutschland sind auf ein hohes Bildungsniveau ihrer Bevölkerung angewiesen, um international konkurrenzfähig zu bleiben. „Dazu müssen wir die Talente von allen Menschen bei uns fördern. Wir müssen allen einen Einstieg ermöglichen und einen Aufstieg erleichtern", sagte Merkel. Doch wie steht es tatsächlich um die Chancengleichheit und die Leistungsgerechtigkeit in Deutschland? Warum wird Bildung in unserer Gesellschaft und zu Zeiten der Globalisierung immer wichtiger?

KOMPETENZEN

Am Ende dieses Kapitels sollten Sie Folgendes wissen und können:

... Merkmale und gesellschaftliche Folgen der Bildungsexpansion darstellen

... Stellung beziehen zum Einfluss von Herkunftseffekten auf die Bildungschancen

... Bildungspolitische Maßnahmen beurteilen

... Starken und Schwächen unseres Bildungssystems erkennen

Was wissen Sie schon?

1. Diskutieren Sie die Zitate und beziehen Sie sich dabei auf Ihre Erfahrungen aus dem deutschen Bildungssystem.
2. Stellen Sie vom mittleren Bild ausgehend begründete Vermutungen über die Biografien der dargestellten erwachsenen Personen an.

4.1 Bildungsbeteiligung in Deutschland

4.1.1 Folgen der Bildungsexpansion

M 1 ● Bildungsbeteiligung heute

Schüler/-innen im 8. Schuljahr nach Schularten in % (1952-2009)

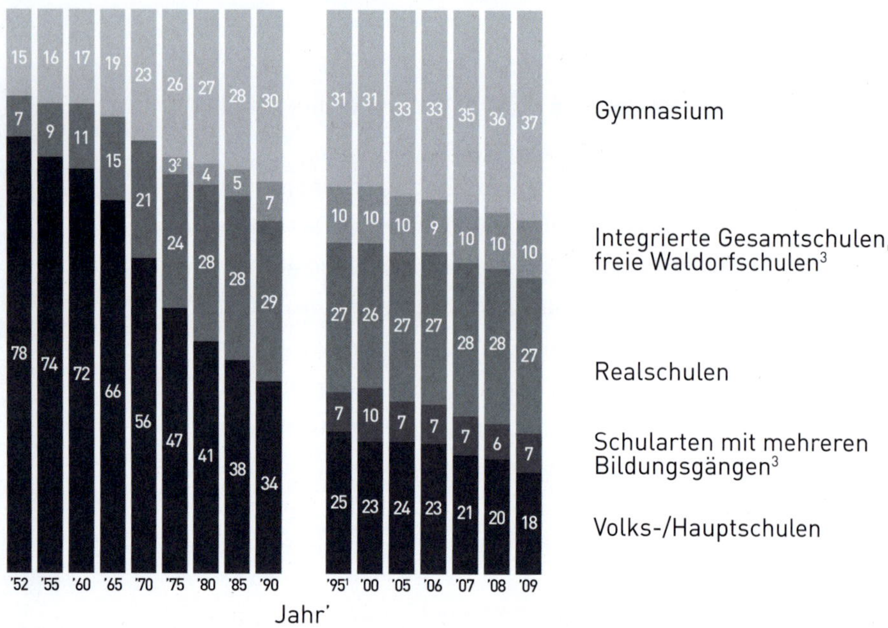

1) Ab 1995 einschließlich neue Länder; ohne Förderschulen.
2) Ab 1975 separat in der amtlichen Statistik aufgeführt.
3) Integrierte Klassen für Haupt- und Realschüler/-innen.

Quelle: Statistisches Bundesamt, Fachserie II, Reihe I

Bildungsexpansion
Seit den 1960er Jahren wurde das weiterführende Bildungswesen enorm ausgedehnt (v.a. Realschulen, Gymnasien und Hochschulen) und die Bevölkerung erwarb immer häufiger höhere Bildungsabschlüsse. Ausgelöst wurde diese Entwicklung u.a. von Georg Picht mit der Debatte um die „deutsche Bildungskatastrophe" (1964), welche das Problem der mangelnden Chancengleichheit und die fehlenden qualifizierten Arbeitskräfte beleuchtete. Der große politische Aufbruch erfolgte dahingehend mit der sozialliberalen Regierungskoalition ab 1969.

M 2 ● Auswirkungen der Bildungsexpansion auf die Sozialstruktur

Die Bildungsexpansion hat kurz-, mittel- und langfristige Wirkungen und trägt zum Teil direkt, zum Teil indirekt zur Veränderung der Sozialstruktur bei. Einige Punkte seien abschließend genannt:

- Mit der seit Beginn der 1960er-Jahre überproportionalen Bildungsexpansion von Mädchen und jungen Frauen änderte sich das Verhältnis der Geschlechter zueinander, wächst die Selbstbestimmung der Frau, aber auch die Konkurrenz um Studien- und Arbeitsplätze;
- die Bildungsexpansion hatte Auswirkungen auf die Prozesse der Individualisierung, die gestiegene Kritikfähigkeit gegenüber der Politik und der Wahrnehmung beruflicher und sonstiger Optionen;
- die Bildungsexpansion hat im Zusammenhang mit der Individualisierung auch die Pluralisierung der Lebensstile befördert;
- längere Ausbildungszeiten und Individualisierung führen auch zur Pluralisierung der Lebensformen, einem Anstieg der Singlehaushalte oder der Paare ohne Kinder;
- die längeren Ausbildungszeiten bewirken schließlich eine veränderte Altersstruktur

der Auszubildenden und Berufsanfänger, was dazu führte, dass sich das dritte Lebensjahrzehnt als Phase der Postadoleszenz teilweise gegenüber anderen Lebensphasen verselbstständigte;

- von entscheidender Bedeutung ist auch der durch die Bildungsexpansion ermöglichte Umbau der Beschäftigungsstruktur, zumal durch den Ausbau des tertiären und quartären Sektors, und den damit verbundenen Anforderungen der Höherqualifizierung entsprechend der technologischen Umgestaltung von Produktions- und Arbeitsplatzstrukturen.

Bernhard Schäfers, Sozialstruktur und sozialer Wandel in Deutschland, 8. Aufl., Stuttgart 2004, S. 145 f.

M 3 ● „Overstresste" Eltern

Karikatur: Klaus Stuttmann

M 4 ● Bildungsentscheidung: Die Qual der Wahl?

Eltern [...] wollen die Weichen für die Bildungskarriere ihres Kindes um jeden Preis selbst stellen. Weil sie meinen, Kompetenzen ihres Kindes zu kennen, die dem Lehrer vielleicht verborgen geblieben sind, vor allem aber, weil sie den Hebel kennen, mit dem sie ihr Ziel erreichen können: Nachhilfe! Zuerst dient sie dazu, den Übergang aufs Gymnasium zu meistern, später, die getroffene Schulentscheidung zu stützen. Denn ist die Entscheidung für das Gymnasium einmal gefallen, darf es daran keinen Zweifel mehr geben. Komme, was wolle, das Kind muss den Abschluss schaffen. [...] Der Wettlauf um den besten Schulabschluss hat zu einer enormen Abwertung aller Schulformen geführt, die nicht zum Abitur führen. [...] Vielen Eltern ist jedoch die Fähigkeit eines realistischen Abwägens abhanden gekommen. Sie können es kaum akzeptieren, wenn der Sohn eher das Zeug zum Handwerker hat als zum Rechtsanwalt. Eltern seien viel zu kopfgesteuert und hätten oft nur ihre eigenen Sorgen im Sinn, sagt der Psychologe Julius Kuhl von der Universität Osnabrück. Dabei würden manche sogar übersehen, wie es dem Kind eigentlich geht. [...] Das sei ein enormes »Druckmoment« für die Kinder. »Schule rückt dann schnell aus dem Umfeld Freude in das Umfeld Sorge«, sagt der Psychologe. Dabei könnten sich gerade Angst und Unsicherheit negativ auf die Entfaltung von Begabungen und schulischen Leistungen der Kinder auswirken.

Jeannette Otto, Es steht viel auf dem Spiel, www.zeit.de, 25.10.2011

Aufgaben

1. Erklären Sie den Begriff „Bildungsexpansion" unter Berücksichtigung von M 1 und M 2.
2. Sammeln Sie mögliche Gründe für die gestiegene Bildungsbereitschaft der Gesellschaft.
3. Ermitteln Sie aus M 2 Veränderungen, die seit der Bildungsexpansion zu verzeichnen sind, und ordnen Sie diese auf einer Skala von 1 (sehr positiv) bis 4 (sehr negativ) ein.
4. Beurteilen Sie die in M 3 und M4 dargestellten Sachverhalte. Vergleichen Sie diese mit Ihren eigenen Erfahrungen und Alltagsbeobachtungen.

4.1.2 Wirkung des sozialen Filters

M 5 ● Soziale Selektion beim Zugang zum Studium

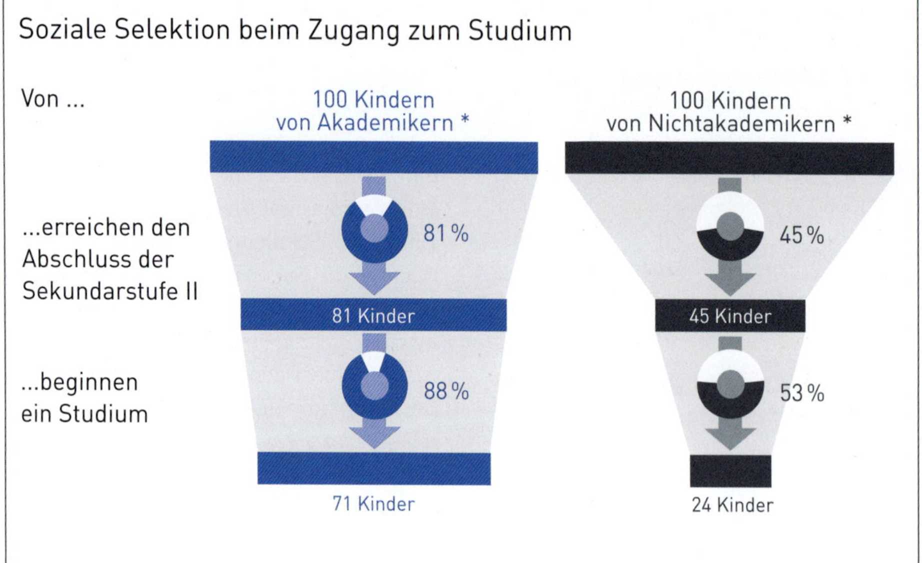

* nach dem Kriterium, ob der Vater und/oder die Mutter einen Hochschulabschluss erworben hat/haben oder nicht

Quelle: DSW/HIS 2010 / © Hans-Böckler-Stiftung 2010

M 6 ● Soziale Herkunft von Abiturienten in der Karikatur

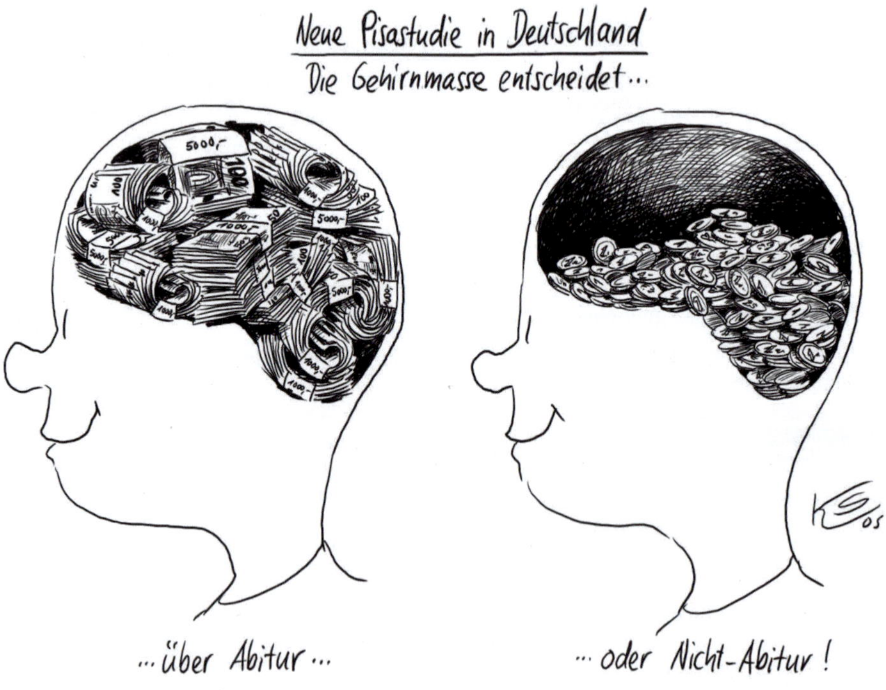

Karikatur: Klaus Stuttmann, Berlin

M 7 ● „Ihr liegt euren Eltern auf der Tasche, um dann Taxifahrer zu werden"

Arbeiterkind.de Gründerin Katja Urbatsch im Interview mit heute.de

Sie sagen, es gibt kein Recht auf Bildung für alle in Deutschland. Wer ist benachteiligt?

Natürlich alle, die aus einer Familie mit schwachem Bildungshintergrund kommen, in der die Eltern nicht studiert haben. Denn die Eltern gelten in Deutschland als Bildungsgaranten. Es wird erwartet, dass sie sich inhaltlich, emotional und finanziell engagieren. Ohne Unterstützung von zu Hause wird's schwierig.

Spielt denn nur das Elternhaus eine Rolle für die Bildungskarriere der Kinder?

Das Elternhaus spielt eine große Rolle bei den Bildungsambitionen der Kinder. Aber nicht allein. Es stellt sich immer die Frage, hat schon mal jemand in der Familie studiert und welchen Bildungsweg haben die Familienmitglieder genommen? Die Kinder tendieren dazu, den Bildungsweg der Eltern einzuschlagen, wenn diese eine Ausbildung gemacht haben. Die Schulen fördern die Kinder leider gemäß ihrer Herkunft und nicht nach ihren Fähigkeiten und trauen ihnen weniger zu.

Welche Hürden gibt es für Kinder aus Arbeiterfamilien?

Alle denken, die schaffen es nicht mal zum Abitur. Hürden gibt es immer an den Übergängen - also nach der Grundschule, nach der zehnten Klasse und nach dem Abitur. Immer dann, wenn eine eigenständige Entscheidung getroffen werden muss. Denn die Eltern kennen sich nicht aus und haben Angst, ihre Kinder zu überfordern. Bei Akademikerkindern ist das keine Frage, dass sie studieren. Da heißt es: „Ich habe studiert, du machst das auch!" Bei den anderen denkt man: Die sind nicht so selbstbewusst, die schaffen das nicht.

Wo ist die Politik gefordert, wo das Bildungssystem?

Die Politik muss dafür sorgen, dass der Bildungserfolg eines Kindes nicht vom Elternhaus abhängt. Lehrer wollen Kinder aus bildungsfernen Schichten oft vor dem Scheitern schützen und trauen ihnen nichts zu. Was gut gemeint ist, nimmt den Kindern die Chancen. Beim Studieren geht es darum, eine sichere Studienfinanzierung für alle herzustellen.

Ihr Engagement beruht auf eigenen Erfahrungen als Arbeiterkind. Welche sind das?

Ich hatte das Glück einen älteren Bruder zu haben, der den Weg geebnet hat. Als Erster in unserer Familie hat er studiert und ging aufs Gymnasium. Im größeren Familienkreis war das alles nicht einfach. Da hieß es: „Ihr liegt euren Eltern auf der Tasche, um zum Schluss dann Taxifahrer zu werden." [...]

Sie haben die Organisation Arbeiterkind.de gegründet. Was ist Ihr Ziel?

Wir versuchen die Betroffenen zu stärken, zu sagen, trefft eure eigenen Entscheidungen! Mit Vorbildern möchten wir zeigen: Alles ist möglich, wenn ihr es wollt. Wir wollen Entscheidungshilfen und praktische Informationen geben. Und Mut machen.

Das Interview führte Panja Schollbach, Ihr liegt euren Eltern auf der Tasche, um dann Taxifahrer zu werden, www.heute.de, 25.2.2012

Katja Urbatsch gründete 2008 die Initiative arbeiterkind.de, um mit ihrem Team Schüler und Studierende aus Familien, in denen noch niemand studiert hat, zu unterstützen.

Aufgaben

1. Führen Sie zwei Blitzumfragen in folgender Reihenfolge durch:
   - Wer von Ihnen beabsichtigt nach dem Abitur zu studieren?
   - Wie viele Eltern der „Studierwilligen" verfügen über einen Universitätsabschluss?

   Vergleichen Sie Ihre Ergebnisse mit M5.
2. Erklären Sie, warum Kinder aus bildungsfernen Schichten seltener an Gymnasien und Universitäten ankommen. (M 6, M 7)
3. Nehmen Sie Stellung zur gegenwärtigen Chancenverteilung im Bildungssystem.

H zu Aufgabe 3
Versetzen Sie sich in verschiedene soziale Positionen wie z. B. Eltern von Studierenden, Jugendlichen mit Migrationshintergrund, Lehrern an verschiedenen allgemeinbildenden Schulen, etc.

4.1.3 Handlungsansätze für eine faire Bildungspolitik

M 8 ● Deutschland muss in Bildung investieren

„Wenn man überhaupt soziale Ungerechtigkeit ein Stück weit beheben will, das heißt Kindern, die von ihrer Herkunft her deutlich schlechtere Chancen haben, wenigstens einen Teil dieser Chancen zurückgeben will in Form von schulischer Bildung, dann müsste man möglichst früh und umfassend ansetzen." Lehrern sollten dringend Sozialarbeiter zur Seite gestellt werden, fordert Hartmann deshalb ebenso wie Günter Vonderau von der Werkstattschule Dillingen. Migrantenkinder mit Deutschproblemen müssten nach skandinavischem Vorbild eine zusätzliche Sprachbetreuung erhalten. „Doch all das kostet so viel Geld, dass man damit rechnen muss, die Ausgabe für Bildung um mindestens ein Drittel zu steigern, um annähernd skandinavische Verhältnisse zu erreichen. [...]" Und wenn sich im öffentlichen System nichts ändert? Dann, prognostiziert der Eliteforscher, wird in Teilen der oberen Mittelschicht [...] der ersten Generation der Wunsch weiter zunehmen, den eigenen Kindern eine gute Bildung zu sichern. Es wird generell den Trend geben, sich über Privatschulen [...] bessere Bildungschancen auf Kosten der anderen zu sichern.

Kate Maleike: „Du musst einfach an dich glauben..." – vom Aufstieg durch Bildung, in: APuZ 49/2008, S. 26 f.

M 9 ● Gutachten über Studienabbrecher – BAföG erhöhen

Es dauert nicht einmal anderthalb Jahre, dann haben viele Studenten schon wieder genug von der Uni: Genervt von einschläfernden Professoren, ewiger Geldnot und anderen Schattenseiten des Hochschullebens, kapitulieren gut zwanzig Prozent der Bachelor-Studenten schon im Lauf des dritten Semesters. Ein Missstand, der nun auch die mit etlichen Uni-Präsidenten und hochrangigen Wissenschaftlern besetzte Expertenkommission Forschung und Innovation (Efi) alarmiert hat. Das Gremium fordert die Bundesregierung [...] auf, endlich den Kampf gegen die hohe Abbrecherquote aufzunehmen [...]. Es sei ein ganzes Maßnahmenbündel nötig – unter anderem müssten Abiturienten besser beraten und Studenten viel intensiver betreut werden. [...] Weil gerade das Bachelor-Studium wenig Zeit für einen Nebenjob lasse, litten [...] viele Studenten unter akuter Geldnot. Daher müsse die Bundesregierung [...] auch das Bafög weiter erhöhen. Insbesondere Studenten aus einkommensschwachen Elternhäusern müssen hinreichende finanzielle Rahmenbedingungen geboten werden, sagt Efi-Mitglied Jutta Allmendinger, Leiterin des Wissenschaftszentrums Berlin.

UniSPIEGEL, Studienabbrecher / Gutachten - Bafög erhöhen, 2/2010, S. 6

Diskutierte Handlungsansätze in der Politik und Wissenschaft

- Förderung von frühzeitiger vorschulischer Erziehung
- frühzeitige Sprachdiagnosen bei Kindern im Vorschulalter
- Sprachförderung während der gesamten Schulzeit
- Ausbau von Ganztagsschulen mit ansprechenden Lernmilieus nachmittags
- Weniger Klassenwiederholungen
- stärkere Zusammenarbeit von Schulen und Eltern
- Unterstützung der Lehrkräfte durch Sozialarbeiter und Schulpsychologen
- Professionalisierung der ErzieherInnenausbildung
- Bessere Ausbildung der Lehrkräfte in den Bereichen „individuelle Förderung, Sprachdiagnostik und -didaktik"
- mehr pädagogisches Personal mit Migrantenhintergrund
- längeres gemeinsames Lernen

BAföG
Studierende, deren Eltern ein bestimmtes Einkommen nicht überschreiten, haben die Möglichkeit, Förderung nach dem Bundesausbildungsförderungsgesetz (BAföG) zu beantragen.

Aufgaben

1. Nehmen Sie kritisch Stellung dazu, wie der Eliteforscher Michael Hartmann (M 8) die Zukunftsfähigkeit des deutschen Bildungssystems sieht.
2. Ordnen Sie in arbeitsteiliger Gruppenarbeit die in M 8, M 9 und vor allem in der Randspalte vorgestellten Handlungsansätze in ein Schema von wenig sinnvoll bis sehr wirksam. Erstellen Sie in der Gruppe eine Aufgabenliste für die verantwortlichen Politiker, welche die fünf Ihrer Ansicht nach sinnvollsten Maßnahmen für die deutsche Bildungspolitik enthält.

Bildungsbeteiligung im Wandel der Zeit
M 1, M 3

Mitte des 19. Jahrhunderts besuchte noch weniger als ein Prozent eines Altersjahrgangs das Gymnasium. 1960 lag dieser Wert in der Bundesrepublik bei rund sechs Prozent. Infolge der sog. „Bildungsexpansion", aufgrund gestiegener beruflicher Anforderungen sowie höherer Bildungserwartungen und nicht zuletzt wegen der besorgniserregenden Meldungen von deutschen Hauptschulen stieg der Anteil der Abiturienten immer weiter an. Heute besucht etwa ein Drittel der Sekundarschüler das Gymnasium.

Gesellschaftliche Folgen der Bildungsexpansion
M 2

Die Bildungsexpansion veränderte die Sozialstruktur Deutschlands unter anderem dadurch, dass politische und gesellschaftliche Probleme infolge der Höherqualifizierung der Bevölkerung verändert bzw. verstärkt wahrgenommen werden. Zudem ist die aufgebrochene geschlechtsspezifische Rollenverteilung sowie die Individualisierung bzw. Pluralisierung der Lebensstile und Biografien zu einem erheblichen Teil darauf zurückzuführen. Damit einher gehen Auswirkungen auf die Berufswelt, wobei die Arbeitsmarktanforderungen wiederum Einfluss haben auf die Bildungsansprüche.

Wirkung der Herkunftseffekte
M 5-M 7

Die gestiegene Bildungsbeteiligung hatte nicht zur Folge, dass die sozialen Ungleichheiten im Bildungssystem beseitigt werden konnten. Unterschiedliche Sozialisationsbedingungen im Elternhaus sorgen für ungleiche Startbedingungen und in der Grundschule gelingt es oft nicht, die Defizite, die benachteiligte Kinder mitbringen, auszugleichen. Der soziale Filter wirkt vor allem durch die jeweilige Finanzsituation der Familie (unterstützende Lernmaterialien, Nachhilfe, ein eigenes Zimmer mit Schreibtisch...) und den Bildungsgrad der Eltern (Hilfe bei inhaltlichen und organisatorischen schulischen Fragen, Bildungsanspruch...). Er macht sich zum einen bei Übergangsentscheidungen (nach der Grundschule, nach dem Abitur) bemerkbar, zum anderen bezüglich der Chancen, bis zur Hochschulreife auf dem Gymnasium zu verbleiben. Während früher vor allem Mädchen und Kinder aus ländlichen Regionen im Bildungssystem benachteiligt waren, sind es heute aufgrund der oben genannten Aspekte Scheidungskinder und Kinder mit Migrationshintergrund.

Handlungsansätze
M 8, M 9, Randspalte

In Deutschland besteht vor allem hinsichtlich der gravierenden Unterschiede zwischen hoch und gering Qualifizierten Handlungsbedarf. Auch angesichts des demografischen Wandels und des damit verbundenen Fachkräftemangels dürfen schlummernde Talente nicht unentdeckt bleiben. Dazu ist ein verstärktes Bemühen um die Herstellung von Chancengleichheit – also die Abschaffung des sozialen Filters – unumgänglich. Die Handlungsvorschläge der Wissenschaftler dazu sind vielfältig: z.B. von einer verlängerten Grundschulzeit bis hin zur Abschaffung des dreigliedrigen Schulsystems, von kleineren Klassen bis hin zur individuellen Einzelförderung. Besonders bedeutsam, darüber sind sich alle Ansätze einig, ist die frühkindliche Förderung.
Um auch international konkurrenzfähig zu bleiben, muss Deutschland dafür sorgen, dass die Schwachen nicht abgehängt werden und gleichzeitig aber die Qualität der Starken nicht sinkt.

KOMPETENZEN ANWENDEN

Musteraufgabe für das Abitur

Bevölkerung mit Migrationshintergrund:

1	2	3	4	5
	insgesamt	insgesamt	davon:	
			ohne Migrationshintergrund	mit Migrationshintergrund im weiteren Sinne[1]
	in Tsd.	Anteile an ausgewählten Merkmalen, in Prozent		
Bevölkerung	82.465,3	100,0	81,4	18,6
nach höchstem Schulabschluss				
Haupt-(Volks-)schulabschluss	29,562,3	100,0	84,9	15,1
Realschul- oder gleichwertiger Abschluss	14.449,9	100,0	85,2	14,8
Abitur	12.374,0	100,0	81,1	18,9
ohne Schulabschluss	2.472,4	100,0	40,4	59,6
nach höchstem beruflichen oder (Fach-)Hochschulabschluss				
Lehre oder vergleichbarer Abschluss	32.214,3	100,0	88,9	11,1
Universtitätsabschluss / Promotion	5.152,2	100,0	82,7	17,3
ohne berufsqualifizierenden Abschluss	21.574,5	100,0	72,3	27,7
nach überwiegendem Lebensunterhalt				
Erwerbs- / Berufstätigkeit	33.351,8	100,0	83,6	16,4
Arbeitslosengeld I, II	4.557,3	100,0	71,7	28,3
Rente, Pension	18.185,7	100,0	91,9	8,1
Sozialhilfe	964,2	100,0	45,6	54,4

[1] Zu den Menschen mit Migrationshintergrund zählen alle nach 1949 auf das heutige Gebiet der Bundesrepublik Deutschland Zugewanderten sowie alle in Deutschland geborenen Ausländer und alle in Deutschland als Deutsche Geborenen mit zumindest einem zugewanderten oder als Ausländer in Deutschland geborenen Elternteil.

Quelle: Bayerische Abiturprüfung 2011, Sozialkunde als Grundkursfach

Aufgabe

Analysieren Sie mittels der Tabelle Erfolge und Defizite bundesdeutscher Integrationspolitik.

KOMPETENZEN ANWENDEN

Arbeitsschritt 1:
Thema und erfasste Gruppierungen ermitteln

Die Tabelle gibt den Anteil der Bevölkerung verschiedenen Bildungsabschlüssen, beruflichen oder (Fach-) Hochschulabschlüssen und der Art, wie der Lebensunterhalt überwiegend verdient wird, an. Unterteilt wird die Bevölkerung dabei in Menschen mit und ohne Migrationshintergrund im weiteren Sinne.

Arbeitsschritt 2:
Zahlenarten und deren Bedeutung für die Aussage der Tabelle analysieren

In Spalte 2 wird die Anzahl der jeweiligen Gruppierung in absoluten Zahlen jeweils in Tausend angegeben. Demnach lebten zur Zeit der Erhebung ca. 82,5 Mio. Menschen in Deutschland, worunter z.B. circa 2,5 Mio. ohne Schulabschluss blieben. Die Spalten 3 bis 5 sind jeweils zusammenhängend zu lesen und stellen relative, also Prozentzahlen dar. Die Bezugsgröße bildet hierbei jeweils die Spalte 3, welche die Gruppierungen der Spalten 1 und 2 unabhängig von deren realer Größe erfasst (= immer 100 %). In den letzten beiden Spalten werden die jeweiligen Anteile von Menschen mit und ohne Migrationshintergrund an den Bevölkerungsgruppierungen (Spalte 1) angezeigt. Die Spalten 4 und 5 ergeben zusammengezählt immer 100 % (Spalte 3). Demzufolge hatten z.B. 18,6 % der hier lebenden Menschen einen Migrationshintergrund.
Sollen im Folgenden also die im Arbeitsschritt 1 dargestellten Themen analysiert und bewertet werden, müssen alle weiteren Prozentwerte mit dem Anteil an der Bevölkerung insgesamt gemessen werden.

Arbeitsschritt 3:
Prägnante Zahlenwerte analysieren und vergleichen

Schulabschluss (59,6 %): Obwohl zwar rund jeder Achte der hier lebenden Menschen (81,4 %) keinen Migrationshintergrund hat, ist nur etwa jeder Vierte unter der Gruppe derer, die keinen Bildungsabschluss haben, deutscher Herkunft.

(Hier beispielhaft ausgeführt an der Analyse der Bildungsabschlüsse)
Die Analyse der höchsten Bildungsabschlüsse zeigt, dass der Anteil der hier lebenden Menschen mit Migrationshintergrund (18,6 %) annähernd dem Anteil an Abiturienten (18,9 %) entspricht. Auffällig ist jedoch der überaus hohe Anteil dieser Bevölkerungsgruppe an Abgängern ohne

Arbeitsschritt 4:
Ergebnisse auswerten und einordnen

Die Aufgabenstellung verlangt von Ihnen, die Prozentangaben nach Erfolgen und Defiziten einzuordnen.
Als Erfolge bundesdeutscher Integrationspolitik können demnach z.B. gelten:

- Der Anteil der Menschen mit Migrationshintergrund mit Abitur;
- Die annähernd dem Bevölkerungsanteil entsprechende Anzahl beim Erlangen von Universitätsabschlüssen sowie Promotionen;
- Nur leicht erhöhte Arbeitslosigkeit.

Als Defizite müssen z. B. konstatiert werden:

- Extrem hohe Zahl von Menschen mit Migrationshintergrund ohne Schulabschluss;
- Sehr hoher Anteil ohne berufsqualifizierenden Abschluss;
- Starke Überrepräsentation unter Sozialhilfeempfängern;
- Höherer Anteil unter Empfängern von Arbeitslosengeld.

Arbeitsschritt 5:
Fazit

Gerade jene Menschen mit Migrationshintergrund, die wahrscheinlich keinen Schulabschluss erlangen werden, sollten besondere Förderung erhalten. Denn bereits hier zeichnen sich sonst spätere Problemgruppen (fehlender berufsqualifizierenden Abschluss, hoher Anteil unter Empfängern von Sozialleistungen) ab. Genauere Aussagen über die Herkunft der in der Tabelle erfassten Menschen sind anhand der angebenden Daten nicht zu treffen.

Legende zu M 1

Schulisches Lernen
Diese Lerndimension gibt Hinweise auf die Lernentwicklung von Kindern und Jugendlichen in Schulen, das Studienplatzangebot und das Bildungsniveau von jungen Menschen und Erwerbstätigen.

Berufliches Lernen
Diese Lerndimension gibt Hinweise auf die Chancen von Jugendlichen, eine qualifizierende Ausbildung abzuschließen, den Stellenwert der beruflichen Weiterbildung und des Lernens am Arbeitsplatz.

Soziales Lernen
Diese Lerndimension gibt Hinweise darauf, in welcher Form und welchem Ausmaß die Menschen Möglichkeiten zum sozialen Lernen wahrnehmen. Kennzahlen sind u.a.: Soziales Engagement, politische Teilhabe, Soziale Integration.

Persönliches Lernen
Diese Lerndimension gibt Hinweise darauf, welche Lernmöglichkeiten die Menschen zur persönlichen Entwicklung und Entfaltung vorfinden und nutzen. Kennzahlen sind u.a. Kurse zur persönlichen Weiterbildung, beim Sport, im kulturellen Leben und durch selbstgesteuertes Lernen mit Medien.
Nach: Maximilian Popp, u.a., Das geteilte Land, DER SPIEGEL 47/2011, S. 72 f.

4.2 Vergleich(barkeit) von Abschlüssen – Notwendigkeit oder Gleichmacherei?

4.2.1 Föderalismus – Differenzen im Bildungswesen

M 1 ● Lernen in Deutschland

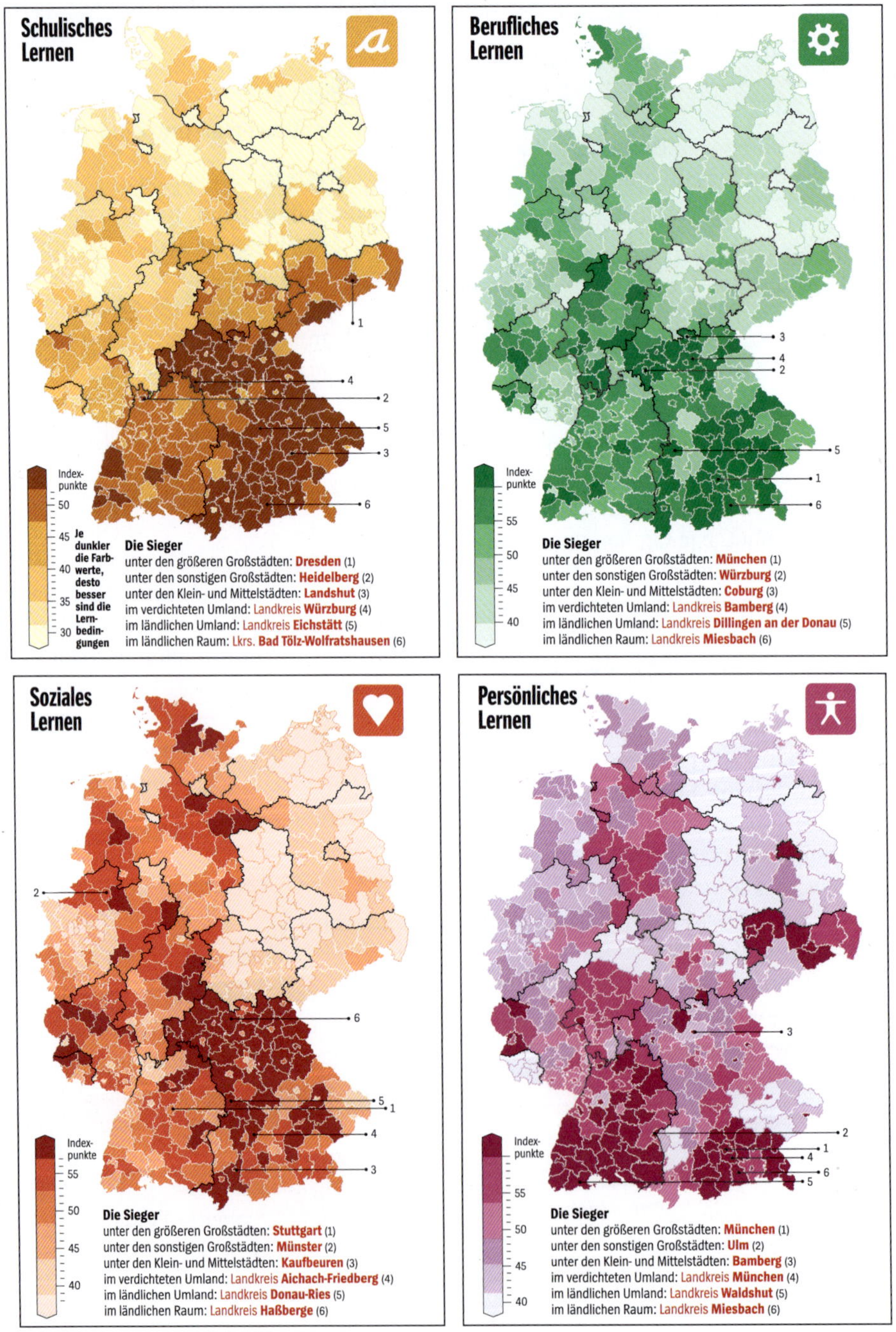

Maximilian Popp, u.a., Das geteilte Land, DER SPIEGEL 47/2011, S. 72 f.

M 2 ● Die neue Haupt-Schule

Heute gehen in Schleswig-Holstein, Baden-Württemberg und Bayern mindestens 31 Prozent der Achtklässler aufs Gymnasium, in Hamburg sogar 42 Prozent. Bundesweit sind es 35 Prozent, mit steigender Tendenz. In Großstädten wie Frankfurt am Main liegt die Quote schon jetzt bei 46 Prozent. Zwischen 2003 und 2006 ist der Anteil der Gymnasiasten in 15 von 16 Ländern noch einmal gestiegen, nur im Pisa-Spitzenland Sachsen blieb die Quote auf dem gleichen Niveau. Das Gymnasium ist die neue Haupt-Schule der Republik. Wie lange aber darf man noch von Auslese oder Auswahl sprechen, wenn die Auserwählten die größte Gruppe stellen? Und was ist der Preis für diesen Erfolg? Sind die Deutschen tatsächlich klüger geworden, oder sinkt das Niveau? [...] Auch im letzten Bundesländervergleich der Pisa-Studie aus dem vergangenen Jahr heißt es, es gebe die „Tendenz: je höher die Bildungsbeteiligung, desto geringer die Leistung“. Das ist die schlechte Nachricht. Elite kommt vom lateinischen eligere, also auswählen oder auslesen. Doch wie streng soll diese Auswahl sein, und wer soll sie treffen? In dieser Frage geht ein Riss durch die Republik. Es sind zwei Prinzipien, die gegeneinanderstehen. Bundesländer wie Berlin, Hessen oder Hamburg versuchen, vielen Schülern die Gymnasialausbildung zu ermöglichen, indem sie die Eintrittsschwelle niedrig ansetzen. Die Eltern dürfen mit Abschluss der Grundschule bestimmen, ob ihr Kind fürs Gymnasium geeignet ist. In Baden-Württemberg und Bayern dagegen liegt die Hürde vergleichsweise hoch, die Leistung entscheidet. [...] Kann man überhaupt noch von einer Schulform sprechen? Und muss nicht das Gymnasium einheitliche, hohe Standards einfordern, als Leitinstitution des deutschen Bildungswesens?

Jürgen von Dahlkamp, Jan Friedmann, Markus Verbeet, Die neue Haupt-Schule, Der SPIEGEL, 46 / 2009, S. 142 ff.

M 3 ● Handlungsempfehlungen für ein länderübergreifendes Kernabitur

Für Qualitätssicherung im Schulsystem und Fairness beim Hochschulzugang bedarf es eines Abiturprüfungssystems, das durch eine länderübergreifende Abiturkomponente eine nationale Vergleichbarkeit sicherstellt.

Handlungsempfehlungen [Auszüge, Anm. d. R.]:

- Das Gemeinsame Kernabitur besteht in einer länderübergreifenden schriftlichen Abiturkomponente in den drei Fächern Deutsch, Mathematik und Englisch.
- Mit dem Gemeinsamen Kernabitur werden zehn Prozent der Abiturnote durch gemeinsame Prüfungsbestandteile vergeben, so dass einerseits ein vergleichbarer Standard sichergestellt ist und andererseits den Bundesländern und Schulen weiter Raum für Flexibilität und Schwerpunktsetzungen bleibt.
- Die länderübergreifende Abiturkomponente wird in den drei Fächern im Umfang von dreimal neunzig Minuten einheitlich und deutschlandweit an einem Tag gestellt.
- Die Prüfungsaufgaben werden zentral ausgewertet.
- Für die Entwicklung und Validierung der gemeinsamen Aufgaben sollte eine entsprechende Institution beauftragt werden. [...]
- Alle anderen Bestandteile der Abitur-Gesamtqualifikation – weitere schriftliche Prüfungen in den Kernfächern, schriftliche Prüfungen in anderen Fächern, mündliche Prüfungen und Jahrgangsfortschrittsnoten – werden wie bisher landesspezifisch durchgeführt.

Nach: Hans-Peter Blossfeld, u. a., Gemeinsames Kernabitur, Münster 2011, S. 73 ff.

Otto Kentzler ist Präsident des Zentralverbandes des Deutschen Handwerks und tritt dafür ein, dass die dreijährige Berufsausbildung den gleichen Stellenwert wie das Abitur erhält.

Duale Ausbildung

Als duale Ausbildung bezeichnet man die parallele Ausbildung in Betrieb und Berufsschule. Der Besuch der Berufsschule ist Teil der deutschen Schulpflicht.

Zweiter Bildungsweg

An (Berufs-) Oberschulen besteht die Möglichkeit, mit einem mittleren Bildungsabschluss oder einer abgeschlossenen Berufsausbildung eine Hochschulreife zu erlangen.

M 4 „Abiturienten sind doch nicht besser als andere“

Süddeutsche Zeitung: Herr Kentzler, Wirtschaftsverbände und Gewerkschaften streiten sich mit den Kultusministern um den Deutschen Qualifikationsrahmen. Worum geht es?

Otto Kentzler: Es geht um die Einstufung von Abschlüssen in eine achtstufige Skala. Die Beteiligten sind sich weitgehend einig, wohin die Abschlüsse gehören. Nur beim Abitur und bei der dualen Ausbildung gibt es Streit. Die Kultusminister wollen das Abitur auf die Stufe 5 setzen, die dualen Ausbildungen in der Regel aber nur auf die Stufe 4. Nach ihren Vorstellungen sollen nur wenige ausgewählte Ausbildungsberufe auf dieselbe Stufe wie das Abitur. Wir kämpfen darum, dass die dreijährige Ausbildung den gleichen Stellenwert erhält wie das Abitur, beides auf Stufe 4. Die Abiturienten sind doch nicht besser als andere. Das ist Diskriminierung in höchstem Sinne.

Welche Argumente haben Sie?

Der Qualifikationsrahmen beschreibt nicht nur Wissen, sondern auch Fertigkeiten und Kompetenzen wie Teamfähigkeit. Wir bestreiten, dass ein Abiturient nach zwölf Jahren in der Lage ist, ein Team zu leiten. Das deutsche Abitur ist reine Wissensvermittlung, Gesellen sind da schon weiter. [...]

Wäre es so schlimm, wenn mehr Jugendliche das Abitur machen würden?

Ich will das Abitur gar nicht kleinreden. Wir brauchen beides, berufliche Ausbildung und das Abitur. Die Welt besteht aber nicht nur aus Dichtern und Denkern. Gerade für junge Menschen aus bildungsfernen Familien sind Ausbildungen oft der richtige Weg. Mit einer Ausbildung und beständiger Weiterbildung können sie sich Stück für Stück Qualifikationen aneignen. Nicht jedem ist das Abitur mit in die Wiege gelegt worden. Aber auch für Abiturienten ist der Weg über die Berufsausbildung zukunftsweisend. Ich selbst habe zwei Gesellenbriefe erworben und ein Ingenieursstudium abgeschlossen. Auch aus persönlicher Erfahrung weiß ich, wovon ich rede.

Die Kultusminister sagen, dass mit der Höherstufung des Abiturs dem deutschen Bildungssystem Rechnung getragen würde. Haben sie nicht vielleicht recht?

Das Besondere am deutschen System sind die beruflichen Ausbildungen, nicht das Abitur. Die duale Ausbildung wollen viele Länder kopieren - Indien oder China. Die 20 wichtigsten Industrie- und Schwellenländer (G 20) haben die berufliche Bildung verpflichtend aufgenommen. Ich gebe Ihnen ein Beispiel: Wenn BMW in den USA ein Werk aufbaut, plant die Firma ein Jahr nur für die Einarbeitung der Beschäftigten ein. Diesen Ländern fehlen die geeigneten Facharbeiter, weil ein Ausbildungssystem wie bei uns fehlt. Daher kann ich die Arroganz, mit der in Deutschland teilweise argumentiert wird, nicht verstehen.

Das Interview führte Mehmet Ata, Abiturienten sind doch nicht besser als andere, www.sueddeutsche.de, 22.11.2011

Aufgaben

1. Ermitteln Sie aus M 1 die unterschiedlichen Dimensionen des Lernens. Erwägen Sie deren Bedeutung sowie das gegenseitige Zusammenwirken.
2. Suchen Sie Ihren eigenen Landkreis in den Grafiken (M 1) und erörtern Sie dessen Abschneiden im Lernatlas. Entwickeln Sie erforderliche Maßnahmen der verschiedenen Bereiche, die künftig ergriffen werden sollten.
3. Beurteilen Sie die Empfehlungen des „Aktionsrats Bildung“. (M 3)
4. Diskutieren Sie Kentzlers These von der „Diskriminierung beruflicher Abschlüsse“. (M 4)

4.2.2 Preis und Ertrag von Bildung in Zeiten der Globalisierung

M 5 ● Preis der Bildung

Die OECD stellt fest: Deutschland hat zu wenig Hochqualifizierte. Haben wir auch Stärken? Wie schneiden wir sonst ab?

Vor 50 Jahren hatte in Deutschland fast jeder Fünfte junge Erwachsene einen Hoch- oder Fachschulabschluss oder einen Meisterbrief. Heute trifft das zwar auf jeden Vierten zu (26 Prozent). Doch Japan hat einen Anteil von 56, Südkorea von 63 Prozent. Die OECD beobachtet Deutschland mit Sorge. [...]

Was sind die Stärken Deutschlands?

Die Basisausbildung der Deutschen ist immer noch deutlich besser als anderswo. 85 Prozent haben einen Abschluss der Sekundarstufe II, also das Abitur oder eine Berufsausbildung. Der OECD-Schnitt liegt nur bei 73 Prozent. In Deutschland finden Jugendliche einfacher einen Job. Die Jugendarbeitslosigkeit liegt bei 9,5 Prozent, während sie EU-weit 20 Prozent beträgt (USA: 17,4 Prozent). Und auch an der absoluten Spitze der Qualifikationen – bei den Promotionen – steht Deutschland gut da: 2,5 Prozent schaffen es bis zum Doktortitel, das ist Platz 5 unter den OECD-Staaten. In jüngster Zeit nehmen immerhin deutlich mehr Abiturienten ein Studium auf. Die Studienanfängerquote liegt 2010 bei 46 Prozent – ein großer Anstieg im Vergleich zu 1995, als nur 26 Prozent eines Altersjahrgangs ein Studium begannen. In den naturwissenschaftlichen und technischen Fächern gewinnt Deutschland wieder mehr Studierende, zunehmend auch Frauen [...].

Wo liegen die Schwächen Deutschlands?

Die OECD kritisiert vor allem die niedrigen Ausgaben Deutschlands für die Schulbildung. Deutschland sei eines der wenigen Länder, wo der Anteil der Ausgaben am Bruttoinlandsprodukt sinkt. Lag er 1995 noch bei 5,1 Prozent, ist er 2008 auf 4,9 Prozent gefallen. Nur sechs von 36 ausgewerteten Ländern sind schlechter. Das schlägt sich vor allem bei den Grundschulen nieder. Pro Grundschüler gibt Deutschland 5.900 Dollar aus, 1.300 Dollar weniger als der OECD-Schnitt. Die Klassen seien daher größer, Schüler hätten weniger Stunden. Deutschland führt zwar mehr Studierende zum Abschluss als früher (29 Prozent), liegt aber noch weit unter dem OECD-Schnitt (39 Prozent).

Was sollte Deutschland tun? [...]

In den Augen der OECD sollte mehr privates Geld in Bildung fließen, etwa in Form von Studiengebühren. Anders als in Deutschland sei in vielen Ländern der Anteil der privaten Finanzierung für die Unis deutlich gestiegen, in Großbritannien etwa um mehr als zehn Prozent.

Anja Kühne, Tillmann Warnecke, Preis der Bildung, www.zeit.de, 14.9.2011

Duale Ausbildung wird von Studie nicht erfasst

Gute berufliche Chancen bietet in Deutschland nicht nur ein Hochschulabschluss. [...] Unsere bewährte duale Berufsausbildung ist eine attraktive Alternative, die es in den meisten anderen Ländern gar nicht gibt. [...] Übrigens: Anderswo sind viele dieser erfolgreichen beruflichen Ausbildungsgänge im Hochschulbereich angesiedelt. Der Blick auf die (Jugend-) Arbeitslosigkeit zeigt den Erfolg dieses kombinierten deutschen Ansatzes im Bildungssystem. [...] Dies zeigt auch: Äpfel und Birnen sind eben nicht einfach zu vergleichen.

Cornelia Quennet-Thielen, Staatssekretärin im Bundesministerium für Bildung und Forschung bei einer Presseerklärung zur OECD-Studie „Bildung auf einen Blick" am 13.9.2011

M 6 ● Warum hält die OECD eine hohe Bildung für so wichtig?

Gut Qualifizierte haben eine positive Einstellung zur Gesellschaft und mehren den Wohlstand. Unter jenen, die sich ehrenamtlich engagieren, ist der Anteil mit hohem Bildungsabschluss (Studium, hochwertige Ausbildung) im OECD-Schnitt doppelt so hoch wie der Anteil ohne diese Qualifikation. Die Wahlbeteiligung bei den Hochqualifizierten ist um etwa 15 Prozentpunkte höher als bei den gering Qualifizierten. Diese positivere Einstellung zur Gesellschaft geht einher mit einer höheren persönlichen Zufriedenheit: In Deutschland gibt die Hälfte der gering Qualifizierten an, zufrieden zu sein, bei den Hochqualifizierten sind es 77 Prozent. Das dürfte auch an der extrem niedrigen Arbeitslosenquote in dieser Gruppe liegen: 3,4 Prozent. Hochqualifizierte verdienen in Deutschland im Schnitt 68 Prozent mehr als gering Qualifizierte.

Für den Staat lohnt sich die Investition in die Bildung seiner Bürger. Das gilt auch für Deutschland: Eine männliche Arbeitskraft mit hoher Qualifikation bringt dem Staat über Einkommenssteuern und Sozialabgaben im Laufe seiner Lebensarbeitszeit einen Gewinn von 169.000 Dollar (124.000 Euro); für weibliche Arbeitskräfte 85.000 Dollar (62.000 Euro). Unter der Finanzkrise haben die Hochqualifizierten fast nicht gelitten: Die schlecht Ausgebildeten zahlen die Zeche.

Anja Kühne, Tillmann Warnecke, Preis der Bildung, www.zeit.de, 14.9.2011

M 7 ● Kinderkrippen machen schlau und reich

Eine Langzeitstudie aus Norwegen hat herausgefunden, dass wer als Kind in einer Kindertagesstätte war, später durchschnittlich seltener arbeitslos wird und auf Sozialhilfe angewiesen ist, häufiger eine Universität besucht und über ein höheres Durchschnittsgehalt verfügt. Besonders stark sei der Effekt bei Kindern aus Unterschicht-Familien.

Olaf Storbeck, Kinderkrippen machen schlau und reich, www.zeit.de, 19.11.2011

M 8 ● Die Chancen stehen gut

Kolja Briedis ist Studentenforscher am HIS (Hochschul-Informations-System GmbH). Er sieht gute Chancen für junge Akademiker auf dem Arbeitsmarkt.

Junge Akademiker sind auf dem Arbeitsmarkt gefragt. Warum das so ist, erklärt der Studentenforscher Kolja Briedis.

ZEIT Studienführer: Herr Briedis, Sie erforschen beim Hochschul-Informations-System in Hannover den Berufsstart von Akademikern. Wie sieht es denn aus?

Kolja Briedis: Studieren lohnt sich, dieser Satz gilt nach wie vor. Wir haben kürzlich die Ergebnisse unserer letzten Absolventenbefragung hereinbekommen. Das war diesmal besonders interessant, weil die Absolventen mit ihren Bewerbungen mitten in die Wirtschaftskrise hineingeraten sind ...

...und von ihr voll getroffen wurden.

Nein. Sie hatten erstaunlich wenige Probleme mit dem Berufsstart, zumindest wenn man sie mit unserem letzten Erhebungsjahrgang, den Absolventen von 2005, vergleicht. Das gilt für viele Faktoren: Die Suchdauer war diesmal kürzer, die Arbeitslosigkeit niedriger, die Jobzufriedenheit höher.

Und trotz Krise ist der Anteil der Absolventen, die nach Ende des Studiums noch Praktika machen, gesunken – auf etwa zehn Prozent. [...]

Das gilt sicherlich für Ingenieure – aber gilt es auch für Germanisten? Die Zahlen aus Ihrer aktuellen Erhebung zeichnen da ein anderes Bild.

In der Tat tun sich nicht nur Germanisten, sondern Geisteswissenschaftler allgemein beim Berufsstart schwerer.

Wenn ein Geisteswissenschaftler ein Jahr nach dem Examen noch keine passende Stelle hat, ist das nichts Ungewöhnliches. [...]

Dass Studieren sich lohnt, wie Sie sagen, gilt also nur für bestimmte Fächer?

Entschuldigung, aber das ist Quatsch! Erstens wäre es dumm, den Wert des Studiums nur in Geld oder Berufsaussichten messen zu wollen. Gerade Geisteswissenschaftler schätzen am Studium, dass sie sich bilden und weiterentwickeln können, das wissen wir aus Befragungen. Und zweitens stehen sie ja gar nicht so schlecht da.

Sie sagten doch gerade, die Geisteswissenschaftler hinken beim Gehalt hinterher?

Ja, wenn man sie mit den größten Gewinnern am Arbeitsmarkt vergleicht. Aber man muss auch die absoluten Werte sehen.

Zehn Jahre nach dem Abschluss verdient die Hälfte der Geisteswissenschaftler über 46.000 Euro im Jahr. Das ist doch nicht schlecht! Die Geisteswissenschaften sind keine brotlose Kunst und bringen auch nicht reihenweise Taxifahrer hervor, wie es das Klischee will.

Das Interview führte Nadja Kirsten, Die Chancen stehen gut, www.zeit.de, 4.5.2011

M 9 ● Katastrophale Bilanz

Interview mit dem Wirtschaftsprüfer Philipp Grossmann

Sie beraten als Manager im Rahmen des Projekts „Partners in Leadership" ehrenamtlich Schulen. Was genau machen Sie da? Alle zwei bis vier Wochen habe ich mich mit der Direktorin der Herbert-Hoover-Realschule in Berlin-Wedding getroffen. Dort haben 93 Prozent der Schüler einen Migrationshintergrund. Gewalt ist genauso ein Problem wie mangelnde Lernbereitschaft. Wir haben gemeinsam überlegt, wie man die Situation verbessern könnte. Um mir ein besseres Urteil bilden zu können, habe ich mich zu Beginn der Zusammenarbeit in den Ethikunterricht gesetzt und die Schüler beobachtet. Das war erschreckend.

Warum? Der Unterricht hat die Kinder überhaupt nicht interessiert. Ein Grund dafür ist, dass die meisten glauben, sie haben ohnehin keine berufliche Perspektive und werden Hartz-IV-Empfänger. Einen Vorwurf kann man ihnen aber nicht machen: Fast alle kommen aus Familien, in denen noch nie jemand einen richtigen Beruf hatte. Und in den letzten Jahren hat kein einziger Absolvent dieser Schule eine Lehrstelle gefunden.

Ihr Lösungsvorschlag? Zusammen mit 20 Kollegen wollte ich im vergangenen Sommer die 20 Besten der Abschlussklasse an die Hand nehmen und coachen. Leider waren zehn der ausgewählten Schüler lieber in den Urlaub gefahren; neun andere sind nicht zum verabredeten Termin erschienen. Ein Mädchen konnte ich als Zahnarzthelferin vermitteln. Trotzdem ist die Bilanz katastrophal.

Das Interview führten Klaus Mackscheidt und Norbert Heinen, Jugendarbeitslosigkeit und die Not und Leidenschaft des Lernens, APuZ, 49/2008, S. 28 f.

Schulabgänger oft nicht ausbildungsfähig

Das Handwerk beklagt sich über die Qualität der schulischen Bildung. Ein Viertel aller Schulabgänger sind nach Ansicht des Handwerks nicht ausbildungsfähig. Die Jugendlichen weisen gravierende Bildungslücken auf. [...] Besonders Hauptschulabgänger und Schulabgänger ohne Abschluss haben es in Deutschland schwer, einen Ausbildungsplatz zu finden.

Daniel Mandler, Schulgänger oft nicht ausbildungsfähig, www.welt.de, 12.6.2008

Aufgaben

1. Fassen Sie Stärken und Schwächen des deutschen Bildungssystems zusammen und beurteilen Sie deren jeweilige Bedeutung. (M5, M6, Randspalte)
2. Nehmen Sie Stellung: Ist der Akademikermangel, den die OECD diagnostiziert hat (M 5), ein Problem für Deutschland?
3. Wägen Sie die individuellen Kosten und den Nutzen von hohen Bildungszielen ab. Berücksichtigen Sie dabei materielle und immaterielle Aspekte sowie mögliche Erfolge und Misserfolge. (M 7 und M 9)
4. Ermitteln Sie ausgehend von M 9 Gründe dafür, dass bei Jugendlichen heute häufig eine mangelnde Ausbildungsfähigkeit festgestellt wird.

F zu Aufgabe 4
Verfassen Sie mithilfe der Informationen aus M 7 – M 9 eine Landtagsrede, die Ihre Hörer von dem gesellschaftlichen Vorteil höherer Investitionen in die Bildung überzeugt. Berücksichtigen Sie dabei folgendes Zitat von John F. Kennedy (1917-1963, ehemaliger US-Präsident): *„Es gibt nur eine Sache auf der Welt, die teurer ist als Bildung – keine Bildung."*

ORIENTIERUNGSWISSEN

Bundesländer im Vergleich
M 1, M 2

Der Zugang zum Gymnasium ist in Deutschland aufgrund des föderativen Systems sehr unterschiedlich geregelt. Während in einigen Bundesländern ausschließlich die Eltern bestimmen, auf welche Schulform ihr Kind nach der Grundschule gehen soll, entscheidet in anderen Bundesländern die Leistung des Grundschülers über den weiteren Werdegang. Mit dieser Diskrepanz geht einher, dass der Anteil der Gymnasiasten eines Jahrgangs zwischen 46 und 25 Prozent gravierend differiert. Dies hat einerseits zur Folge, dass die Chancen, eine Allgemeine Hochschulreife zu erlangen, regional unterschiedlich verteilt sind, anderseits ist damit ein deutschlandweit ungleiches Ansehen des höchsten Bildungsabschlusses verbunden.

Chancen und Probleme des Kernabiturs
M 3

Mit der schrittweisen Einführung eines deutschlandweiten Kernabiturs bis 2018 wird der Versuch unternommen, den unterschiedlichen Bildungsansprüchen im föderativen System der Bundesrepublik Deutschland Rechnung zu tragen und diese auch im Hinblick auf begehrte Studienplätze vergleichbar zu machen. Der Großteil der Abiturnote bleibt jedoch von dem zentralen Prüfungsbestandteil unberücksichtigt.

Duale Ausbildung
M 4

Eine Besonderheit des deutschen Bildungssystems ist die kombinierte Berufsausbildung: Die Tätigkeit in einem Betrieb wird begleitet durch den Besuch der Berufsschule. Viele Länder haben dieses System nicht, sodass dort weitaus mehr Berufsausbildungen an Hochschulen erfolgen, zum Beispiel die Ausbildung zur Krankenschwester. In Deutschland ist eine abgeschlossene Berufsausbildung einem mittleren Schulabschluss (Mittlere Reife) gleichgestellt, an die im Anschluss weitere Bildungsqualifikationen folgen können.

Internationaler Vergleich
M 5, M 6

Obwohl sich die deutschen Schüler in den vergangenen Jahren bei den Pisa-Studien stetig verbessert haben, was im Wesentlichen auf ein besseres Abschneiden der schwachen Schüler zurückzuführen ist, belegen immer noch andere Industrienationen (allen voran ostasiatische Länder) die vorderen Plätze im internationalen Ranking. Diese Vergleichsstudien lassen Rückschlüsse auf die Qualität des deutschen Bildungssystems und auf die des außerschulischen Lernens (z.B. in der Familie, durch Medien) zu. Die häufig geäußerte Warnung der OECD, Deutschland gingen die Akademiker aus, ist angesichts der Entwicklungen in der Arbeitswelt einerseits ernst zu nehmen. Andererseits berücksichtigt diese statistische Darstellung nicht, dass in Deutschland viele Berufe im dualen Ausbildungssystem erlernt werden. Ein weiterer Kritikpunkt im internationalen Vergleich ist, dass laut OECD in Deutschland, gemessen am Bruttoinlandsprodukt, zu wenig in Bildung investiert werde.

Individuelle und gesellschaftliche Bildungsrendite
M 7 – M 10

Für den Einzelnen bringt eine hohe Bildung neben besseren Arbeitsmarktchancen auch eine insgesamt höhere Lebenszufriedenheit mit sich. Doch auch für den Staat erweist sich die Höherqualifizierung der Bevölkerung als Vorteil. Dies macht sich unter anderem in finanzieller Hinsicht bemerkbar: Fachkräfte und Akademiker entlasten den Staatshaushalt durch höhere Steuerzahlungen und seltenere Inanspruchnahme von Sozialleistungen.

Abitur schwer gemacht ...

Das Abitur ist eine etablierte pädagogische Marke. Es gehört zu Deutschland wie die Bratwurst und das Brandenburger Tor. Doch eine bundesweit einheitliche Reifeprüfung gibt es nicht, jedes Bundesland hat eigene Regeln, und so war es immer schon. Im 19. Jahrhundert prüften die Schulen in Preußen anders als in Sachsen oder Baden. Mehr als ein Minimalkonsens ist historisch nie zustande gekommen. Im Kampf um einen Studienplatz wird diese föderale Vielfalt zum Problem. Denn von den Noten hängt ab, ob ein Bewerber den gewünschten Studiengang antreten kann. Die Universitäten unterstellen, dass das Abitur überall gleich schwer ist. Das ist es aber nicht. Die Experten des „Aktionsrats Bildung" schlagen nun ein bundesweites Kernabitur in Deutsch, Mathematik und Englisch vor. Es soll die Reifeprüfung vergleichbarer und gerechter machen. Das mag gut klingen, macht die Sache aber sehr kompliziert. Es würde einen zentralen Test geben, mit dem ein gewaltiger pädagogischer und administrativer Aufwand verbunden wäre. Dennoch würden daneben die herkömmlichen Prüfungen mit den Unterschieden zwischen den Ländern fortbestehen.

De facto wären die Abiturienten mit zwei völlig unterschiedlichen Prüfungsblöcken konfrontiert - und der Zugang zum Studium würde nur minimal gerechter werden. Der nationale Testtag soll nur über zehn Prozent der Abiturnote entscheiden. Statt ein ganz neues Abitur-Arrangement zu schaffen, sollten die Länder einen gemeinsamen Pool an Abituraufgaben bilden. Jeder erinnert sich daran, wie aufreibend und fehlerhaft die Umstellung auf das achtjährige Gymnasium (G 8) war. Jede Reform des Abiturs muss jetzt sehr behutsam vorgehen.

Tanjev Schultz, Warum das Kernabitur keine Lösung ist, Süddeutsche Zeitung, 20.10.2011, S. 4

Eine Schülerin bei der Abiturprüfung in Sigmaringen

Aufgaben

1. Nehmen Sie in einem Leserbrief Stellung: Halten Sie in der heutigen Zeit zur Gewährleistung einheitlicher Lebensverhältnisse im Bundesgebiet einen national einheitlichen Hochschulzugang für erforderlich?
2. Beurteilen Sie die Qualität des deutschen Bildungssystems anhand geeigneter Kriterien.
3. Entwerfen Sie ein positives und ein negatives Szenario für die Zukunft der „Bildungsrepublik Deutschland".

1900 erzeugte ein Landwirt mit seiner Arbeitskraft Nahrung für **4** Personen, **1950** konnte er schon **10** Menschen ernähren, **2009** waren es aufgrund der Technisierung **133** Menschen.

Quelle: Deutscher Bauernverband, bpb, Fluter, Nr. 36 / 2010, S. 10

Durchschnittliche Wochenarbeitszeiten von Vollzeit-Erwerbstätigen (2007)

- Deutschland: 40,3 Stunden
- Großbritannien: 42,5 Stunden
- EU: 40,5 Stunden
- Südkorea: ca. 46 Stunden

Quelle: IAQ Report / OECD, bpb, Fluter, Nr. 36 / 2010, S. 10

Eingesetzte Industrie- und Serviceroboter weltweit: 6,5 Millionen

Quelle: International Federation of Robotics, bpb, Fluter, Nr. 36 / 2010, S. 10

Anteil am Bruttoinlandsprodukt (2008):

- Primärer Sektor: 0,88 %
- Sekundärer Sektor: 30,16 %
- Tertiärer Sektor: 68,97 %

Quelle: Statistisches Bundesamt, bpb, Fluter, Nr. 36 / 2010, S. 10

Arbeitsbedingungen in der modernen Gesellschaft

5

„Leben, um zu arbeiten" oder „arbeiten, um zu leben"? Job – Arbeitsplatz – Beruf – Berufung – diese unterschiedlichen Bezeichnungen spiegeln auch verschiedene Wahrnehmungen wider: Während der eine seiner Arbeit nachkommt, weil er genug Geld zum Leben haben möchte, definiert sich der andere durch seinen Beruf.

Was passiert aber, wenn sich dem Einzelnen diese Wahlmöglichkeit nicht bietet – wenn der Lohn nicht reicht, um sich und die Familie finanziell zu versorgen, oder die Anforderungen des Berufs keinen Platz lassen für Familie, Freizeit und Freunde? Wie hat sich die Arbeitswelt in den vergangenen Jahren entwickelt und wo steuert sie künftig hin?

KOMPETENZEN

Am Ende dieses Kapitels sollten Sie Folgendes wissen und können:

... die vielseitige Entgrenzung als Hauptmerkmal heutiger Arbeit erklären und bewerten

... Gewinner und Verlierer auf dem Arbeitsmarkt benennen

... eine Prognose für die Zukunft der Arbeit erstellen sowie mögliche Folgen und Handlungsansätze diskutieren

Was wissen Sie schon?

1. Erläutern Sie die Bedeutung der Berufstätigkeit für den Einzelnen und den Staat.
2. Benennen Sie ausgehend von den dargestellten Zahlen und Bildern Merkmale der modernen Arbeitswelt.

5.1 Arbeit ohne Grenzen?

M 1 Berufsbiografien und Lebensplanung

Opa Hans: Seit dem Tod seiner Frau vor 5 Jahren hat er gelernt, den Haushalt alleine zu führen. Nun wurde er plötzlich zum Pflegefall.

Oma Else: Nach der Hochzeit war es für ihren Mann selbstverständlich, dass sie sich um das Haus und die Familie kümmert. Nun verfügt Else aber über kaum eigenen Rentenanspruch.

Vater Michael: Der jahrelange Einsatz zahlt sich endlich durch die ersehnte Beförderung aus. Allerdings wäre damit ein zweijähriger Auslandsaufenthalt verbunden.

Mutter Bettina: Nachdem sie sich, bis Jana ihr Studium begann, für eine Teilzeitstelle entschieden hatte, genießt sie ihren beruflichen Erfolg als vollberufliche Grafikerin nun in vollen Zügen.

Vater Andreas: Nach 20-jähriger Betriebszugehörigkeit musste seine Firma aus wirtschaftlichen Gründen schließen.

Mutter Katharina: Ihr Einkommen als Friseurin reicht lediglich, um der Familie ein paar Extrawünsche zu erfüllen.

Jana: Möchte nach ihrem Masterabschluss in einem mittelständischen Betrieb als Bauingenieurin Karriere machen

Fabian: Hat sich vor zwei Jahren den Traum, als Physiotherapeut selbstständig zu sein, mit einer eigenen Praxis erfüllt. Jetzt denkt er an die Familiengründung.

METHODE

Dilemma-Methode

1. Konfrontation
- Ermitteln Sie das Dilemma, in dem Jana und Fabian sich befinden.
- Versetzen Sie sich in eine der beiden Akteure: Äußern Sie mit der Blitzlichtmethode erste spontane Gedanken hierzu.
- Formulieren Sie eine geeignete Entscheidungsfrage und führen Sie eine Abstimmung im Plenum durch.

2. Strukturierung (evtl. Gruppenarbeit)
- Erarbeiten Sie die Dilemmata aller Akteure. Fertigen Sie hierzu ein Schaubild (z.B. eine Mindmap) an.
- Ergänzen Sie das Schaubild jeweils um geeignete Argumente.

3. Reflexion
- Entwickeln Sie persönliche und gesellschaftliche Folgen Ihrer Entscheidungen.
- Ermitteln Sie gesellschaftliche Rahmenbedingungen, die zur Dilemmasituation der Akteure geführt haben.
- Entwickeln Sie persönliche und politische Handlungs- und Lösungsansätze zur künftigen Vermeidung der Dilemmata.

4. Politisierung und Diskussion
- Diskutieren Sie im Plenum Ihre Ergebnisse.
- Führen Sie die Eingangsabstimmung noch einmal durch.

Nach: Michael May, Stichwort „Dilemma-Methode" in: Sibylle Reinhardt, Dagmar Richter (Hg.), Politik-Methodik, Berlin 2007, S. 49 f.

M 2 ● Wandel der Arbeitswelt in der Karikatur

Karikatur: Reinhard Mohr, Königswinter

M 3 ● Wandel der Erwerbstätigen von 1950 bis heute

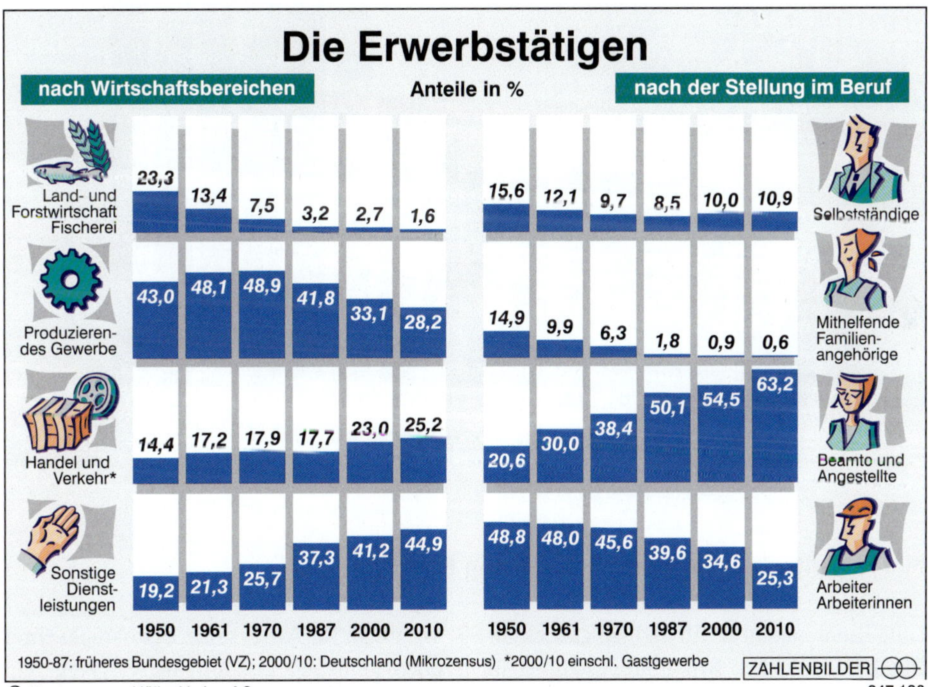

 247 130

Aufgaben

1. Bearbeiten Sie mögliche Konfliktsituationen in M 1 nach der darunter erklärten Dilemma-Methode.
2. Erörtern Sie mithilfe der Karikatur in M 2 mögliche Folgen und Auswirkungen vom Wandel der Arbeit seit den 1950er Jahren. Berücksichtigen Sie dabei Ihre privaten Erfahrungen sowie die Grafikergebnisse aus M 3.

Zeitarbeit, Leiharbeit oder Arbeitnehmerüberlassung

Diesen Begriffen kommt allen die gleiche Bedeutung zu. Ein Arbeitnehmer schließt einen Arbeitsvertrag mit einer Zeitarbeitsfirma (Verleiher). Die Zeitarbeitsfirma wiederum überlässt ihn einem anderen Unternehmen (Entleiher), das wegen Auftragsspitzen oder Personalengpässen Mitarbeiter befristet beschäftigt. Der Verleiher bleibt zwar Chef des Zeitarbeiters; aber der Entleiher bestimmt über seine Arbeit (Weisungsbefugnis).

Nach: © Arbeitsgemeinschaft Jugend und Bildung e. V., in: Sozialpolitik.com, Arbeitsblatt Berufswelt – was ist Zeitarbeit, www.sozialpolitik.com, (31.08.2012)

M 4 ● Der Fall Martin ...

Nach seiner Ausbildung konnte der Ausbildungsbetrieb Martin nicht übernehmen. Eine schlechte Nachricht für den Fahrzeuglackierer. Doch dann bewarb sich der 22-Jährige bei einer Zeitarbeitsfirma und arbeitet nun in der Luftfahrtindustrie. Er lernte schon früh, dass es keine Garantie für lebenslange Beschäftigung gibt. Im Moment ist er zufrieden mit einer Rolle als Zeitarbeiter. Er ist optimistisch, dass er – dank seiner Berufserfahrung und der Weiterbildung, die das Zeitarbeitsunternehmen und die Arbeitsagentur ihm ermöglicht haben – für den Arbeitsmarkt attraktiv bleibt.

Bundesagentur für Arbeit, „durchstarten", Ausgabe 2010, S. 14

M 5 ● Zeitarbeit – auf dem Vormarsch

© Bergmoser + Höller AG

M 6 ● Zeitarbeit – eine Brücke in den Beruf?

Laut Bundesagentur für Arbeit gab es im Oktober 2010 768.700 Zeitarbeitnehmer in Deutschland. Das entspricht knapp drei Prozent aller sozialversicherungspflichtig Beschäftigten. 2004 lag der Prozentsatz noch bei einem Wert von 1,3. [...] Geht die Konjunktur (wirtschaftliche Entwicklung) nach oben, werden mehr Zeitarbeiter eingestellt. Andersherum führen konjunkturelle Einbrüche als Erstes zu einem Beschäftigungsabbau bei der Zeitarbeit. [...] Vor allem für Arbeitslose, Berufsrückkehrer oder -einsteiger kann dieser Weg ein Sprungbrett ins Berufsleben sein. Denn rund zehn Prozent der Zeitarbeiter werden laut Institut für Arbeitsmarkt- und Berufsforschung von ihren Entleihern während oder nach Ablauf des Beschäftigungsverhältnisses übernommen („Klebeeffekt").

Nach: © Arbeitsgemeinschaft Jugend und Bildung e. V., in: Sozialpolitik.com, Arbeitsblatt Berufswelt – was ist Zeitarbeit, www.sozialpolitik.com (31.8.2012)

M 7 ● Zeitarbeit – langfristiger Trend zu prekärer Beschäftigung?

Trotz Rekordbeschäftigung und guter Auftragslage setzen Unternehmen auf die sogenannten atypischen Beschäftigungsverhältnisse, statt feste und unbefristete Arbeitsplätze auszubauen. Zu den atypischen Beschäftigungsverhältnissen gehören neben der Leiharbeit auch die befristete und geringfügige Beschäftigung sowie Teilzeitstellen mit unter 20 Wochenstunden. Häufig ist die atypische Beschäftigung prekär, die Betroffenen können von ihrer Arbeit nicht leben. Zudem sind Teilzeit und Minijob – zu drei Vierteln sind Frauen von diesen Beschäftigungsformen betroffen – oft nicht selbst gewählt, sondern unfreiwillig, weil der Arbeitgeber den Wechsel auf eine Vollzeitstelle oder zu mehr Wochenstunden nicht ermöglicht. Fast die Hälfte der regulär teilzeitbeschäftigten Frauen und zwei Drittel der Minijobberinnen würden gern deutlich mehr arbeiten, so eine Umfrage des Instituts für Arbeitsmarkt- und Berufsforschung (IAB), der Forschungseinrichtung der Bundesagentur für Arbeit. [...]

Leiharbeit bedeutet unsichere Arbeit

Die Hälfte der Beschäftigungsverhältnisse in der Leiharbeit sind von kurzer Dauer. 2011 endete fast jeder zweite Vertrag bereits vor Ablauf der ersten drei Monate, jeder zehnte dauerte sogar nur maximal eine Woche. 51 Prozent der Beschäftigungsverhältnisse liefen länger als drei Monate. Leiharbeitsunternehmen reichen ihr Geschäftsrisiko oft direkt an die Arbeitnehmerinnen und Arbeitnehmer weiter, indem sie befristete Verträge für kurze Einsatzzeiten abschließen. Dies wirkt sich auch auf die sozialen Sicherungssysteme aus, wenn das Ende eines Auftrags beim Entleiher den Beschäftigten direkt in die Arbeitslosigkeit führt. Für viele Leiharbeiterinnen und Leiharbeiter bedeutet das dann Grundsicherung, also Hartz IV. [...]
In eine reguläre Festanstellung führt die Leiharbeit hingegen deutlich seltener. Nur sieben Prozent der vormals Arbeitslosen schaffen diesen Sprung. Leiharbeitskräfte verdienen weniger als Festangestellte, oft so wenig, dass sie trotz Vollzeitjob von ihrem Lohn nicht leben können. [...] Die niedrigen Löhne machen sich zudem bei der Kaufkraft und den geringeren Beiträgen zu den Sozialkassen bemerkbar, Kranken- und Pflegeversicherung, Arbeitslosenversicherung und Rentenversicherung sind davon betroffen. Und auch langfristig haben die niedrigen Löhne schwerwiegende Folgen: Die Leiharbeiter von heute werden aufgrund ihrer geringen Rentenansprüche in Zukunft vermehrt von Altersarmut betroffen sein. Der Boom der Leiharbeit ist in Deutschland ungebremst. Sie schafft für die Betroffenen weder eine verlässliche Lebensgrundlage noch Perspektiven und Gerechtigkeit. Im Gegenteil: Durch die massive Ungleichheit unterläuft die Leiharbeit Lohn- und Sozialstandards, verdrängt qualifizierte, gesicherte und tariflich entlohnte Arbeitsplätze und spaltet die Beschäftigten so in Arbeitnehmer erster und zweiter Klasse.

Detlef Wetzel, Jörg Weigand, Schwarzbuch Leiharbeit, Frankfurt/M. 2012, S. 11 ff.

Leiharbeit – aus Sicht der Leiharbeiter

„Leiharbeit ist Lohndumping. Aussage meiner Leiharbeitsfirma: ‚Wir produzieren nicht, wir handeln.' Sie handeln mit meiner Arbeitskraft und verdienen pro Leiharbeiter pro Stunde zwischen zwei und drei Euro."

Zitat eines Leiharbeiters, in: Detlef Wetzel, Jörg Weigand, Schwarzbuch Leiharbeit, Frankfurt/M. 2012, S. 8

„Das Problem ist nicht, dass es Leiharbeit gibt, sondern dass sie nicht zum Abpuffern von Produktionsspitzen genutzt wird. Die Unternehmen planen mit Billigarbeitern, um den Gewinn zu maximieren. Wir brauchen wieder die zeitliche Begrenzung! Das würde vieles vereinfachen. Ich bin seit zehn Jahren Leiharbeiter."

ebd., S. 16

Aufgaben

1. Führen Sie eine Blitzumfrage zu folgender Frage durch: *Leiharbeit ist für alle Seiten eine gute Sache – ja oder nein?* Halten Sie das Ergebnis schriftlich fest.
2. Bilden Sie Gruppen und recherchieren Sie über M 4 – M 7 hinaus die Vor- und Nachteile von Leiharbeit. Stellen Sie Ihre Ergebnisse vor.
3. Wiederholen Sie Aufgabe 1 und vergleichen Sie die Ergebnisse.

Info

Entgrenzung der Arbeit – was ist damit gemeint?

Der Begriff Entgrenzung bezieht sich zunächst allgemein auf den gegenwärtigen Umbruchprozess, in dem sich Grenzen wieder verflüssigen, die als gesellschaftliche Strukturen im Modernisierungsprozess [...] entstanden sind. Bezogen auf die Erwerbsarbeit werden diese Verflüssigungsprozesse mit der These „Arbeitskraftunternehmen" pointiert beschrieben:

1. Zeitliche Flexibilisierung Der Arbeitskraftunternehmer arbeitet flexibel zu den unterschiedlichsten Zeiten, diese sind nur teilweise von außen vorgegeben. Die klare Grenze zwischen Arbeitstag und Feierabend, Arbeitswoche und Wochenende löst sich auf. Die faktischen Arbeitszeiten werden parallel dazu wieder länger.

2. Räumliche Flexibilisierung [...] Der Ort der Arbeit ist nicht mehr nur das Büro: man arbeitet auch zu Hause, ist viel unterwegs und hat dabei die nötigen Arbeitsmaterialien durch PC, Internetanschluss und Handy immer präsent. Zudem werden die Entfernungen zwischen den verschiedenen Arbeitsorten sowie zwischen Arbeits- und Lebensort immer größer. Mobilität und zeitliche Entgrenzung gehen also oft Hand in Hand.

3. Veränderte Biografien [...] Im Erwerbsverlauf nehmen Wechsel und Brüche zu und damit auch die Notwendigkeit für immer neues, lebenslanges Lernen. Die saubere Trennung der Phasen von Ausbildung, Beruf, für Frauen evtl. Familienpause und dann Wiedereinstieg in den Beruf mit anschließender Verrentung gilt nicht mehr. Entgrenzt arbeitende Personen befinden sich außerdem zunehmend häufig in nicht mehr klar definierten Zonen zwischen Abhängigkeit und Selbständigkeit. Im Lebensverlauf wechseln demnach Phasen von abhängiger und selbständiger Beschäftigung, von Befristung, Erwerbslosigkeit, Teilzeit- und Vollzeitarbeit. [...] Die Folgen dieser Entwicklungen werden für unterschiedliche soziale Gruppen ganz unterschiedlich sein, es wird Gewinner und Verlierer geben.

Nach: Karin Jurczyk, Alltägliche Zeitkonflikte aus soziologischer Sicht, www.dji.de (15.10.2012)

M 8 ● Stress am Arbeitsplatz

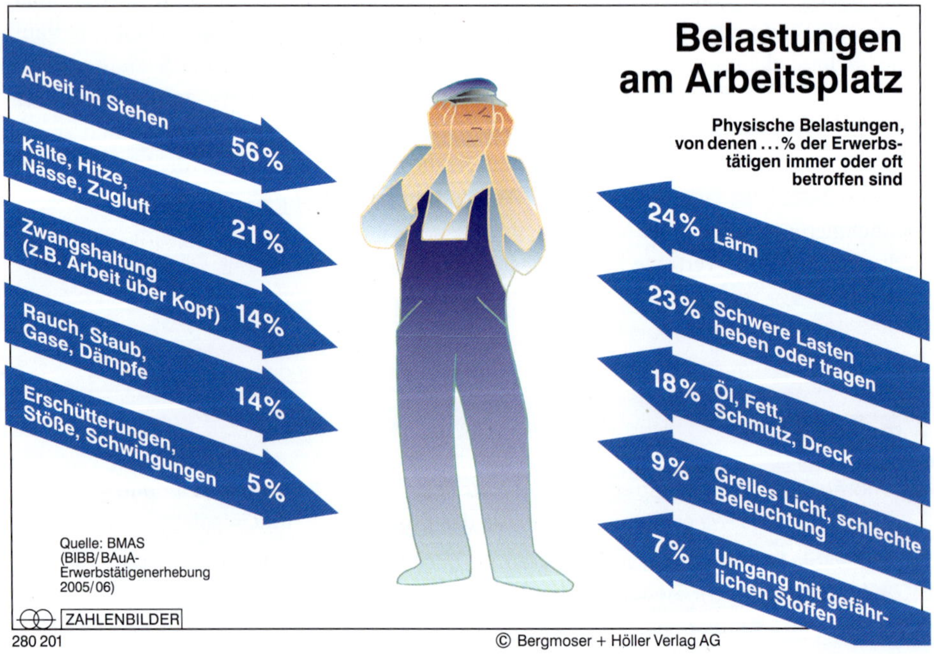

M 9 ● Anstieg von psychischen Erkrankungen

Psychische Störungen sind zum häufigsten Grund für Erwerbsminderungsrenten geworden. [...] Nach einer Anfang Dezember veröffentlichten OECD-Studie leiden in Industriestaaten angeblich sogar 20 Prozent der Arbeitnehmer an psychischen Erkrankungen. [...] Die Ursache dieses dramatischen Anstiegs ist unbekannt. Doch vermutlich haben auch die wachsenden Anforderungen im Job ihren Anteil daran. Zwar lässt sich das wahre Ausmaß von Stress am Arbeitsplatz nur schwer messen und über die Jahre vergleichen, aber eine Langzeitstudie der Bundesagentur für Arbeitsschutz und Arbeitsmedizin (Baua) in Dortmund deutet darauf hin, dass die Einführung von E-Mail und Blackberry, die ständige Erreichbarkeit sowie die seit Jahren steigende Arbeitsverdichtung den Menschen aufs Gemüt geschlagen haben.

Jörg Blech, Schwermut ohne Scham, DER SPIEGEL 6/2012, S. 124

M 10 ● Vereinbarkeit von Beruf und Familie

Sind Unternehmens- und Mitarbeiterinteressen ausgewogen, profitieren beide Seiten. Laut einer von der berufundfamilie gGmbH in Auftrag gegebenen Studie steigen Zufriedenheit und Motivation (in 85 % der Fälle) sowie die Qualität der Arbeit (in 70 % der Fälle). Und: Mit einer familienbewussten Personalpolitik können sich Unternehmen profilieren. So sehen 90% der befragten Arbeitgeber deutliche Vorteile im Wettbewerb um qualifiziertes Fachpersonal.

Aktiv betriebene familienbewusste Personalpolitik ist nicht mit einer wohltätigen Sozialpolitik, die lediglich Kosten verursacht, gleichzusetzen. Wenn sich Unternehmen für familiäre Belange der Beschäftigten engagieren, entstehen ihnen dadurch vor allem auch betriebswirtschaftliche Vorteile. Denn die Kosten für flexible Arbeitszeitkonzepte, Telearbeit oder die Vermittlung von Betreuungsangeboten sind deutlich geringer als die durch Neubesetzung, Fehlzeiten, Überbrückungszeiten und Fluktuation verursachten Kosten.

Mit dem Markenzeichen „audit berufundfamilie“ profilieren sich Unternehmen nachhaltig auf drei Ebenen:

- bei Mitarbeiterinnen und Mitarbeitern, weil so das Engagement des Unternehmens für eine familienbewusste Unternehmenskultur deutlich wird
- bei der Gewinnung qualifizierten Nachwuchses, weil der Einklang von professionellen Interessen und familiären Bedürfnissen immer stärker die Karriereplanung beeinflusst
- bei Kundinnen und Kunden, weil dadurch ein wichtiger Imagegewinn als verantwortliches Unternehmen erzielt wird.

Beruf und Familie, audit berufundfamilie, www.beruf-und-familie.de (15.10.2012)

Bewusstseinswandel statt Lippenbekenntnisse

Immer mehr Arbeitgeber setzen auf eine strategische Auseinandersetzung mit dem Thema Vereinbarkeit von Beruf und Familie: [...] Rund 1.000 Zertifikatsträger zählt die berufundfamilie gGmbH derzeit insgesamt. Diese Arbeitgeber sind Vorreiter in der Vereinbarkeit von Beruf und Familie. Sie bekennen sich nicht nur zur familienbewussten Personalpolitik, sondern gestalten diese aktiv.

Hertie-Stiftung, Vereinbarkeit von Beruf und Familie – Bewusstseinswandel statt Lippenbekenntnisse, www.ghst.de, 11.6.2012

Aufgaben

1. Sammeln Sie in Gruppenarbeit Belege und Gegenbeispiele für die These der „Entgrenzung von Arbeit“. Beziehen Sie darüber hinaus eigene Erfahrungen – auch aus dem Familien- und Freundeskreis – mit ein. (M 4 – M 6, Infobox)
2. Ermitteln Sie mögliche Ursachen dafür, dass der Anteil der psychisch bedingten Krankschreibungen seit Jahren kontinuierlich ansteigt. (M 8 – M 10)

H zu Aufgabe 2
Beziehen Sie in Ihre Überlegungen auch M 4 ein und berücksichtigen Sie verschiedene Berufsgruppen.

ORIENTIERUNGSWISSEN

Veränderungen auf dem Arbeitsmarkt
M 3

Für die vormoderne Agrargesellschaft war es charakteristisch, dass Arbeits- und Wohnort zusammenfielen und Arbeit und Freizeit nur schwer von einander trennbar waren. Dies änderte sich, als der sekundäre Wirtschaftssektor (Industrie, Handwerk) in Deutschland dominierte. Im Laufe der 1950er Jahre entwickelte sich dann der Dienstleistungssektor zum stärksten Wirtschaftsbereich und brachte weitere gesellschaftliche Veränderungen wie zum Beispiel die Bildungsexpansion mit sich. Diese Entwicklung wird auch Tertiarisierung genannt. Mittlerweile wurde aufgrund der immensen Bedeutungszunahme der Neuen Medien ein vierter Sektor (Informationssektor) etabliert. Der Strukturwandel auf dem Arbeitsmarkt spiegelt sich in gesellschaftlichen Veränderungen wider – und umgekehrt.

Entgrenzung der Arbeit …
M 4 – M 7, Info

Die Veränderungen auf dem Arbeitsmarkt brachten Entwicklungen mit sich, die einerseits ein wesentlich höheres Maß an Individualität erlauben, andererseits aber genau deswegen zu fehlender Planbarkeit und Stabilität führen können. „Flexibilität" wurde in verschiedener Hinsicht zum Hauptmerkmal modernen Arbeitens: Die Stechuhr war gestern – heute können bzw. müssen Arbeitszeiten flexibel gestaltet werden. Auch räumliche Variabilität ist hierbei möglich oder wird vom modernen Arbeitnehmer vielmehr erwartet, dies reicht vom Homeoffice bis hin zum berufsbedingten Vielflieger. Mit der Zeitarbeit ist eine völlig neue Form der Beschäftigung entstanden.
Wissen ist das Kapital des Arbeitnehmers, daher muss er dieses ständig aktuell halten, um wettbewerbsfähig zu bleiben. Lebenslanges Lernen gehört in Form von ständiger Weiterbildung oder ggf. Umqualifizierung daher zur heutigen Erwerbsbiografie.

… und die Folgen für das Privatleben
M 1, M 2 – M 10

Die Merkmale der modernen Arbeitswelt erfordern ein Privatleben, das sich flexibel gestalten lässt. Langfristige oder lebenslange Bindungen, ob freundschaftlich, partnerschaftlich oder zwischen verschiedenen Generationen, harmonieren oft nicht mit den Erwartungen an den heutigen Arbeitnehmer. Die Erwerbstätigkeit beider Geschlechter gilt dabei einerseits als Ursache und andererseits als Folge dieser Entwicklungen. Daher spricht man auch von der „Entgrenzung der Familie". Allerdings setzen immer mehr Unternehmen auf langfristige Mitarbeiterbindungen, indem sie ihren Mitarbeitern u. a. familienfreundliche Arbeitszeitmodelle ermöglichen.

Psychische Belastung durch Arbeit
M 8, M 9

Die Kennzeichen der modernen Arbeitswelt bringen Gewinner und Verlierer mit sich. Der eine favorisiert die Chance auf mehr Selbstverwirklichung, der andere fühlt sich angesichts des Verlusts stabiler sozialer Bindungen und sicherer Beschäftigungsverhältnisse und wegen hoher Arbeitsplatzanforderungen gestresst. Die langfristig anhaltende Zunahme psychisch bedingter Fehlzeiten kann als eine Folge dieser Entwicklungen gewertet werden.

Für Geld machen Menschen alles ...

Statt Selbstverwirklichung und Glück beschert die Arbeit vielen Menschen nur ein Gefühl der Angst und inneren Leere. Sagt zumindest der Philosoph und Essayist Robert Menasse. Er ist davon überzeugt, dass wir vieles längst Maschinen überlassen könnten, um uns sinnvolleren Tätigkeiten zuzuwenden. [...]

Arbeiter bei der Waffenproduktion – schützt oder gefährdet deren Arbeit andere Menschen?

fluter: Mit einem Laptop kann ich mich ins Café setzen und viele Jobs erledigen. Man kann eine Produktidee realisieren, ohne eine Fabrik zu besitzen. Man kann einen Blog betreiben, ohne Verleger zu sein. Ist durch das Internet nicht ein bisschen mehr Freiheit im Arbeitsprozess erreicht worden?

Robert Menasse: Im Moment schaut es danach aus. Es gibt ja durchaus Entwicklungen und Möglichkeiten, sein Auskommen zu finden, die lange nicht denkbar waren. Andererseits ist das doch nur ein ideologischer Baldachin über einer realen Zwangssituation. Es gibt immer weniger klassische Arbeitsplätze und immer mehr Konkurrenz darum, und es gibt den enormen Druck, seine eigenen Jobs zu erfinden, ein Selbstständiger oder Kreativer zu sein. Das bedeutet aber nicht, dass das sinnvollere oder nachhaltigere Dinge sind. Der Druck bedeutet vielmehr, dass man sich auf dem Arbeitsmarkt Nischen neuer entfremdeter Arbeit sucht, in denen man kaum Unterstützung erfährt. Ein Manager eines Großkonzerns ist formal ein Angestellter und mithin im Schutz der Gewerkschaften, aber ein neuer Selbstständiger, eine Ich-AG, die von Projekt zu Projekt am Existenzminimum entlangschrammt, gilt formal als Unternehmer und ist nicht durch eine Gewerkschaft geschützt. Das ist grotesk und ein soziales Desaster.

Sie sagen, dass die Arbeit letztlich das zerstört, was sie verspricht: Freiheit, Demokratie und Gerechtigkeit.

Es ist schon sehr destruktiv, dass viele Menschen für Geld jederzeit bereit sind, Jobs mit verheerenden Auswirkungen auf die Umwelt und die Freiheit anderer Menschen auszuüben. Für mich sind das Mittäter an den sozialen Verwüstungen.

Die meisten benötigen das Geld zum Leben, und manche ziehen vielleicht eine Befriedigung daraus, Anerkennung für ihre Arbeit zu bekommen oder dafür, dass sie ihre Familie ernähren.

Ich bestreite ja nicht, dass man durch Lohnarbeit die Substitute von Freiheit erlangen kann. Dass man etwa im sozialen Umfeld anerkannter ist als ein Arbeitsloser. Und natürlich gibt es den Alleinverdiener, der stolz darauf ist, vom Skikurs der Kinder bis hin zur Kleidung der Frau alles zu bezahlen. Aber das ist ein ideologischer, geliehener Stolz. Denn letztlich sieht sich der Alleinverdiener von Menschen umgeben, die von ihm abhängig sind.

Robert Menasse im Interview mit Oliver Gehrs, Für Geld machen Menschen alles, fluter, 2010, Heft 36, S. 28 ff.

Aufgaben

1. Beurteilen Sie Robert Menasses Standpunkt zur Situation der Arbeit heute.
2. Formulieren Sie das Anschreiben einer Bewerbung für einen Arbeitnehmer, wie ihn sich die moderne Firma wünscht. Markieren Sie anschließend mit unterschiedlichen Farben, welche Bedingungen Sie persönlich gerne, welche weniger und welche Sie unter keinen Umständen zu erfüllen bereit sind.

5.2 Der Marktwert von Arbeit im Wandel

M 1 ● Wenn der Lohn zu niedrig ist …

Ceylan ist 37 Jahre alt und seit 20 Jahren in Deutschland. Er lebt in Kalbach, wo ihn seine Wohnung 600 Euro im Monat kostet. Die Arbeit in der Fabrik bringt ihm monatlich 1.500 Euro brutto ein – etwas weniger als zehn Euro pro Stunde. „Das reicht nicht", sagt Ceylan. Darum hat er einen Zweitjob. Tageweise verkauft er Ballons auf der Zeil.

„Die Zahl der Zweitjobber ist von 2003 bis 2010 um 160 Prozent gestiegen", weiß Harald Fiedler, Regionsvorsitzender des Deutschen Gewerkschaftsbunds (DGB). Das ist nur einer der Gründe, warum der DGB schon lange einen Mindestlohn fordert. „Wir haben eine klare Beschlusslage: Flächendeckend sollen es in Deutschland 8,50 Euro pro Stunde sein", fordert Fiedler. Dass das Geld am Monatsende nicht reicht, Arbeitnehmer einen Zweitjob annehmen müssen oder gar aufstockende Sozialleistungen nach dem Sozialgesetzbuch II beantragen, ärgert nicht nur Gewerkschafter. In Frankfurt etwa gibt es 13.293 sogenannte Aufstocker. Laut Fiedler arbeiten davon rund 4.000 Vollzeit.

© Frankfurter Neue Presse, Wenn der Lohn zu niedrig ist, www.fnp.de, 1.11.2011

M 2 ● „Aufstocker"

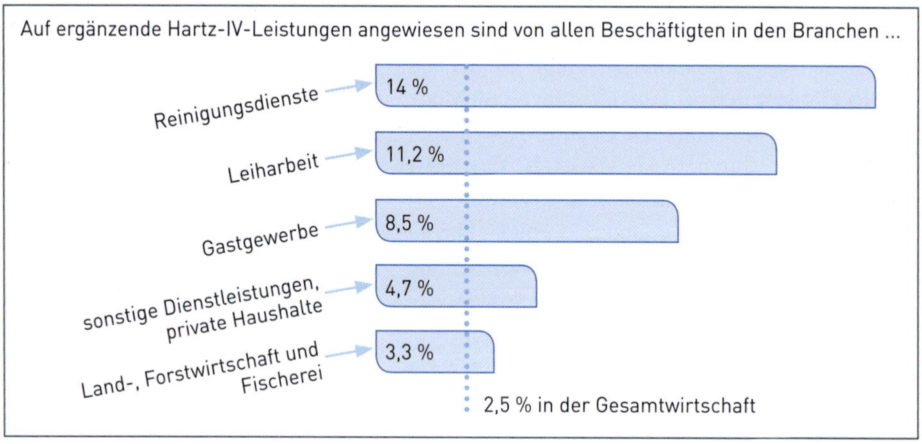

Quelle: Bundesagentur für Arbeit, Erwerbstätige ALG –II – Bezieher, in: Detlef Wetzel, Jörg Weigan, Schwarzbuch Leiharbeit. Frankfurt/M. 2012, S. 26

Info

Ausbeutung - Sklaverei in Deutschland?

Lohndumping ist überall. Millionen Geringverdiener arbeiten in prekären Verhältnissen. Nur etwa 60 Prozent der Erwerbstätigen haben noch einen unbefristeten Vollzeitjob. Das Heer der Ein-Euro-Kräfte und Mini-Jobber wächst. Fast eine Million Leiharbeiter bekommen oft deutlich weniger als ihre festangestellten Kollegen. Viele sind „Aufstocker", das heißt, sie brauchen trotz Arbeit Hartz-IV. „Die Arbeitswelten driften auseinander", sagen Experten. Die Ausbeutung nimmt zu. Ganz unten: die Schattenwelt der Saisonarbeiter und Illegalen.

Tom Schimmeck, Ausbeutung - Sklaverei in Deutschland, www.wissen.dradio.de (16.10.2012)

M 3 „Ich bekomme quasi Schmerzensgeld"

Ingo, 28, arbeitet sehr viel, weil er gerade Karriere als Unternehmensberater macht. Zu Hause ist er fast nur noch am Wochenende, den Rest der Zeit verbringt er an unterschiedlichen Einsatzorten in Europa.

Können wir sprechen? Hast du Zeit? Ich sitze im Taxi, aber frag ruhig.

Wo bist du gerade? In Amsterdam. Ich berate eine Bank.

Gestern Abend hat das Interview nicht geklappt, weil du noch beschäftigt warst. Ist es normal, dass du so lange arbeitest? Ich fange morgens um neun an, wenn es gut läuft, bin ich um acht abends fertig. Aber es kann auch mal bis zehn oder halb zwölf gehen.

Macht es dich nicht fertig, so viel zu arbeiten? Du musst eben gewisse Ruhezeiten einhalten. Es schadet auf Dauer einfach deinem Körper, wenn du zu wenig schläfst. Ich merke dann immer, dass meine Produktivität nachlässt. Sport ist sehr wichtig, und man muss in den Urlaub fahren, um sich wieder aufzuladen.

Bist du schon mal an deine Grenzen gekommen? Ich habe mal 36 Stunden durchgearbeitet. Danach ging aber gar nix mehr.

Beneiden oder bemitleiden dich deine Freunde um dein Leben? Es gibt welche, die mich um das viele Reisen beneiden. Andere bemitleiden mich, weil sie sich nicht vorstellen können, so viel zu arbeiten. Und dann gibt es auch noch die, die dem ganzen kapitalistischen System argwöhnisch gegenüberstehen und ein grundsätzliches Problem mit Unternehmensberatern haben.

Warum tust du dir das eigentlich an? Geht es dir nur ums Geld? Der Sinn der Arbeit ist nicht Geld. Geld ist quasi Schmerzensgeld. Wenn du jeden Tag zwölf oder 14 Stunden diese Arbeit machst, willst du einfach nicht wenig verdienen. Das Wichtigste ist, dass ich etwas lerne und Spaß dabei habe. Wenn ich mich persönlich weiterentwickle und von den Kollegen geschätzt werde, gibt mir das eine Befriedigung.

Wie viel verdienst du denn? Das kommt auf meinen Bonus an. Mein Fixgehalt im Jahr sind 63.000 Euro.

Was machst du damit? Du kannst es ja gar nicht ausgeben, so wenig Zeit, wie du hast. Ich reise gerne. Ich lege es an und spare es. Ich werde mir bestimmt irgendwann eine Wohnung kaufen, und wenn ich mal eine Familie gründe, habe ich Startkapital. Das Geld gibt mir ein Stück Freiheit. Ich könnte jeden Moment sagen, ich höre jetzt einfach ein Jahr auf zu arbeiten.

Apropos, wie lange willst du denn eigentlich noch arbeiten? Ich kann mir schon vorstellen, mein ganzes Leben lang zu arbeiten, bis es eben nicht mehr geht. Die Frage ist, für was und für wen ich arbeiten will. Moment, ich muss mal eben den Taxifahrer bezahlen. (Rumpeln im Hintergrund, Stimmen: How much is it? 27, please!) Um deinen Punkt noch mal aufzugreifen, [...] irgendwann gründe ich vielleicht ein eigenes Unternehmen. Wenn ich im Lotto gewinnen würde, könnte ich mir aber auch vorstellen, ganz gratis zu arbeiten, zum Beispiel für eine soziale Organisation. Ich müsste was machen, sonst würde mir langweilig werden.

Das Interview führte Fabian Dietrich, Ich bekomme quasi Schmerzensgeld, fluter, 2006, Nr. 36, S. 48

Das typische Bild eines Unternehmensberaters: Businessanzug, Aktenkoffer und unterwegs zum nächsten „Job"

Aufgaben

1. Angenommen Sie sind verheiratet, haben drei Kinder und können mit Ihrem Job Ihre Familie nicht ernähren, sodass Sie erwägen, einen Zweitjob anzunehmen. Schildern Sie Ihren typischen Tagesablauf und wägen Sie abschließend Vor- und Nachteile des atypischen Beschäftigungssektors ab. (M 1 – M 3)
2. Neid oder Mitleid: Bewerten Sie Ingos Leben gemessen an Ihren persönlichen Vorstellungen. (M 3)

M 4 Zehn Trends in der Berufswelt - wie wir morgen arbeiten

Die Mobilität. [...] „Den" festen Arbeitsplatz wird es bald nicht mehr geben. Schon heute arbeiten viele mobil, schlagen ihr Büro dank Laptop und Blackberry mal hier und mal dort auf. Damit sind für Unternehmen die Mitarbeiter ständig und überall verfügbar. Für die Beschäftigten lösen sich Zeitgrenzen auf. Arbeitstage, die um neun Uhr beginnen und um 17 Uhr enden, werden seltener.

Die Dienstleister. Arbeit wird nicht weniger, sie wird nur anders. [...] Mehr als zwei Drittel der Beschäftigten ist inzwischen in den Dienstleistungen tätig. [...] Die wissensbasierten Dienste boomen, aber auch die sozialen: Familiendienste jeglicher Art, von der Kinderbetreuung bis zur Altenpflege, werden wichtiger.

Die Selbstvermarkter. [...] Wer sich gut in Szene setzen kann, der setzt sich durch. Denn wenn Arbeitsverhältnisse immer kürzer und immer lockerer werden, wenn Unternehmen nicht mehr nach Arbeitnehmern, sondern nach Auftragnehmern suchen, dann profitieren vor allem jene, die beim schnellen ersten Blick gut aussehen.

Der Fachkräftemangel. [...] Bereits 2015 werden in Deutschland drei Millionen Arbeitskräfte fehlen, vor allem Naturwissenschaftler und Ingenieure, aber auch Handwerker. Schon heute gibt es in bestimmten Branchen und Regionen zu wenig gute Leute, etwa im Maschinenbau, bei Elektro- und Fahrzeugbauingenieuren, bei examinierten Altenpflegern, bei Erziehern oder Ärzten.

Der Weltmarkt. [...] Seit dem Zusammenbruch des kommunistischen Systems kam knapp eine Milliarde Arbeitnehmer neu auf den Weltmarkt und begann, mit denen des Westens zu konkurrieren. Besonders die Löhne gering qualifizierter Beschäftigter gerieten unter Druck. Ein Weg aus der Misere ist gute Bildung. Je besser die Arbeitnehmer qualifiziert sind, desto besser sind ihre Chancen in der Konkurrenz mit China, Indien und anderen Schwellenländern.

Das Wissen. Wissensarbeit ist zu einer dominierenden Form der Erwerbsarbeit geworden. Teamorientierte Projektarbeit ist auf dem Vormarsch. [...] Dabei läuft ohne Kooperation und Vernetzung im Job bald gar nichts mehr. Man trifft sich in Netzwerken wie Facebook oder Google+.

Neue Arbeitsverhältnisse. [...] Die Firmen fordern mehr Flexibilität: Leiharbeit und befristete Jobs nehmen mitunter deshalb zu. Und der Staat unterstützt das, indem er die Gesetze anpasst. Das kann für gering qualifizierte Menschen zum Fluch werden. Sie müssen sich mit unsicheren und schlecht bezahlten Arbeitsplätzen begnügen [...]. Doch es gibt auch eine andere Seite, geprägt von der Avantgarde der Arbeitsgesellschaft. [...] Sie pfeift auf den festen Job, weil sie den Arbeitsalltag selbst gestalten will.

Die Demografie. Die Menschen werden älter, und sie bleiben länger gesund. Immer weniger Arbeitnehmer kommen für die Renten auf. Da liegt es auf der Hand, dass die Menschen länger arbeiten werden. Der Trend zur Frühverrentung ist bereits gestoppt. [...] Lebenslanges Lernen und Beschäftigungsfähigkeit bis ins hohe Alter hinein gewinnen an Bedeutung.

Das weibliche Potential. [...] Im internationalen Vergleich liegt Deutschland bei den Angeboten zur Kinderbetreuung weit zurück. Hier muss sich etwas ändern. Auch müssen Firmen in der Personalentwicklung gezielt auf die Frauenförderung setzen. Und nicht zuletzt liegt es an den Frauen selbst: Wenn sie nicht bereit sind, Karriere zu machen, wird daraus nichts.

Die Bildung. [...] Viele Betriebe klagen bereits über mangelnde Disziplin, Leistungsbereitschaft und Belastbarkeit der Jugend. Das müssen die Schulen aufgreifen. Doch Bildungspolitik hat auch den drohenden Fachkräftemangel zu berücksichtigen. Und sie muss dafür sorgen, dass Abschlüsse auch über die Grenzen Europas hinweg anerkannt werden.

Sibylle Haas, Mobiler, weicher, älter, Süddeutsche Zeitung, 29.11.2011, S. 26

M 5 ● Deutschland braucht dringend eine Willkommenskultur

Die Wirtschaft macht Druck, dass Deutschland an dem weltweiten Konkurrenzkampf um Talente endlich teilnimmt. Bislang sind andere Standorte viel attraktiver für die Hochqualifizierten. Bürokratische Vorschriften, abschreckende Regelungen, keine Willkommenskultur - dies sind nur einige der Hemmnisse.

Sicher ist das heimische Reservoir noch lange nicht ausgeschöpft. Frauen, Ältere und Migranten arbeiten in Deutschland vielfach weit unterhalb ihrer Möglichkeiten. Dieses Problem ist erkannt und wird von Politik und Wirtschaft intensiv angegangen. Doch die Zahl der Erwerbsfähigen schrumpft in den kommenden zwei Jahrzehnten um fünf Millionen Arbeitskräfte.

Diese Lücke ist ohne mehr Zuwanderung nicht zu schließen. Weil fast alle anderen Industrieländer ähnliche Probleme auf sich zurollen sehen, hat das Werben um Hochqualifizierte längst begonnen. Wer sich hier noch lange Zeit lässt, läuft Gefahr, dass am Ende kaum jemand kommt. Denn erfahrungsgemäß schauen auswanderungswillige Fachkräfte sich zuerst dort um, wo sich bereits viele Talente angesiedelt haben.

Die Deutschen denken bei Zuwanderung an die vielen Integrationsprobleme, die wir hierzulande zweifellos haben. Doch manche dieser Schwierigkeiten resultieren gerade daraus, dass in der Vergangenheit zu wenige Hochqualifizierte hineingelassen wurden. Und nicht selten leben ausländische Fachkräfte längst unter uns, deren Berufs- und Bildungsabschlüsse aber hier nicht anerkannt werden.

Eine Zuwanderung, die sich an den Erfordernissen des Arbeitsmarktes orientiert, schafft keine zusätzlichen Integrationsprobleme. Im Gegenteil: Von Arbeitskräften, die gebraucht und willkommen sind, profitieren die Zuwanderer und das Gastland gleichermaßen. Von der Leyens Idee des Jobmonitorings ist deshalb ein sinnvoller Baustein. Doch eine Willkommenskultur beinhaltet überdies auch attraktive Bedingungen für die dringend benötigten Talente.

Dorothea Siems, Deutschland braucht dringend eine Willkommenskultur, www.welt.de, 3.12.2010

Kluge Köpfe verzweifelt gesucht

In 15 Jahren werden Millionen qualifizierte Mitarbeiter fehlen, wenn Unternehmen und Politik nicht gegensteuern. Oder ist die Lage weniger dramatisch als vorhergesagt und Unternehmen fürchten sich lediglich davor, ihren Beschäftigten höhere Löhne zahlen zu müssen?

Thomas Öchsner, Zukunft der Arbeit - Kluge Köpfe verzweifelt gesucht, www.sueddeutsche.de, 9.8.2011

Info

Punktesystem - wie organisieren andere Länder ihre Zuwanderung?

Einwanderungsländer wie Kanada, Australien und Neuseeland regeln ihre Zuwanderung seit Jahren mit einem Punktesystem. Dabei werden Schulbildung, berufliche Qualifikation, Sprachkenntnisse und Alter nach einem festgelegten Punktekatalog bewertet.

Kanada verteilt bereits seit 1967 Punkte an Einreisewillige. Nur wer es bei einer möglichen Höchstzahl von 100 auf mindestens 67 Punkte bringt, kann ein Einwanderungsvisum beantragen. Am stärksten fällt dabei die Bildung ins Gewicht. Ein Doktortitel ist die Höchstpunktzahl 25 wert, für einen einfachen Schulabschluss werden fünf Punkte angerechnet. Berufserfahrung wird mit maximal 21 Punkten angerechnet. Zehn Zusatzpunkte gibt es, wenn die feste Stellenzusage eines kanadischen Arbeitgebers vorliegt.

Dorothea Siems, Deutschland braucht dringend eine Willkommenskultur, www.welt.de, 3.12.2010

Aufgaben

1. Fassen Sie in Gruppenarbeit die Trends der Arbeitswelt aus M 4 zusammen und stellen Sie Vor- und Nachteile der betroffenen Akteure gegenüber.
2. Beurteilen Sie die Wahrscheinlichkeit eines künftigen nationalen und internationalen Wettbewerbs um gut qualifizierte Mitarbeiter. (M 4, M 5, Randspalte)

F zu Aufgabe 1
Erstellen Sie einen Maßnahmenkatalog: Wie können die Vorteile gewinnbringend und umfassend genutzt werden? Auf welche weise können Nachteile bzw. Probleme möglichst gering gehalten werden?

ORIENTIERUNGSWISSEN

Atypische Beschäftigung
M 1

Als atypische Beschäftigung lassen sich folgende Beschäftigungsformen zusammenfassen: Teilzeitbeschäftigung mit weniger als 20 Wochenstunden, geringfügige Beschäftigung und befristete Beschäftigung, Zeitarbeit (Leiharbeit/Arbeitnehmerüberlassung). Atypisch Beschäftigte sind trotz Erwerbstätigkeit besonders häufig auf ergänzende Sozialleistungen angewiesen.

Verlierer auf dem Arbeitsmarkt
M 2, M 3

Insbesondere Langzeitarbeitslose und deren Familie leiden unter gesundheitlichen Problemen (v.a. psychisch), der Herabsetzung bisher erlangter Qualifizierungen, Stigmatisierung, familiären Konflikten und finanziellen Einbußen.
Daneben hat die Arbeitslosigkeit auch negative Auswirkungen auf die gesamte Gesellschaft: Während z.B. Steuern und Sozialabgaben wegfallen, muss der Staat für Arbeitslosengeld I und II aufkommen. Die verminderte Kaufkraft des Einzelnen wirkt sich ebenfalls auf Wirtschaft und Staat aus.

Berufe der Zukunft
M 4

Auch weiterhin ist damit zu rechnen, dass der dritte und vierte Wirtschaftssektor steigende Beschäftigungszahlen verzeichnen. Dabei sind allerdings deutliche Unterschiede zwischen verschiedenen Branchen und Regionen erkennbar. Besonders erfolgsversprechend erscheinen die Bereiche Naturwissenschaft, Ingenieurs-, Erziehungs-, Gesundheits- und Pflegewesen.

Fachkräftemangel
M 4, M 5

Schon heute stehen in manchen Berufen weniger Bewerber als freie Stellen zur Verfügung. Der demografische Wandel wird diese Entwicklung weiter verstärken, diese Problematik lässt sich durch entsprechende Zuwanderung allenfalls abmildern. In letzter Zeit ist, verbunden mit der globalen Wirtschaftskrise, erstmals seit Jahren ein leichter Anstieg gut ausgebildeter Zuwanderer v.a. aus dem europäischen Ausland zu verzeichnen. Neben Akademikern werden insbesondere auch Handwerker, Pflegekräfte und Erzieher gesucht.

Trends der Berufswelt
M 4

Deutschland weist mittlerweile auch Züge einer Wissensgesellschaft auf, daher entscheidet in erster Linie die Qualität der Ausbildung über Berufs- und Lebenschancen. Bildung spielt deshalb sowohl für den Einzelnen als auch für den Standort Deutschland im internationalen Vergleich die entscheidende Rolle. Unqualifizierte Arbeiter werden auch bei abnehmenden Arbeitslosenquoten auf Dauer die Verlierer auf dem Arbeitsmarkt sein. Hier schlummert hinsichtlich des Fachkräftemangels ebenso ungenutztes Potenzial wie unter den gut ausgebildeten Frauen, die trotz hoher Qualifikationen nach der Familiengründung oft längerfristig zu Hause bleiben.
Ob sich der Trend zur universellen Flexibilität in der Arbeitswelt weiter fortsetzen wird oder ob hier bewusst gegenläufige Entwicklungen gefördert werden, ist derzeit noch nicht abzusehen.

Werbung für mehr Einwanderer

Wenn man der Presse, den Politikern und einigen Wissenschaftlern Glauben schenken mag, braucht Deutschland auf absehbarer Zeit qualifizierte Zuwanderer. Doch wie können wir weltweit Menschen dazu bewegen, nach Deutschland zu kommen? Die „Welt am Sonntag“ hat führende Werbeagenturen gebeten, Plakate zu entwerfen, um Deutschlands Attraktivität bei ausländischen Fachkräften zu steigern. Hier ist ein ausgewähltes Beispiel:

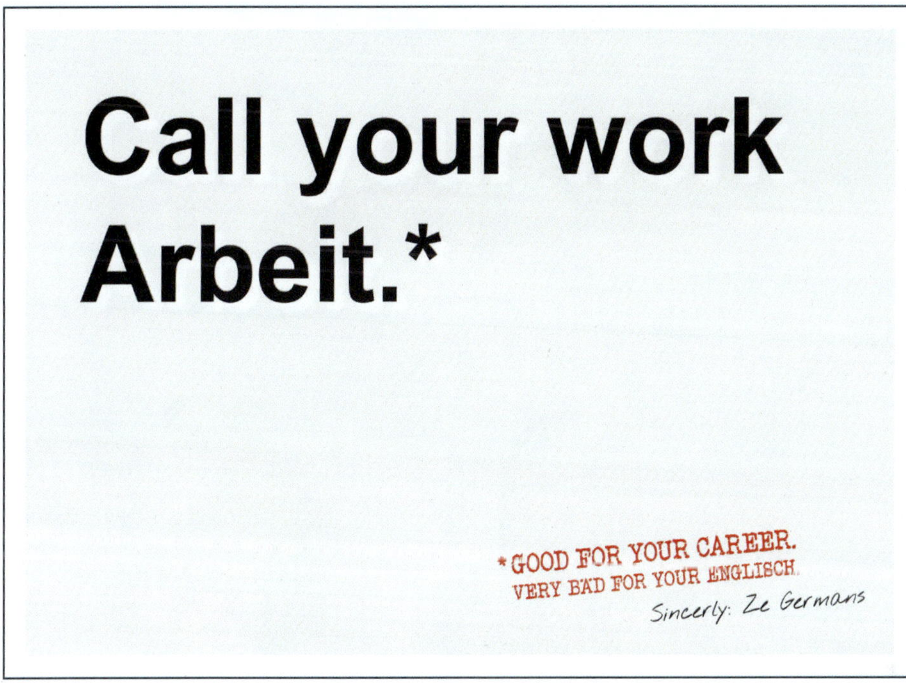

Nach: Die Welt, Werbung für mehr Einwanderung, www.welt.de, 16.10.2010

Aufgaben

1. Benennen Sie die Ihrer Meinung nach größten künftigen Herausforderungen der zukünftigen Arbeitsverhältnisse für den Einzelnen und auf gesellschaftlicher Ebene. Entwickeln Sie mögliche Handlungsansätze.
2. Entwerfen Sie nach dem obigen Vorbild eine Werbeanzeige für ausländische Fachkräfte. Diese sollte neben einem Slogan wenige grafische Elemente beinhalten und die Vorzüge Deutschlands und seines Arbeitsmarkts betonen.

Karikatur: Heiko Sakurai

Sozialprestige von Berufen

Nach dem Beliebtheitsranking der Allensbacher Berufsprestige-Skala bringen die Deutschen nachfolgenden Berufen viel / wenig Respekt und Anerkennung entgegen:

Berufe	Abstimmung	Berufe	Abstimmung
Arzt	82%	Polizist	22%
Krankenschwester	67	Botschafter, Diplomat	20%
Lehrer	42	Journalist	17%
Handwerker	41	Spitzensportler	14%
Ingenieur	33%	Offizier	9%
Hochschulprofessor	33%	Buchhändler	6%
Rechtsanwalt	29%	Politiker	6%
Pfarrer, Geistlicher	28%	Banker	4%
Unternehmer	25%	Fernsehmoderator	4%

Nach: © Pixel Trader Ltd., Beliebtheitsranking - die Allensbacher Berufsprestige-Skala 2011: Schlechte Nachrichten für Pfarrer und Politiker, in: www.artikelmagazin.de, 17.11.2011

6 Theorien und Modelle zur sozialen Differenzierung

Kein Mensch gleicht dem anderen: Wir unterscheiden uns in unseren Lebenseinstellungen, Wertevorstellungen, Interessen, unserem Bildungsniveau, Elternhaus und unserer Einkommenssituation – um nur einige Aspekte zu nennen. Dennoch lassen sich Menschen zu Gesellschaftsgruppen zusammenfügen, die – trotz aller individuellen Besonderheiten – jeweils große Gemeinsamkeiten aufweisen. Sozialwissenschaftliche Modelle versuchen genau dies, um die soziale Wirklichkeit möglichst exakt widerzuspiegeln.
Es liegt in der Natur der Sache, dass ein sozialwissenschaftliches Modell immer nur für einen begrenzten Zeitraum geeignet ist, da sich die Gesellschaft immer wieder wandelt. Ein einziges, universelles Modell gibt es also nicht: Deshalb müssen Gesellschaftsmodelle ständig die jeweiligen gesellschaftlichen Veränderungen aufspüren und sich diesen anpassen.

KOMPETENZEN

Am Ende dieses Kapitels sollten Sie Folgendes wissen und können:

... verschiedene Gesellschaftstheorien erklären

... Nutzen und Grenzen von Gesellschaftsmodellen erörtern – auch im Hinblick auf aktuelle gesellschaftliche Entwicklungen

Was wissen Sie schon?

1. Nennen Sie ausgehend von den links stehenden Materialien unterschiedliche Aspekte und Faktoren sozialer Ungleichheit.
2. Greifen Sie auf Ihr Wissen zur Sozialstruktur Deutschlands zurück: Welche Tendenzen und Entwicklungen müsste ein Modell berücksichtigen, um die heutige Gesellschaft angemessen zu beschreiben?

6.1 Gesellschaftsmodelle im Wandel der Zeit

Klassenmodell
Entstanden in der 2. Hälfte des 19. Jh.; Hauptvertreter: Karl Marx; Grundprinzip: Zwischen besitzenden und besitzlosen Klassen entsteht ein Klassenkampf.

Schichtmodell
Entstanden in den 1930ern; Hauptvertreter: Ralf Dahrendorf, Rainer Geißler; Grundprinzip: Einteilung der Gesellschaft in vertikale Schichten, je nach Einkommen, Beruf, Prestige.

Soziale Milieus
Entstanden in den 1980ern; Hauptvertreter: SINUS Markt- und Sozialforschung GmbH (Geschäftsführer: Berthold Bodo Flaig); Grundprinzip: Einteilung der Gesellschaft nach vertikalen und horizontalen (Werteorientierung, Interessen) Merkmalen, ermittelt in repräsentativen Interviews.

M 1 ● Ein Gespräch, das so nie stattfand ...

Marx: Im Jahr 2011 setzte in einigen Städten rund um den Globus die „Occupy-Bewegung" ein. Meine Herren, das ist ein deutlicher Hinweis darauf, dass rund 130 Jahre nach meinem Tod ein Klassenkampf vorherrscht, so wie ich ihn vorausgesagt habe.

Geißler: Nicht ganz, alter Freund. Sie erklärten in Ihrer **Klassentheorie** die soziale Ungleichheit mit der Stellung des Menschen im Produktionssystem: Zwischen den *Produktionsmittelbesitzern*, den sogenannten Kapitalisten, und denen, die lediglich Ihre Arbeitsleistung anbieten können, den Arbeitern und *Proletariern*, sollte Ihrer Prognose nach der Klassenkonflikt entstehen. Die heutigen Protestbewegungen richten sich aber nicht vornehmlich gegen Eigentümer von Firmen, sondern vor allem gegen Spitzenmanager und eine zu banken- und wirtschaftsfreundliche Politik.

Flaig: Seit den 1970ern dominiert nämlich, anders als zu Ihrer Zeit, der tertiäre Sektor in Deutschland. Damit einher ging die Entwicklung, dass nicht mehr nur Besitz, sondern zunehmend auch Bildung und Wissen die Schlüssel zu Elitepositionen sind.

Rainer Geißler (*1939), Soziologe an der Universität Siegen, entwickelte im Jahr 2000 in Anlehnung an Ralf Dahrendorfs Hausmodell von 1965 ein differenzierteres Modell der sozialen Schichtung der westdeutschen Gesellschaft.

Karl Marx
(1818-1883), deutscher Philosoph und Gesellschaftstheoretiker; mit Friedrich Engels einflussreichster Theoretiker des Sozialismus / Kommunismus (Marxismus)

Geißler: Dem wird auch das **Modell der Sozialen Schichtung** gerecht, wonach der Beruf des Haushaltsvorstandes und damit verbunden Macht, Einkommen und Qualifikationen die soziale Stellung des Menschen bestimmen. Zudem habe ich unter anderem mit dem Anbau an das „Dahrendorfsche Häuschen", in das die Bevölkerung mit Migrationshintergrund eingefügt wurde, auch noch die Faktoren „Prestige" und „Mentalitäten" mitberücksichtigt.

Flaig: Hier muss ich einhaken, denn ich halte es für überholt, die soziale Stellung einer Familie zu stark am Beruf des Vaters zu messen. In Zeiten der Pluralisierung der Lebens- und Familienformen müssen insgesamt die horizontalen Einteilungsmerkmale viel stärker gewichtet werden. Schauen wir uns mal exemplarisch zwei Milieus der sogenannten Unterschicht an: Sowohl das traditionelle als auch das hedonistische Milieu würden demnach in einem klassischen Schichtmodell als Einheit gesehen werden. Deren Geschmäcker, Verhaltensweisen, Freizeitgestaltung, Werteorientierung und Interessen sind allerdings so gegensätzlich, dass es dringend dieser

Unterscheidung bedarf, um unsere heutige Gesellschaft beschreiben zu können.

Marx: Eine Erklärung für die gesellschaftlichen Entwicklungen liefern Sie allerdings kaum. Zudem sollte ein Modell die Gesellschaft doch auch anhand einiger weniger Kriterien vereinfacht darstellen, um sie untersuchen und vergleichen zu können. Können das Ihre Konzepte überhaupt noch erfüllen?

Flaig: Unsere heutige Gesellschaft ist so komplex geworden, dass sich dem auch die Theorie anpassen muss. Die vielen Überschneidungen sind dazu unbedingt notwendig. Gesamtgesellschaftliche Entwicklungen lassen sich aber ebenso auf einen Blick erkennen, wenn man die Milieustudien aus verschiedenen Jahren vergleicht. So zeigt unser Modell auch, dass die von Ihnen, Herr Marx, prognostizierte Verelendung der Arbeiterklasse nicht eingetreten, sondern im Gegenteil der gesamtgesellschaftliche Wohlstand gestiegen ist.

Marx: Dafür sind an die Stelle alter Dimensionen neue Formen von Ungleichheit getreten. Zwar besitzt heute jeder Jugendliche ein Handy, das heißt aber keinesfalls, dass es allen gleich gut geht und alle dieselben Chancen im Leben haben. Handy hin oder her: Früher oder später werden Lohnarbeiter immer abhängig sein von Kapitalisten, denn sie müssen ihre Arbeitskraft anbieten.

Geißler: Auch hier darf man nicht pauschalisieren. Durch den demografischen Wandel entsteht derzeit ein Fachkräftemangel, der vielleicht sogar dazu führt, dass die Arbeitgeber von manchen Arbeitnehmergruppen abhängig werden. Gut Ausgebildete könnten sich dann aussuchen, für wen sie tätig sein wollen. Prekär würde die Situation dann allerdings für die Geringqualifizierten, da der Bedarf an Arbeitskräften hier sehr begrenzt sein wird, dieser Trend zeichnet sich bereits ab. Dazu trägt auch die Globalisierung bei.

Marx: Interessant, dass Sie die Globalisierung ansprechen. Sehen Sie gerade durch die moderne Internationalisierung meine These von der Zentralisierung der Verfügungsmacht bestätigt?

Flaig: Vermutlich haben Sie persönlich das im 19. Jahrhundert noch anders gemeint, aber wenn man die Innenstädte betrachtet, sieht man die Konzentration von Unternehmen ganz deutlich: Man gewinnt fast den Eindruck, Kaffee und Imbisse könnten nur von ein oder zwei Firmen produziert werden, egal, auf welchem Teil der Welt man ist, und überall finden sich in den Fußgängerzonen dieselben Geschäfte. Was allerdings noch nicht global vereinheitlicht wurde, ist der Lohn.

Marx: Da haben Sie Recht. Aber vielleicht überspringt Ihre Gesellschaft ja diese von mir als „Sozialismus" betitelte Phase und erreicht direkt die Endphase des Kommunismus, in der sich die Verteilung nach den jeweiligen Bedürfnissen bemisst und die Herrschaft von Menschen über Menschen obsolet geworden ist. Meine Herren, ich danke Ihnen für das Gespräch.

Berthold Bodo Flaig (*1948), Geschäftsführer des SINUS-Instituts in Heidelberg und Miterfinder der Sinus Milieus.

Grundbegriffe der Klassentheorie

Produktionsmittel
Gesamtheit der Gegenstände, die der Mensch benötigt, um seine Arbeit verrichten zu können (z.B. Werkzeuge, Maschinen, Rohstoffe)
Einteilung der Gesellschaft in Proletariat (Nichtbesitzende) und Bourgeoisie (Produktionsmittelbesitzer, Kapitalisten).

Sozialismus
„Diktatur des Proletariats" über die Reste der Bourgeoisie.
Die Entlohnung der Menschen vollzieht sich noch nach ihrer Leistung.

Kommunismus
Herrschaft von Menschen über Menschen verschwindet; die Verteilung bemisst sich nach den jeweiligen Bedürfnissen.

Zentralisierung der Verfügungsmacht
Produktionsmittel und Unternehmen konzentrieren sich zunehmend in den Besitz weniger; Folge: zunehmende Macht und Reichtum der Kapitalisten, Lohndruck und zunehmende Verelendung der Lohnarbeiter.

Nach: Stefan Hradil, Soziale Ungleichheit in Deutschland, 8. Aufl., Opladen 2001, S. 55-56

Aufgabe

Arbeiten Sie in Gruppen die verschiedenen Gesellschaftsmodelle aus dem Gespräch heraus. Positionieren Sie sich anschließend zu der Frage: Welches Modell beschreibt die heutige Gesellschaft am besten? (M 1)

6.2 Gesellschaftsmodelle im Vergleich

M 1 Klassenmodell nach Karl Marx

1. Die Lebenschancen, die ein Mensch im Vergleich zu denen anderer im Rahmen einer Gesellschaft hat, hängen von seiner Stellung im gesellschaftlichen Produktions- und Reproduktionsprozess ab.
2. Die Stellung ist insbesondere durch die Tatsache des Besitzes oder Nichtbesitzes von Produktionsmitteln bestimmt. [...] Die Nichtbesitzer (die Lohnarbeiter) geraten in wirtschaftliche Abhängigkeit von den Besitzern, weil sie ihre Arbeitsleistung an jene verkaufen müssen. Solange das Privateigentum an Produktionsmitteln nicht angetastet wird, verfügen die Besitzer über etwas, das die gesamte Gesellschaft benötigt und können sich dadurch vielfältige Rechte sichern sowie die Verteilung der Erträge des Produktionsprozesses zu ihren Gunsten beeinflussen.
3. Innerhalb des liberalistisch-kapitalistischen Wirtschaftssystems wirken Mechanismen, die zur Zentralisierung der Verfügungsmacht über Produktionsmittel, zur Konzentration der Unternehmen sowie zur Freisetzung von Arbeitskräften und zum Lohndruck führen. Dies bedeutet zunehmende Macht und Reichtum der Kapitalisten und zunehmende Verelendung der Lohnarbeiter.
4. Die Zusammenballung wirtschaftlicher und politischer Macht bei den Produktionsmittelbesitzern führt dazu, dass sich die Gesellschaftsordnung allmählich so entwickelt, dass primär die Interessen dieser Gruppen gesichert werden und ihre Vorstellungen (Ideologien) Verbreitung finden.
5. Ausgehend von den Produktionsverhältnissen spaltet sich also die Gesellschaft in ständiger Wechselwirkung zwischen wirtschaftlichen, politischen, ideellen und weiteren Antriebskräften in Bevorzugte und Benachteiligte auf. Sie haben ungleiche Lebenschancen und befinden sich in grundsätzlich ungleichen Lebenslagen. Ihre Interessen sind einander entgegengesetzt (antagonistisch).
6. Auf Dauer werden diese Interessen den Lohnarbeitern ebenso wie den Produktionsmittelbesitzern bewusst werden. Klassenbewusstsein wird sich herausbilden. Die beiden Klassen werden sich organisieren. Ein Klassenkampf wird entstehen.
7. Der Klassenkampf endet mit dem Sieg der besitzlosen Arbeiterklasse. Eine Revolution wird die kapitalistischen Produktionsverhältnisse und das Privateigentum an Produktionsmitteln beseitigen.

Stefan Hradil, Soziale Ungleichheit in Deutschland, 8. Aufl., Opladen 2001, S. 55 f.

Info

Modellbildung als wissenschaftliche Methode

Modellbildung muss vereinfachen und beschränkt sich auf wenige Aspekte, um das Wesentliche darzustellen und die Komplexität der Wirklichkeit zu reduzieren. Als Leitmotiv kann Albert Einsteins Forderung gelten: „Alles sollte so einfach wie möglich gemacht werden, aber nicht einfacher!" Mitunter werden Modelle auch mit Landkarten verglichen: Sie wollen die Wirklichkeit nicht abfotografieren, sondern als Orientierungshilfe die grundlegenden Kennzeichen und Verknüpfungen sichtbar machen.
Jedem Modell liegen Annahmen zugrunde, die über die Art der Darstellung, über Begriffe und über Erläuterungen deutlich werden. Die verschiedenen Annahmen über die gesellschaftliche Struktur in verschiedenen Jahrhunderten müssen demnach zu ganz unterschiedlichen Modellen führen. Gegenwärtig gilt die (auch in der Soziologie so genannte) „Kartoffelgrafik" (M 5) mit der Darstellung von Milieus als angemessene Darstellung.

M 2 ● Schichtmodelle nach Dahrendorf und Geißler

Schichtmodell nach Ralf Dahrendorf

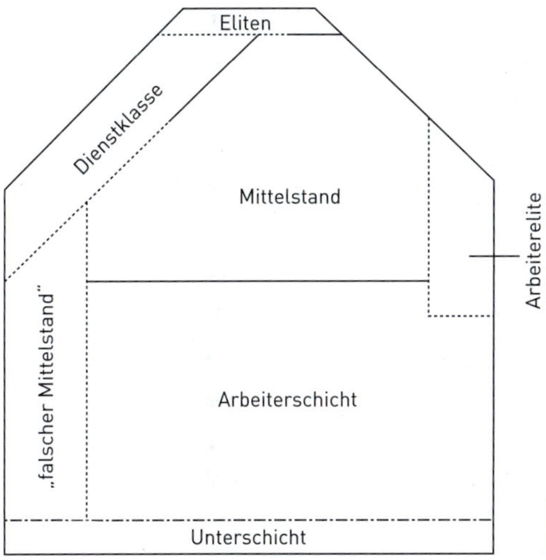

Quelle: Ralf Dahrendorf, Gesellschaft und Demokratie in Deutschland, München 1965, S. 105

Schichtmodell nach Rainer Geißler: Soziale Schichtung der westdeutschen Bevölkerung im Jahr 2000

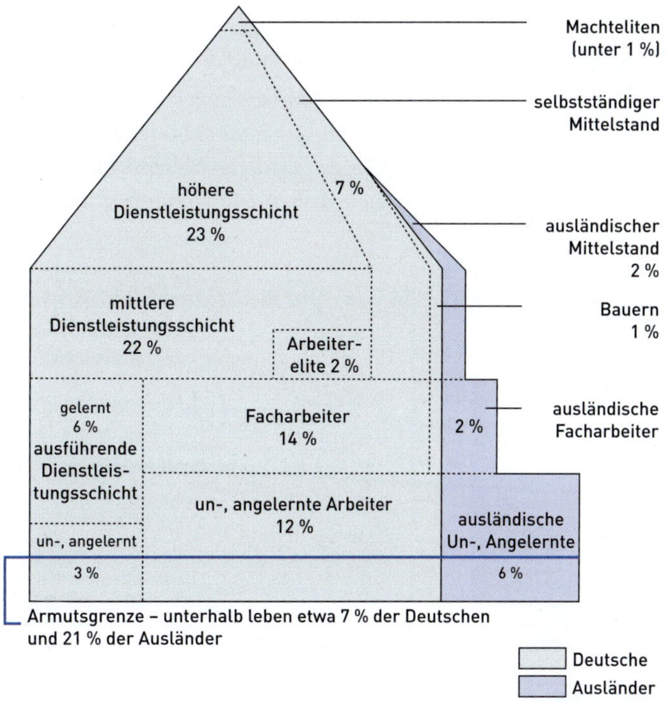

Quelle: Rainer Geißler, Die Sozialstruktur Deutschlands, 5. Aufl., Wiesbaden 2008, S. 100

M 3 ● Das modernisierte Hausmodell

Ein modernisiertes Hausmodell für die soziale Schichtung der westdeutschen Bevölkerung im Jahr 2000 orientiert sich an dem von Dahrendorf erkannten Grundmuster, zieht jedoch einige weitere Differenzierungslinien ein und berücksichtigt auch einige Umschichtungen. [...]

Es gibt eine langfristige historische Tendenz zur Differenzierung und Auflockerung der Schichtstruktur: Die Zusammenhänge zwischen äußeren Lebensbedingungen einerseits und Mentalitäten und Verhaltensweisen andererseits lockern sich in einigen Bereichen auf; schichttypische und schichtunspezifische Verhaltensweisen existieren nebeneinander. [...] Schichttypische Unterschiede sind im Zeitalter des Massenkonsums manchmal nicht „auf den ersten Blick" an der lebensweltlichen Oberfläche zu beobachten [...]. So steht zum Beispiel heute in den Wohnungen aller Schichten das sofort wahrnehmbare Farbfernsehgerät, aber die Art, wie es genutzt wird, welche Sendungen gesehen werden, ist nach wie vor schichttypisch unterschiedlich.

Schließlich sind die Schichten durch soziale Mobilität durchlässiger geworden. Menschen wechseln häufiger von einer Schicht in eine andere; auch die Chancen, sozial aufzusteigen, haben zugenommen.

Rainer Geißler, Facetten der modernen Sozialstruktur – Modelle und Kontroversen, Informationen zur politischen Bildung, 2000, Heft 269, S. 57 f.

Soziale Milieus

Soziale Milieus verändern sich im Laufe der Zeit. Sie werden größer oder kleiner. Neue Milieus bilden sich heraus, alte verschwinden oder teilen sich. Allein seit den achtziger Jahren hat sich der Bevölkerungsanteil traditioneller Milieus fast halbiert. Dies geschah wohl seltener, weil Menschen ihre Milieuzugehörigkeit wechselten. Vielmehr sind die Menschen in den genannten Milieus häufig schon alt. Diese Milieus sterben langsam aus.

Stefan Hradil, Soziale Milieus - eine praxisorientierte Forschungsperspektive, APuZ, 44-45/2006, S. 3 ff.

M 4 ● Wozu dienen Milieustudien?

Die Menschen, die einem bestimmten sozialen Milieu angehören, denken und verhalten sich in der Praxis relativ ähnlich; Menschen, die verschiedenen sozialen Milieus angehören, denken und handeln oft unterschiedlich. [...] Weil die Zugehörigkeit zu sozialen Milieus die jeweilige Selbstdefinition und Alltagspraxis der Menschen beeinflusst, wurden Milieustudien in den letzten beiden Jahrzehnten in zunehmendem Maße zur Erklärung von Verhaltensunterschieden und so auch zur Lösung praktischer Probleme eingesetzt. [...]
Ist die Milieuzugehörigkeit eines Menschen bekannt, so weiß man viel darüber, welche Sehnsüchte, welche Interpretationen, Motive und Nutzenerwartungen er aufweisen wird.

Stefan Hradil, Soziale Milieus - eine praxisorientierte Forschungsperspektive, APuZ, 44-45/2006, S. 8

M 5 ● Die Milieulandschaft in den 1980er Jahren und im Jahr 2012

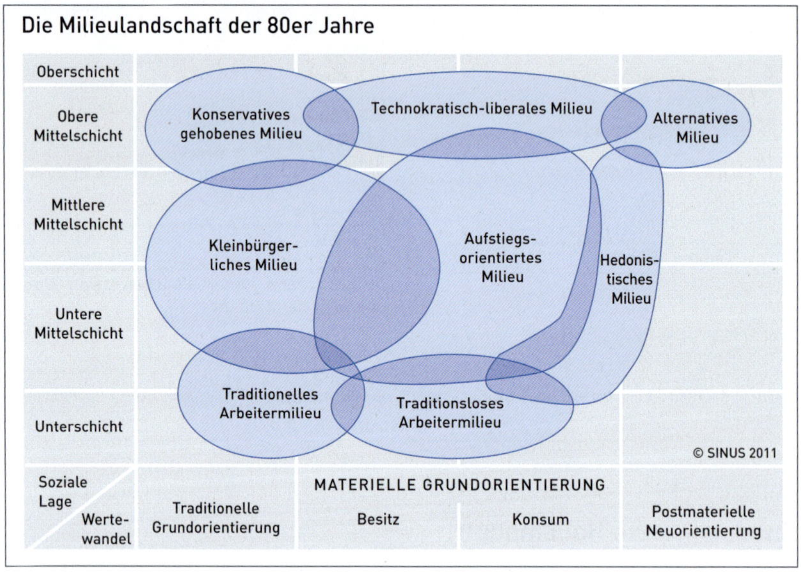

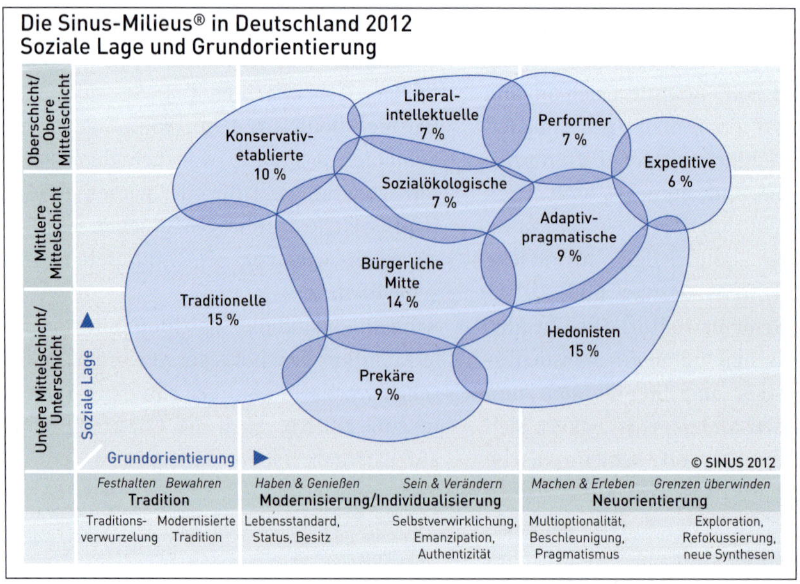

Quelle: Sinus Sociovision GmbH, Heidelberg 2013

M 6 ● Tabelle mit Kurzcharakteristik der Milieus

	Milieu	Kurzcharakteristik der Sinus-Milieus®
Sozial gehobene Milieus	Konservativ-etabliert 10 %	Das klassische Establishment: Verantwortungs- und Erfolgsethik; Exklusivitäts- und Führungsansprüche; Standesbewusstsein, Entre-nous-Abgrenzung
	Liberal-intellektuell 7 %	Die aufgeklärte Bildungselite: liberale Grundhaltung und postmaterielle Wurzeln; Wunsch nach selbstbestimmtem Leben, vielfältige intellektuelle Interessen
	Performer 7 %	Die multi-optionale, effizienzorientierte Leistungselite: global-ökonomisches Denken; Konsum- und Stil- Avantgarde; hohe IT- und Multimedia-Kompetenz
	Expeditiv 6 %	Die ambitionierte kreative Avantgarde: mental und geografisch mobil, online und offline vernetzt und auf der Suche nach neuen Grenzen und neuen Lösungen
Milieus der Mitte	Bürgerliche Mitte 14 %	Der leistungs- und anpassungsbereite bürgerliche Mainstream: generelle Bejahung der gesellschaftlichen Ordnung; Wunsch nach beruflicher und sozialer Etablierung, nach gesicherten und harmonischen Verhältnissen
	Adaptiv-pragmatisch 9 %	Die moderne junge Mitte unserer Gesellschaft mit ausgeprägtem Lebenspragmatismus und Nutzenkalkül: zielstrebig und kompromissbereit, hedonistisch und konventionell, flexibel und sicherheitsorientiert; starkes Bedürfnis nach Verankerung und Zugehörigkeit
	Sozialökologisch 7 %	Konsumkritisches /-bewusstes Milieu mit normativen Vorstellungen vom „richtigen" Leben: ausgeprägtes ökologisches und soziales Gewissen; Globalisierungs-Skeptiker, Bannerträger von Political Correctness und Diversity
Milieus der unteren Mitte / Unterschicht	Traditionell 15 %	Die Sicherheit und Ordnung liebende Kriegs- / Nachkriegsgeneration: verhaftet in der alten kleinbürgerlichen Welt bzw. in der traditionellen Arbeiterkultur; Sparsamkeit, Konformismus und Anpassung an die Notwendigkeiten
	Prekär 9 %	Die um Orientierung und Teilhabe bemühte Unterschicht mit starken Zukunftsängsten und Ressentiments: Häufung sozialer Benachteiligungen, geringe Aufstiegsperspektiven, reaktive Grundhaltung; bemüht, Anschluss zu halten an die Konsumstandards der breiten Mitte
	Hedonistisches Milieu 15 %	Die spaß- und erlebnisorientierte moderne Unterschicht / untere Mittelschicht: Leben im Hier und Jetzt, Verweigerung von Konventionen und Verhaltenserwartungen der Leistungsgesellschaft

Nach: Copyright by SINUS Markt- und Sozialforschung GmbH, Heidelberg, www.sinus-institut.de (9.10.2012)

Milieustudien ermöglichen viele Voraussagen

Mit Hilfe von Milieustudien kann man Voraussagen treffen, warum jemand eine bestimmte Zeitschrift liest oder welche Partei eine bestimmte Person wahrscheinlich wählen wird. Auf der anderen Seite ermöglichen Milieustudien Prognosen bzw. Angaben darüber, welche Inhalte Zeitschriftenartikel, Werbebotschaften oder Parteiprogramme etc. aufweisen müssen, um den Motiven und Werthaltungen bestimmter Personen zu entsprechen.

Aufgaben

1. Grenzen Sie die unterschiedlichen Gesellschaftsmodelle voneinander ab. Erläutern Sie, warum die Modelle zur Beschreibung der Gesellschaft immer stärker ausdifferenziert wurden. (M 1 – M 5)
2. Bewerten Sie die Aussagekraft und die Zweckmäßigkeit bzw. die Möglichkeiten und Grenzen von Gesellschaftsmodellen. (Info, M 2, M 5)
3. Beziehen Sie Stellung: Welches Modell vertritt Ihrer Ansicht nach die heutige Gesellschaft am treffendsten? Berücksichtigen Sie hierbei auch aktuelle Spannungsfelder, wie Bildung, Arbeit, Vermögen, etc.

ORIENTIERUNGSWISSEN

Vertikale Gesellschafts-modelle
M 2 – M 3

Zentrale Dimensionen zur Erfassung der vertikalen (oben-unten) Aufgliederung einer Gesellschaft sind: Berufsstand, Einkommen, Vermögen, Bildung, Macht, Einfluss und Ansehen.
Nach Karl Marx befinden sich die Kapitalisten (Besitzer von Produktionsmitteln) am oberen Ende der Hierarchie, während das Proletariat (*Nicht-Besitzende, die gezwungen sind, ihre Arbeitskraft zu verkaufen, um den Lebensunterhalt bestreiten zu können*) am unteren Rand der Gesellschaft steht. Aufgrund des unauflöslichen Gegensatzes zwischen diesen beiden Klassen (Antagonismus) prophezeite Marx eine Revolution der Arbeiter, die zur Diktatur des Proletariats führen sollte.
Auch Schichtungsmodelle legen den Schwerpunkt auf horizontale Dimensionen bei der Gesellschaftsanalyse, berücksichtigen jedoch daneben einige horizontalen Aspekte (z.B. schichttypische Mentalitäten, Verhaltensweisen).

Mehrebenen-modelle
M 4 – M 7

Analog zur forschreitenden Differenzierung der Gesellschaft sind auch die Beschreibungsmodelle detaillierter geworden. Neuere Ansätze wie die der „sozialen Lagen" oder der „sozialen Milieus" haben in ihren Analysen die vertikale Achse um eine horizontale („Nebeneinander": z.B. Alter, Konsumverhalten, Werteorientierung) erweitert. Dieser Ansatz geht davon aus, dass es z.B. *die* Mittelschicht nicht gibt: Ein sehr traditionsbewusster, gesellschaftlich (Über-)Angepasster mit einem hohen Bedürfnis nach umfassender Sicherheit im überschaubaren Lebensbereich unterscheide sich von einem Spaß- und Erlebnisorientierten, der v.a. die Langeweile scheut, grundlegend, obwohl beide den vertikalen Dimensionen nach derselben Schicht angehören können. Das Milieumodell z.B. passt folglich zur Individualisierung und Pluralisierung der Lebensformen und spiegelt aktuelle gesellschaftliche Entwicklungen wider.
Kritiker bemängeln neben des geringen Erkenntnisgewinns, den diese Modelle bieten, die Überbetonung der horizontalen Dimension: Auch heute beeinflussen die vertikalen Faktoren die Verteilung von Lebenschancen (z.B. im Bereich Bildung, Arbeitsmarkt-, Aufstiegschancen) entscheidend. Die Milieutheorie unterschätze und/oder kaschiere die Bedeutung finanzieller Faktoren.

Milieubeispiel: Bürgerliche Mitte

Das Milieu und seine Parteiensympathie: Der Name sagt es. Mittlere Bildung, mittlere Position, mittleres Einkommen. Vernünftig, vorsichtig und zielstrebig. Strebt nach gesicherten Verhältnissen, hat latente Ängste vor sozialem Abstieg. Viele Angestellte im öffentlichen Dienst, zwischen 30 und 50 Jahre alt. Größe: 9,7 Millionen (15 Prozent).

Das typische Wohnzimmer: Rattan, Terrakotta und was an die Toskana (wahlweise an Schweden) erinnert – und bei Möbel Kraft zu haben ist. Meist konventionell, aber hell und Ton in Ton.

Politik sollte...

sehr typisch: ... dafür sorgen, dass Leute, die mehr leisten, auch mehr verdienen.

sehr untypisch: ... die Eingliederung von Ausländern erleichtern.

Nach: Jan Rosenkranz, So sind die Deutschen, Stern 31 / 2009, S. 40

Aufgaben

1. Entwerfen und gestalten Sie die Charakterisierung eines fiktiven Vertreters eines weiteren Milieus. (→ M 6, S. 131)
2. Richten Sie das Wohnzimmer dieses Milieuvertreters (Aufgabe 1) ein. Fertigen Sie dazu eine Inventarliste mit Beschreibungen, eine Zeichnung oder ähnliches an.
3. Benennen Sie mögliche Auftraggeber von Sozialstudien und setzen Sie sich mit deren jeweiligen Interessensschwerpunkten auseinander.
4. In der öffentlichen Diskussion (z.B. zur Chancengleichheit) greift man wieder häufiger auf den „Schichtbegriff" zurück. Prüfen Sie kritisch, welche politischen, ideologischen und wirtschaftlichen Interessen hinter dieser Kategorisierung stehen könnten.

Karikatur: Thomas Plaßmann, Baaske Cartoons

Wer sollte sich nach Ansicht der Befragten um die soziale Sicherheit kümmern?

Quelle: infas, Bertelsmann Stiftung

Der Sozialstaat ist Heimat. Beschimpfen kann ihn nur der, der keine Heimat braucht. Und den Abriss wird nur der verlangen, der in seiner eigenen Villa wohnt. Ob er sich dort noch sehr lange wohl fühlen würde, ist aber fraglich.

Heribert Prantl: Kein schöner Land – Die Zerstörung der sozialen Gerechtigkeit, Droemer, München, 2005 (Klappentext)

Es ist hochgradig pervers, in einer Zeit, in der weltweit 18 Millionen Menschen jährlich verhungern, einen deutschen Halbstarken nur deshalb arm zu nennen, weil er anders als seine Klassenkameraden keine Diesel-Lederjacke oder Nike-Turnschuhe besitzt.

Walter Krämer, Wirtschafts- und Sozialstatistiker, zitiert nach Weser Kurier vom 31.1.1999

Soziologen beschäftigen sich […] nicht zuletzt damit, was die Menschen in einer Gesellschaft zusammenhält oder aber sie auseinander treibt. Wer diesen Forschungsgegenstand hat, tut sich nicht so leicht damit, wachsende Ungleichheit einfach hinzunehmen. Da gehören zur Ungleichheit des Geldes zum Beispiel auch die ungleichen Chancen, gesund zu bleiben, die Häufigkeit von Kriminalität, das Gefühl der persönlichen Sicherheit und die eigene Selbstsicherheit. Soziologen können belegen, dass mit steigender Ungleichheit der Zusammenhalt der Gesellschaft sinkt und die Häufigkeit von Konflikten steigt.

Stefan Hradil, Müssen wir uns an mehr Ungleichheit gewöhnen?, in: Gesellschaft – Wirtschaft – Politik, Budrich, 61. Jahrgang, 1. Vierteljahr 2012, S. 23

7 Sozialstaat und Sozialpolitik

Eine „Dauerbaustelle" nennen Journalisten mitunter den Sozialstaat. Und tatsächlich wird ständig an ihm gearbeitet, gleich ob es um Fragen der Bevölkerungsentwicklung, der Familien-, Gesundheits-, Energie- oder Bildungspolitik geht, ob Probleme auf dem Arbeitsmarkt oder bei der Altersvorsorge zu lösen sind, ob man Inklusion oder die Gleichwertigkeit der Lebensverhältnisse in der Bundesrepublik realisieren will.
Wer sich in irgendeiner Form benachteiligt sieht, setzt Hoffnungen auf sozialstaatliche Regelungen, die wenigstens annähernd soziale Gerechtigkeit herstellen und seine Situation berücksichtigen sollen. Nicht nur in persönlichen Lebenslagen wird der Staat in Anspruch genommen: In Zeiten eines schwierigen Arbeitsmarkts und der Finanz- und Wirtschaftskrisen kam ihm die Aufgabe zu, das wirtschaftliche und gesellschaftliche System zu stabilisieren und vor größeren Schäden zu bewahren. Nicht zuletzt dürften seine Existenz und sein Leistungsvolumen erheblich zur Akzeptanz des demokratischen Systems beigetragen haben und weiter beitragen.
Im folgenden Kapitel werden an konkreten Politikfeldern Schlüsselfragen der aktuellen Sozialpolitik aufgezeigt, so an den Themen Kinderarmut, an Beispielen aus dem Gesundheitswesen und der Rentenpolitik.

KOMPETENZEN

Am Ende dieses Kapitels sollten Sie Folgendes wissen und können:

... die Bedeutung, die Grundlagen und das Funktionieren des Sozialstaats kennen und wertschätzen

... um die Möglichkeiten und Grenzen für die Ausgestaltung des Sozialstaats wissen und sie werteorientiert einordnen

... in der Öffentlichkeit diskutierte Weiterentwicklungen des Sozialstaats kennen und bewerten

... die europäische Dimension sozialpolitischer Maßnahmen abwägen

Was wissen Sie schon?

1. Ermitteln Sie aus den Materialien in Frageform Probleme und Herausforderungen für die Politik.
2. Kann der Sozialstaat „Heimat" sein? Überlegen Sie, ob der von Heribert Prantl verwendete Begriff berechtigt ist oder ob Kritikern zuzustimmen ist, die seine Position für „Sozialromantik" halten.

7.1 Grundprinzipien und Kernbereiche des Sozialstaats

7.1.1 Ziele: Gleichheit? Gerechtigkeit?

Verteilungsgerechtigkeit
gerechte Verteilung knapper Güter: gleicher Anteil für alle

Leistungsgerechtigkeit
Anstrengung und Leistung als Ursachen und Begründung für soziale Ungleichheit

M 1 ● Warum bekommt die mehr als ich...?

Schon kleine Kinder unterscheiden zwischen gerecht und ungerecht bzw. gleich und ungleich.

M 2 ● Ungleichheit oder Ungerechtigkeit bei Gehältern?

Bundestagspräsident Norbert Lammert hat sich für eine höhere Besteuerung von Spitzenverdienern starkgemacht. In einer Zeit, in der bei Sozialleistungen gespart werden müsse, sei es „nicht nur eine Frage der öffentlichen Akzeptanz, sondern auch eine Frage, wie man sich die Herstellung der Verteilungsgerechtigkeit im Hinblick auf das Steuersystem vorstellt", sagte Lammert am Mittwochabend ausgerechnet auf einer Veranstaltung der Stiftung Familienunternehmen in Berlin. „Ungleichheit wird zu einem Problem, wenn es keinen Zusammenhang mehr gibt zwischen individuellem Einkommen und individueller Leistung", führte Lammert aus. Er sprach in diesem Zusammenhang von einer „erstaunlichen Gabelung bei den Gehältern" auch innerhalb eines Unternehmens und appellierte an die Unternehmer im Publikum: „Es muss Sie mindestens so sehr besorgen wie mich, dass drei Viertel der in Deutschland lebenden Bevölkerung die bestehende Einkommens- und Vermögensverteilung für ungerecht empfinden."

RA/ams, Verteilungsgerechtigkeit – Lammert fordert höhere Spitzensteuern, www.morgenpost.de, 9.3.2012

Angelika Krebs ist Professorin für Philosophie an der Universität Basel. Eine gerechte Gesellschaft beinhaltet für sie nicht unbedingt soziale und ökonomische Gleichheit.

M 3 ● Die Philosophin Angelika Krebs über Gleichheit und Gerechtigkeit

Frau Krebs, Politiker scheinen „Gleichheit" als Zauberformel zu sehen – ob bei Bildungschancen, Lebensbedingungen oder Arbeitslosengeld. Zu Recht?
Gleichheit ist ein Hurra-Wort. Es wird heute in der Politik tatsächlich alles in die Gleichheitsterminologie verpackt. Man kann das verstehen, Politiker müssen die Bürger erreichen. Weil Gleichheit ein so abstrakter Begriff ist, kann man auch alles darin verpacken. Oft ist es jedoch wirklich nur eine Verpackung, bloße Rhetorik. Eine gerechte Gesellschaft kann man nicht auf Gleichheit aufbauen.
Sondern?
Im Zentrum müssen Menschenwürde und Verteilungsgerechtigkeit stehen. [...]
Was bedeutet dann Gleichheit überhaupt?
Gleichheit ist die Ununterscheidbarkeit oder Identität von mindestens zwei Dingen in einer bestimmten Hinsicht. Wichtig beim Gleichheitsbegriff ist, dass man immer die Hinsicht angibt, in der wir zwei oder mehrere Dinge als gleich beurteilen.
Sind eineiige Zwillinge gleich?
Sagt man nur, eineiige Zwillinge sind

gleich, ist das nicht zu verstehen. Gleich klug? Gleich schön? Gleich reich? Eine Hinsicht wäre bei eineiigen Zwillingen zum Beispiel das äußere Erscheinungsbild. Da gibt es Gleichheit. Das klingt einfach. Soweit gibt es auch noch kein Problem mit der Gleichheit. Spannend wird es, wenn wir nach Gerechtigkeit fragen. Da sagen die einen: Eine gerechte Gesellschaft ist eine, die Gleichheit zwischen den Menschen in einer bestimmten Hinsicht anstrebt. In der Philosophie sind das die Egalitaristen.

Gleichheit in welcher Hinsicht?

Die typische Antwort der Egalitaristen ist: Freiheit. Denn die Menschen wüssten selbst am besten, wie sie glücklich werden. Eine gerechte Gesellschaft sei eine, die allen Menschen gleichermaßen die Freiheit gibt zu leben, wie sie es möchten. Gerechtigkeit verlange gleiche Lebensaussichten auf ein glückliches Leben für alle.

Aber jeder kann immer noch selbst entscheiden, wie er leben möchte?

Ja, deswegen: Freiheit. Die Hinsicht ist die Freiheit und nicht irgendeine Vorstellung, wie die Menschen zu leben haben. Den Egalitaristen kann man also nicht vorwerfen, dass es ihnen um Gleichmacherei geht, dass alle grüne Anzüge tragen oder in der Stadt leben müssen. Zudem sollen nach egalitaristischer Ansicht nicht nur alle die gleiche Freiheit genießen, sondern auch möglichst viel Freiheit. Denn gar keine Freiheit für alle, das wäre ja auch eine Form von Gleichheit. Schließlich ergänzen die Egalitaristen noch: Wenn wir manchen Menschen, sehr talentierten etwa, doch mehr Ressourcen als Anreiz dafür geben, dass sie ihre Talente für das Gemeinwohl einsetzen, steigt das Lebensniveau eines jeden. Gewisse Abstriche an Gleichheit sind daher im Egalitarismus durchaus vorgesehen. [...]

Bei Gerechtigkeit geht es allerdings im Wesentlichen darum, allen Menschen in einer Gesellschaft ein menschenwürdiges Leben zu ermöglichen, ein Leben, das eine bestimmte Schwelle des guten Lebens erreicht. Also etwa, dass niemand in materieller Armut leben muss, dass keiner sozial ausgeschlossen, stigmatisiert wird, dass alle die Chance haben zu persönlichen Beziehungen und zu privater wie politischer Autonomie. Diese Schwelle markieren wir mit dem Begriff der Menschenwürde oder der Inklusion oder der Bürgerschaft. Oberhalb dieses Niveaus mag es Ungleichheiten geben, sogar große. Aus der Perspektive der Gerechtigkeit sind diese Ungleichheiten aber nicht unbedingt zu beanstanden. [...]

Kann man die Schwelle der Menschenwürde beliebig herabsetzen, wenn sich die Gesamtsituation verschlechtert?

Es gibt durchaus einen gewissen Spielraum bei der materiellen Bestimmung der Schwelle. Mitunter ist der Gürtel tatsächlich enger zu schnallen. Die materielle Ebene wird aber überlagert von der immateriellen Ebene. Die entscheidende Frage lautet hier: Zählt man noch als volles Mitglied der Gesellschaft, wenn man keinen schwarzen Anzug für eine Beerdigung hat? Oder sich als Schülerin keine Markenjeans leisten kann? [...]

Gehen wir noch ein paar Beispiele unter dem Aspekt der Gleichheit durch: Behandlung von Männern und Frauen am Arbeitsplatz.

Wenn Frauen für die gleiche Arbeit immer noch schlechter bezahlt werden als Männer, haben wir es mit der Verletzung eines bestimmten Gerechtigkeitsstandards zu tun, nämlich, dass Menschen nach Leistung zu bezahlen sind, nicht nach Geschlecht. Geschlecht, Hautfarbe und derartige Kriterien sollten für die Entlohnung irrelevant sein.

Sie sehen, ich muss hier gar nicht über Gleichheit reden, weil es nicht darum geht, dass die Leistung der einen an der Leistung des anderen gemessen wird. Ein anderer Punkt kommt hinzu: Angesichts der Geschichte der Frauendiskriminierung ist auch heute noch mit ungleicher Entlohnung das Signal verbunden, dass Frauen Menschen zweiter Klasse sind. Dies wiederum hat mit der Menschenwürde zu tun, mit dem Recht der Frau auf volle gesellschaftliche Zugehörigkeit und nicht mit Gleichheit. [...]

stigmatisiert
mit einem als negativ erachteten Kennzeichen behaftet

Weiter: Managergehälter im Vergleich zum Durchschnittsangestelltenlohn.
Neben den Kriterien des menschenwürdigen Lebens gibt es noch ein komplexes Netz von Verteilungskriterien, etwa das Leistungskriterium oder das Kriterium der Kompensation für besonders unangenehme Arbeit. Man muss sich fragen: Ist die Leistung eines Managers so viel größer? Muss er für seinen besonderen Stress Kompensation bekommen? Diese Fragen gehören in die Wirtschaftsethik. Was soll der Markt, was kann er? Wie bringt man Moral und Markt zusammen? Vor naiver Moralisierung und allzu einfachen Antworten muss man sich hier hüten.

Das Interview führte Dirk Schönlebe, Ungleich besser, in: Es lebe der Unterschied? Das Gleichheitsheft, Fluter Nr. 21, 12/2006, S. 6-9

M 4 ● Das Streben nach Gerechtigkeit: Sinnloses Unterfangen ...

Friedrich August von Hayek (1899 – 1992)
österreichisch-britischer Wirtschaftswissenschaftler und Sozialphilosoph

Soziale Gerechtigkeit ist kein legitimes politisches Ziel. In einer freien Gesellschaft hat der Staat kein Recht, im Sinne irgendeines inhaltlich bestimmten Allgemeininteresses (etwa der sozialen Gerechtigkeit) tätig zu werden. Vielmehr muss der Staat sich darauf beschränken, Verfahrensregeln für den Verkehr zwischen freien Individuen festzulegen. Der Begriff „soziale Gerechtigkeit" ist sinnlos. Als „gerecht" oder „ungerecht" kann man nur absichtsvolles Handeln von Individuen bezeichnen, aber niemals gesellschaftliche Zustände oder Resultate von sozio-ökonomischen Prozessen, die von niemandem direkt gewollt sind.

Thesen von Friedrich August von Hayek, zusammengefasst in: Thomas Ebert, Soziale Gerechtigkeit, Bundeszentrale für politische Bildung, Bonn 2010, S. 247-248

... oder berechtigtes Anliegen?

Mit dem Prinzip der Bedürfnisgerechtigkeit ist, wie unschwer zu erkennen ist, ein prinzipielles Problem verbunden, nämlich ob und gegebenenfalls nach welchen Kriterien die persönlichen Bedürfnisse der Individuen gegeneinander abgewogen werden können. Sobald wir uns nämlich auf die Bedürfnisgerechtigkeit einlassen, müssen wir zwischen zwei Kategorien von Bedürfnissen unterscheiden: einerseits diejenigen, die die Allgemeinheit als vordringlich oder elementar anerkennt und die daher bei der Verteilung von Gütern und Lasten besonders berücksichtigt werden sollen, und andererseits solche, die als rein private Bedürfnisse zu betrachten sind und deren Befriedigung deshalb ausschließlich in die persönliche Verantwortung fällt.

Thomas Ebert, Soziale Gerechtigkeit, Bundeszentrale für politische Bildung, Bonn 2010, S. 51

Aufgaben

1. Grenzen Sie unter Zuhilfenahme von M 1 – M 4 „soziale Ungerechtigkeit" und „soziale Ungleichheit" voneinander ab. Wenden Sie Ihre Definition auf konkrete Beispiele an: *Hochschulgebühren, Kindergeld, Maut-Jahresvignette statt hoher Mineralölsteuer, „Reichensteuer", etc.*
2. In M2 bezeichnet Bundestagspräsident Norbert Lammert die Einkommens- und Vermögensverteilung als Problem der Verteilungsgerechtigkeit. Sammeln Sie weitere gesellschaftspolitische Themen, deren öffentliche Akzeptanz unter dem Aspekt der Gerechtigkeit umstritten oder gefährdet ist.

7.1.2 Das Sozialstaatsgebot des Grundgesetzes

M 5 ● Verfassungsprinzip „Sozialstaat"

Das deutsche Sozialstaatsprinzip zielt als Verfassungsprinzip (Artikel 20 und 28 GG) vor allem auf die Herstellung und Gewährleistung erträglicher Lebensbedingungen, sozialer Sicherheit, sozialer Gleichheit und sozialer Gerechtigkeit. Diese Zielsetzungen bilden Orientierungsmaßstäbe für die inhaltliche Ausgestaltung der Politik im Sozialstaat.

Der deutsche Sozialstaat hat daher unter dem Vorbehalt der Finanzierbarkeit für sozial gerechte und abgesicherte Lebensverhältnisse seiner Bürger zu sorgen. Dies gilt insbesondere für lebensnotwendige Bedürfnisse wie Wohnung, Infrastruktur und finanzielle Mittel. Der Einzelne hat zumindest einen Anspruch auf Gewährleistung des Existenzminimums, das durch das Sozialstaatsprinzip in Verbindung mit Artikel 1 und 2 des Grundgesetzes abgesichert ist. Neben den traditionellen Aufgaben der Daseinsvorsorge (Wasser- und Stromversorgung) hat der Sozialstaat auch für die erforderliche Infrastrukturausstattung (z.B. Straßen- und Schienennetz, Sozial- und Bildungseinrichtungen) zu sorgen. Die Aufgabe, erträgliche Lebensbedingungen zu schaffen, verlangt von einer sozial verantwortlichen Politik außerdem, im Rahmen ihrer Handlungsmöglichkeiten auf die Bekämpfung der Arbeitslosigkeit und die Sicherung der Preisstabilität hinzuwirken.

Die soziale Sicherheit als wesentliches Element und Ziel des Sozialstaats verlangt von den staatlichen Institutionen, den Einzelnen gegen Notsituationen und Risiken wie Arbeitslosigkeit, Krankheit, Alter, Pflegebedürftigkeit abzusichern. In einer solchen Gefahren-, Risiko- und Solidargemeinschaft wird dem Staat die Aufgabe zugewiesen, die Lebensrisiken annähernd gerecht zu verteilen (BVerfGE 27, 253, 283f; 45, 376, 385ff). Die soziale Sicherheit ist im modernen Sozialstaat längst nicht mehr auf die Abwehr von Notlagen und die Vorsorge für die sozial schwächsten Bevölkerungskreise beschränkt, sondern gewährleistet ein umfassendes System sozialer Leistungen.

Frank Pilz, Der Sozialstaat. Ausbau – Kontroversen – Umbau, Bundeszentrale für politische Bildung, Bonn 2009, S. 20

Info

Sozialpolitik

Allgemein bezeichnet Sozialpolitik politische Institutionen, Prozesse und Politikinhalte, die zumindest darauf angelegt sind,

- die Bürger vor Armut und Not durch Garantie des Existenzminimums zu schützen,
- sie gegen die Wechselfälle des Lebens oder Risiken infolge von Alter, Invalidität, Krankheit, Arbeitslosigkeit oder Pflegebedürftigkeit zu sichern und
- soziale, also nicht natürliche Ungleichheit zu verringern.

Frank Pilz, Der Sozialstaat. Ausbau – Kontroversen – Umbau, Bundeszentrale für politische Bildung, Bonn 2009, S. 19

Entwicklung des Sozialstaats in Stationen

- **um 1850**
radikale Veränderungen während der Industriellen Revolution bei Arbeitsbedingungen und -verhältnissen, sozialer Absicherung, Hygiene- und Lohnverhältnissen, Kinderarbeit („soziale Frage")
- **1863**
erste Zusammenschlüsse von Arbeitern in Vereinen und Gewerkschaften (Lasalle, „Arbeiterbewegung")
- **1883**
Geburtsstunde der Sozialversicherungen durch Initiative Bismarcks: Kranken-, Unfall-, Invaliditäts- und Altersversicherung
- **1927**
Einführung der Arbeitslosenversicherung
- **1933–1945**
Ausbau von Sozialleistungen für „arische Volksgenossen"
- **1949**
„Sozialstaat" im Grundgesetz als Postulat verankert
- **1957**
Einführung des Umlageverfahrens der Rentenfinanzierung („Generationenvertrag")

▪ 1983
Seit 1983 müssen sich Versicherte an Krankenhaus- und Kurkosten beteiligen.

▪ 1984
Rentner müssen einen Teil der Krankenversicherungsbeiträge selbst zahlen (vorher beitragsfrei).

▪ 1990
Eingliederung von vier Millionen Rentnern und neun Millionen Beitragszahlern aus den neuen Bundesländern

▪ 1995
Start der Pflegeversicherung nach rd. 20 Jahren währender Diskussion

▪ 2001
Erweiterung der gesetzlichen Rente um kapitalgedeckte Bausteine („Riester-Rente"), staatlicher Zuschuss

▪ 2003
Änderungen in der Krankenversicherung durch Zuzahlungsverpflichtungen

▪ 2005
Einschränkungen bei Arbeitslosigkeit durch Kürzung des Arbeitslosengelds II (ALG II/Hartz IV)

▪ 2007
„Rente mit 67": stufenweise Anhebung der Altersgrenze ab 2012

▪ 2013
staatlicher Zuschuss zu privater Pflegezusatzversicherung

M 6 ● Ziele und Grundwerte des Sozialstaats

Allgemeine Ziele

- Sozialer Ausgleich: Unterschiede zwischen sozial schwachen und sozial starken Personen oder Personengruppen soll der Staat nicht tatenlos hinnehmen, sondern möglichst verringern. Das Bundesverfassungsgericht spricht von der Pflicht des Staates, „für einen Ausgleich der sozialen Gegensätze und damit für eine gerechte Sozialordnung zu sorgen".
- Soziale Sicherheit: Der Staat soll die Existenzgrundlagen seiner Bürger ganz allgemein sichern und möglichst auch fördern, also unabhängig von der Pflicht zum sozialen Ausgleich Daseinsvorsorge betreiben, beispielsweise durch geeignete Maßnahmen im Bildungs- und Gesundheitswesen, in anderen Bereichen der Sozialpolitik und in der Wirtschaftspolitik.

Soziale Grundwerte

Neben diesem ausdrücklichen, aber sehr allgemeinen Gebot zum sozialen Handeln enthält das Grundgesetz eine Reihe von Normen, die den Staat in allgemeiner oder spezieller Form auf bestimmte soziale Grundwerte verpflichten. Zu diesen Normen gehört zuvörderst die in Art.1 Abs.1 GG ausgesprochene Verpflichtung aller staatlichen Gewalt, die Menschenwürde zu achten und zu schützen. Aus ihr ergibt sich die ganz praktische Pflicht, bedürftigen Staatsbürgern ein materielles Existenzminimum zu sichern. Diese Pflicht steht in einem unmittelbaren inhaltlichen Zusammenhang mit der Pflicht zur Daseinsvorsorge und zum sozialen Ausgleich. Auch der Katalog der Grundrechte enthält Normen mit sozialstaatlichem Gehalt. Sie beziehen sich teils auf staatliche Handlungspflichten, teils auf private Handlungsrechte. Von sozialstaatlicher Bedeutung sind vor allem:

- Die Gleichheitssätze des Art. 3 GG: das allgemeine Verbot einer willkürlich ungleichen Behandlung der Staatsbürger (allgemeiner Gleichheitssatz, Abs. 1), ferner die Gleichberechtigung von Mann und Frau sowie das Diskriminierungsverbot, das heißt das Verbot, jemanden wegen seines Geschlechts, seiner Abstammung, seiner Rasse oder wegen anderer bestimmter Eigenschaften zu benachteiligen oder zu bevorzugen (spezielle Gleichheitssätze, Abs. 2 und 3). Die Gleichheitssätze verpflichten den Staat, soziale Ungleichheiten insoweit abzubauen oder zu vermeiden, als sie nicht in „wesentlichen" Unterschieden der Menschen begründet sind; bei der Festlegung dessen, was „wesentlich" ist, müssen jeweils gerechte Kriterien zugrunde gelegt werden, um so im Sinne des klassischen Gerechtigkeitsprinzips jedem das Seine zukommen zu lassen. [...]
- Die Pflicht des Staates zum besonderen Schutz von Ehe, Familie und Mutter und zum Schutz der nichtehelichen Kinder (Art. 6 Abs. 1, Abs. 3-5 GG). Sie begründet unter anderem Steuererleichterungen der Ehepaare und Familien sowie besondere arbeitsrechtliche Maßnahmen des Mutterschutzes.
- Das Recht für jedermann und alle Berufe, „zur Wahrung und Förderung der Arbeits- und Wirtschaftsbedingungen Vereinigungen zu bilden" (Art. 9 Abs. 3 GG). Diese Koalitionsfreiheit enthält die verfassungsrechtliche Garantie für die Arbeitnehmer, sich durch die Bildung von Gewerkschaften eine stärkere Stellung im Arbeitsleben zu verschaffen. Es ist eine spezielle Form des sozialen Ausgleichs, auf den der Staat durch das Sozialstaatsprinzip allgemein verpflichtet wird.
- Die Sozialbindung des Privateigentums durch Art. 14 Abs. 2 GG: „Eigentum verpflichtet. Sein Gebrauch soll zugleich dem Wohle der Allgemeinheit dienen." Sie verlangt, die in Art. 14 Abs. 1 GG garantierte Freiheit des Privateigentums mit den schutzwürdigen Interessen der Eigentumsbenutzer (zum Beispiel Mieter) in einen gerechten Ausgleich zu bringen.

- Die Möglichkeit, privates Eigentum an Grund und Boden, Naturschätzen und Produktionsmitteln gegen Entschädigung „in Gemeineigentum oder in andere Formen der Gemeinwirtschaft“ zu überführen (Art. 15 GG).

Nach: Hermann Albeck, Ziele und Grundwerte des Sozialstaats, in: Informationen zur politischen Bildung, Neudruck 1992, Heft 215, S. 11f.

M 7 ● Grundprinzipien des Sozialstaats: Subsidiarität und Solidarität

Das Subsidiaritätsprinzip bedeutet, dass der „Vorrangigkeit der kleineren Einheit“ Rechnung zu tragen ist. Es stammt aus der katholischen Soziallehre und gehört heute zum allgemeinen Gedankengut konservativer Sozialstaatsinterpretationen. In der vorherrschenden Auslegung dieses Prinzips gilt für die Gewährung sozialer Leistungen die Rangfolge, dass der Staat als letzter »Ausfallbürge« erst dann eingreifen darf, wenn untergeordnete Instanzen wie Familie, Verwandte, Freunde usw. keine Hilfe mehr leisten können. In aufsteigender Linie sollen die nächsthöheren sozialen Einheiten - erst die Wohlfahrtsverbände, wie die Caritas oder die Arbeiterwohlfahrt, bis hinauf zur Bundes- oder EU-Ebene die Leistungen erbringen. In dieser restriktiven Deutung des Subsidiaritätsprinzips gilt also folgende Rangfolge der Leistungsbereitstellung: Erst wenn die individuellen Hilfsquellen erschöpft sind, hat der übergeordnete Verband das sittliche Recht, aber auch die Pflicht, Unterstützung zu leisten.
Im Gegensatz zu dieser Auslegung des Subsidiaritätsprinzips ist für den katholischen Sozialwissenschaftler Oswald von Nell-Breuning die Gesellschaft nicht erst nach Erschöpfung der Kräfte des Einzelnen in die Pflicht zu nehmen; vielmehr haben die Familie oder der Staat Vorleistungen zu erbringen: Durch Erziehung, Bildung und Ausbildung sowie Bereitstellung ausreichender sozialer Infrastruktur müsse der einzelne Bürger erst in die Lage versetzt werden, eigene Leistungen zu erbringen. [...]
Im Gegensatz zum Äquivalenzprinzip, das eine Entsprechung von Beitragszahlungen und empfangenen Leistungen verlangt, ist das Solidaritätsprinzip auf das Einstehen füreinander angelegt: Diese eingeforderte wechselseitige Hilfsbereitschaft bedeutet für die Solidargemeinschaften der Arbeitslosenversicherung, der gesetzlichen Kranken- und Pflegeversicherung und der Rentenversicherung grundsätzlich, dass Erwerbstätige für Arbeitslose, Gesunde für Kranke und jüngere für ältere Menschen einstehen sollen. Das Solidaritätsprinzip enthält also ein umverteilendes Element. Eine solidarisch ausgerichtete Politik hat das Äquivalenzprinzip im sozialen Sicherungssystem durch umverteilende Maßnahmen zugunsten einkommensschwacher und hilfsbedürftiger Menschen und Gruppen zu korrigieren. Je mehr moderne Gesellschaften der Gefahr der Entsolidarisierung unterliegen, umso mehr ist die Politik gefordert, wirtschaftlich leistungsfähigen Bürgern und Gruppen solidarische Opfer abzuverlangen.

Frank Pilz, Der Sozialstaat, Bundeszentrale für politische Bildung, Bonn 2009, S. 101-103

Oswald von Nell-Breuning (1890-1991)
Theologe, Wirtschafts- und Sozialwissenschaftler, Professor für christliche Gesellschaftslehre in Frankfurt am Main

Aufgaben

1. Die Offenheit des „Sozialstaatspostulats“ (vgl. M 5 und M 6) führte in der Vergangenheit dazu, dass die Ausgestaltung des Sozialstaats stark von den jeweils regierenden politischen Mehrheiten bestimmt wurde. Wägen Sie Vor- und Nachteile dieser Offenheit gegeneinander ab.
2. Beschreiben Sie in Kurzform die Grundzüge der verschiedenen politischen Systeme seit 1870. Entwickeln Sie Ansätze, die einzelne Sozialleistungen aus der historisch - politischen Situation erklären können.

H zu Aufgabe 1
Beschränken Sie sich bei der Suche nach der unterschiedlichen Ausgestaltung auf ein Thema, z.B. die Position zum Mindestlohn oder zur Eigenbeteiligung im Gesundheitswesen (Vgl. S. 162, M 1 und M 2).

7.1.3 Das System der sozialen Sicherung

Art. 1 Abs. 1 GG
Die Würde des Menschen ist unantastbar. Sie zu achten und zu schätzen ist Verpflichtung aller staatlichen Gewalt.

Art. 20 Abs. 1 GG
Die Bundesrepublik Deutschland ist ein demokratischer und sozialer Bundesstaat.

Art. 28 Abs. 1 S. 1 GG
Die verfassungsmäßige Ordnung in den Ländern muss den Grundsätzen des republikanischen, demokratischen und sozialen Rechtsstaates im Sinne dieses Grundgesetzes entsprechen.

M 8 ● Soziale Sicherung auf verschiedenen Wegen: Fürsorge-, Versorgungs- und Versicherungsleistungen

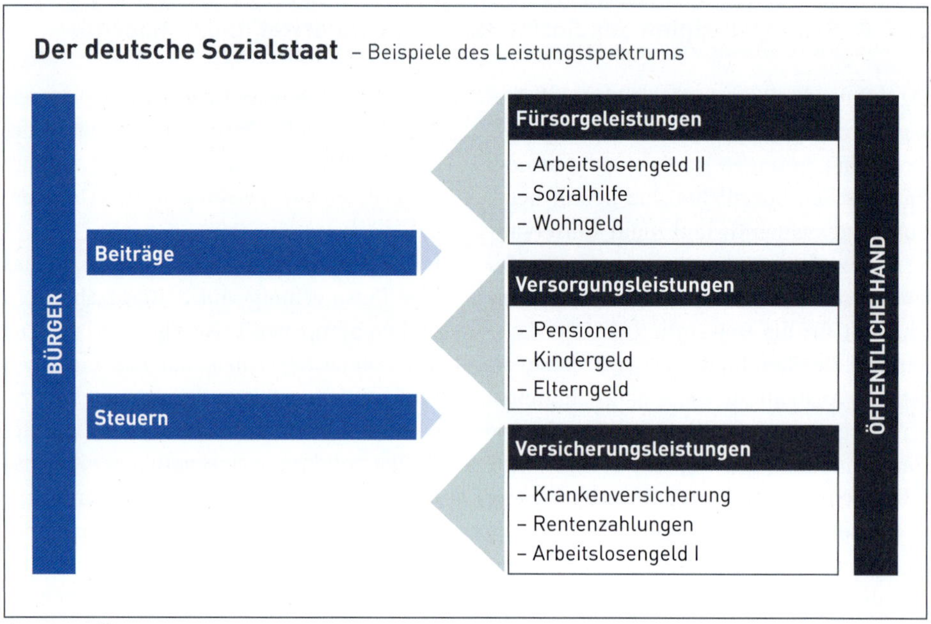

Autorengrafik

M 9 ● Sozialversicherungen: Wie sie sich finanzieren, was sie leisten

	Rentenversicherung	Krankenversicherung	Pflegeversicherung	Arbeitslosenversicherung
Beitragssätze in % des Brutto-verdienstes	18,9 %, je zur Hälfte von Arbeitgeber (AG) und Arbeitnehmer (AN)	15,5 %, zur Hälfte von AG und AN + 0,9 % allein von AN	2,05 % zur Hälfte von AG und AN + 0,25 % für Kinderlose ab 23 Jahren, Rentner zahlen den vollen Beitrag allein	3 % zur Hälfte von AG und AN
Leistungen	Renten bei verminderter Erwerbsfähigkeit und im Alter, Finanzierung von Rehabilitationsmaßnahmen, Hinterbliebenenrente	medizinische Hilfe, Maßnahmen zur Vermeidung und Früherkennung von Krankheiten, Krankengeld	Geld- und Sachleistungen je nach Grad der Pflegebedürftigkeit	Arbeitslosengeld, berufliche Aus- und Fortbildung, Umschulung, Arbeitsvermittlung
Gründe für Reformbedarf	mehr Ausgaben und weniger Einnahmen durch den demographischen Wandel	Die Ausgaben steigen durch die Alterung der Bevölkerung und den medizinischen Fortschritt	Die Ausgaben steigen durch die Alterung der Bevölkerung und den medizinischen Fortschritt	Je höher die Arbeitslosigkeit, desto höher sind die Kosten
Reformansätze (zum Teil schon verwirklicht)	Rentenniveau senken, Rentenalter anheben, Beiträge erhöhen, Eigenvorsorge steuerlich fördern	Höhere Beiträge, Leistungskürzungen, Zuschuss aus Steuermitteln	Beitragserhöhung, zusätzlich kapital-gedeckte Versicherung	verstärkte Vermittlungsanstrengungen, neue Anreizsysteme, kürzere Anspruchsdauer für Leistungen

Nach: Stiftung Jugend und Bildung (Hg.), in Zusammenarbeit mit der Informationszentrale der deutschen Versicherer ZUKUNFT klipp + klar, Soziale Sicherung + private Vorsorge, Magazin für Schülerinnen und Schüler, 2012/2013, S. 11

M 10 ● Leistungen des Sozialbudgets 2008 (Auswahl)

	Leistungen insgesamt	Finanzierung durch		
		Sozialbeiträge der Versicherten	Sozialbeiträge der Arbeitgeber	Zuschüsse des Staates
	in Mrd. EUR	in Mio. EUR		
Sozialbudget insgesamt	723,4	173.670	256.362	291.252
Sozialversicherungssysteme	439,5	153.623	162.949	91.965
Rentenversicherung	244,8	77.645	81.245	79.492
Krankenversicherung	158,9	54.154	51.677	3.805
Pflegeversicherung	19,1	7.216	6.939	–
Unfallversicherung	11,9	1.339	9.130	951
Arbeitslosenversicherung	28,9	13.268	13.958	7.716
(...)				
Förder- und Fürsorgesysteme	133,0	–	–	128.007
Kindergeld und Familienleistungsausgleich	36,7	–	–	36.680
Erziehungsgeld/Elterngeld	5,1	–	–	5.061
Grundsicherung für Arbeitssuchende	44,2	–	–	39.211
Arbeitslosenhilfe/Sonstige Arbeitsförderung	0,4	–	–	399
Ausbildungs- und Aufstiegsförderung	1,8	–	–	1.801
Sozialhilfe	23,5	–	–	23.515
Kinder- und Jugendhilfe	20,6	–	–	20.553
Wohngeld	0,8	–	–	787
Weitere sozialstaatliche Leistungen, u.a. Sondersysteme (z.B. Alterssicherung der Landwirte), System des öffentlichen Dienstes (z.B. Pensionen), Arbeitgebersysteme (z.B. betriebliche Altersversorgung), etc.				

Nach: Statistisches Bundesamt (Hg.), Datenreport 2011 – Ein Sozialbericht für die Bundesrepublik Deutschland, S. 260

Aufgaben

1. Der deutsche Sozialstaat wird oft als „Sozialversicherungsstaat" bezeichnet. Überprüfen Sie, inwieweit die Bezeichnung berechtigt ist. (M 8, M 9, M 10)
2. Die Leistungen des Sozialstaats beruhen vor allem auf den Prinzipien der Subsidiarität und der Solidarität. Wählen Sie aus M 8 – M 10 Leistungen aus und ordnen Sie sie diesen Prinzipien zu. Begründen Sie Ihre Position.
3. Arbeitgeberverbände drängen immer wieder darauf, dass ihr Anteil bei den Sozialbeiträgen gesenkt wird. Die Gewerkschaften wehren sich gegen dieses Vorhaben. Entwickeln Sie ausgehend von M 9 und M 10 ein kurzes, aber prägnantes Streitgespräch zwischen ihren Vertretern.

F zu Aufgabe 2
Informieren Sie sich, z. B. anhand eines Fachlexikons, über die Grundsätze der christlichen Soziallehre. Stellen Sie die Grundsätze in einem Referat vor.

ORIENTIERUNGSWISSEN

Ungleichheit und soziale Gerechtigkeit
M 1-M 4

Wie ein Staat mit der Ungleichheit der Menschen und ihren unterschiedlichen Ausgangs- und Lebenslagen umgehen soll, gehört zu den zentralen Fragen jeden Gemeinwesens. Lässt er zu viel Ungleichheit zu, so setzt er sich dem Vorwurf aus, er vernachlässige seine Aufgabe, soziale Gerechtigkeit herzustellen. Kümmert er sich zu viel um sozialen Ausgleich, so läuft er Gefahr, das eigenverantwortliche Handeln zu dämpfen.

Historische Wurzeln des Sozialstaats

Seit den Bismarckschen Sozialgesetzen (1883 ff.) hat sich in Deutschland eine lange Tradition staatlicher Interventionen und Institutionen entwickelt. Sie schufen zunehmend Vorkehrungen, um Menschen in besonderen existentiellen Gefährdungen und gegen Lebensrisiken abzusichern.

Sozialstaat im Grundgesetz
M 5, M 6

Das Grundgesetz von 1949 rechnet den „Sozialstaat" zum unveränderlichen Verfassungskern der Bundesrepublik (Art. 20, Art. 79 (3) GG). Die Vorgabe für den Staat, sozial zu handeln, ist verfassungsrechtlich nicht näher definiert. Dennoch gibt es allgemein anerkannte Grundsätze, dazu gehören die allgemeinen Ziele, nämlich für einen Ausgleich sozialer Gegensätze zu sorgen sowie die Existenzgrundlagen für jeden Bürger sicher zu stellen. Grundgesetzlich verankert sind eine Reihe von Grundrechten, die den Sozialstaat stützen, so z. B. der Gleichheitsgrundsatz (Art.3), der besondere Schutz von Ehe und Familie (Art. 6) oder die Sozialbindung des Privateigentums (Art. 14).

Sozialethische Prinzipien: Subsidiarität und Solidarität
M 7

Grundlage der sozialen Sicherungssysteme sind die sozialethischen Prinzipien
- Subsidiarität, die die Vorrangigkeit der kleineren Einheiten bei Hilfsbedürftigkeit verlangt und in die Verantwortung nimmt und
- Solidarität, zu verstehen als Einstehen füreinander, sie verpflichtet die Gemeinschaft zur Hilfe für sozial Schwächere und kann auch eine Umverteilung bedeuten.

Soziale Sicherung
M 10

Das breit angelegte System der sozialen Sicherung in Deutschland gründet auf
- Fürsorge- und Versorgungsleistungen aus dem staatlichen Haushalt und
- aus Versicherungsleistungen. Dazu zählen vor allem die Renten-, Kranken-, Pflege- und die Arbeitslosenversicherung.

Ausgestaltung des Sozialstaates durch den Gesetzgeber

Die Offenheit des „Sozialstaatsgebots" im Grundgesetz eröffnet dem Gesetzgeber weite Spielräume. Bei der Ausgestaltung des Sozialstaats orientiert sich der Gesetzgeber mit seinen politischen Mehrheiten
- an deren grundsätzlichen Vorstellungen vom Verhältnis zwischen Staat und Gesellschaft,
- an ihren Einstellungen zum Verhältnis zwischen Eigenverantwortung und Freiheit einerseits und solidarischen Maßnahmen und dem Ausmaß der erwünschten sozialen Gerechtigkeit andererseits,
- an den Bewertungen der aktuellen oder prognostizierten finanziellen Möglichkeiten im staatlichen Haushalt in den Versicherungskassen,
- am aktuellen Druck der gesellschaftlichen Organisationen und der Öffentlichkeit bzw. deren Durchsetzungs- oder Blockadepotentialen.

Was Wörter transportieren ... sollen

„Mit Wörtern ordnen wir die Welt. Wir kleben Namensschilder auf die Fülle der Erscheinungen und den Strom der Gefühle, wir machen uns die Umwelt durch Benennung handhabbar."
Wolf Schneider, Linguist und Journalist

In der öffentlichen Diskussion und in der politischen Auseinandersetzung werden über die Benennungen hinaus häufig Bilder verwendet. Sie können veranschaulichen und zu einem besseren Verständnis beitragen. Solche Metaphern sollen aber häufig auch eine Wertung transportieren, Emotionen hervorrufen. Sie werden dann beschönigend (euphemistisch) oder abwertend (pejorativ) eingesetzt. Dies leisten sie, indem sie beim Leser oder Zuhörer auf Assoziationen (Verknüpfungen mit anderen Gedanken und Vorstellungen, „Konnotat") setzen.

Der Sozialstaat – auf die Beschreibung kommt es an...

Im Zusammenhang mit der Frage, wie der Sozialstaat gestaltet ist, wie er ggf. umgebaut oder verändert werden sollte, setzen Politiker, Interessenvertreter und Journalisten immer wieder Begriffe ein, die schlagwortartig den Sozialstaat beschreiben oder eine bestimmte Vorstellung von ihm prägen sollen. So finden sich in den Auseinandersetzungen diese Bilder, Formulierungen und Zuschreibungen:

Soziales Netz
Soziale Hängematte
Trampolin
Sprungbrett
Schwarz-rot-goldenes Himmelbett
Kollektiver Freizeitpark
Bürger mit Vollkasko-Mentalität
der ausgebaute Sozialstaat

der paternalistische Sozialstaat
der wuchernde Sozialstaat
der aktivierende Sozialstaat
der erschöpfte Sozialstaat
der schlanke Sozialstaat
der vorsorgende Sozialstaat
Sozialstaat Deutschland: ehemaliges Wirtschaftswunder

Das Unwort des Jahres – Spiegel unserer Gesellschaft?

Jährlich erstellt die Jury der „Sprachkritischen Aktion Unwort des Jahres" an der Universität Frankfurt am Main eine Rangliste der „Unwörter". Die folgenden Begriffe waren jeweils in der Spitzengruppe.

1998 sozialverträgliches Frühableben
2000 überkapazitäre Mitarbeiter
2004 Humankapital
2005 Langlebigkeitsrisiko
2006 Neiddebatte

2007 Herdprämie
2008 Rentnerdemokratie
2009 betriebsratsverseucht
2010 Integrationsverweigerer
2011 marktkonforme Demokratie

Aufgaben

1. Beschreiben Sie anhand der Formulierungen zum Sozialstaat das jeweils vermittelte Bild. Ermitteln Sie für jeden der Begriffe, welche Konnotation erreicht wird und welche Position zum Sozialstaat sich damit verbindet.
2. Sie kennen die Aussagen des Grundgesetzes zum Sozialstaat, ihre Interpretation und seine Prinzipien. Welche Formulierungen entsprechen Ihrer Ansicht nach den verfassungsrechtlichen Vorgaben? Begründen Sie Ihre Position.
3. Klären Sie die Bedeutung der „Unwörter". Vollziehen Sie die Überlegungen der Jury nach, den Begriff zu einem „Unwort" zu erklären.

7. 2 Der Sozialstaat im Alltag

7.2.1 Sozialpolitische Problemfelder

Prof. Dr. Ute Klammer, Wirtschafts- und Sozialwissenschaftlerin an der Universität Duisburg-Essen, war Vorsitzende der Sachverständigenkommission Gleichstellung.

400-Euro-Jobber
Im Jahr 2012 rd. 7 Millionen Arbeitsverhältnisse mit 400 € Obergrenze, ab 2013: 450 €

Sozialgesetzbuch
Zusammenfassung der Sozialgesetze in insgesamt 12 Sozialgesetzbüchern (z. B. SGB XI – Soziale Pflegeversicherung)

Pflegestufen
tägliche Dienstleistungen in Minuten:
Stufe 0: unter 45 Minuten
Stufe I: 90 Minuten
Stufe II: 180 Minuten
Stufe III: 300 Minuten
Leistungen je nach Stufe und Art von 225 bis 1.510 € monatlich

M 1 ● Minijobs und die langfristigen Folgen

Interview der Süddeutschen Zeitung (SZ) mit Ute Klammer

SZ: Die Bundesregierung will dem Fachkräftemangel begegnen. Künftig sollen mehr Frauen arbeiten als heute. Ein realistischer Plan?

In den letzten Jahren hat das jedenfalls nicht geklappt. Zwar haben mehr Frauen als früher einen Job - aber sie arbeiten im Schnitt weniger. Letztlich ist das Arbeitsvolumen der Frauen ziemlich genau gleich geblieben.

SZ: Wollen die Frauen vielleicht gar nicht mehr arbeiten?

Doch, sie möchten schon. In allen Befragungen erklären Frauen, dass sie gern mehr arbeiten würden. Doch sehr viele stecken in geringfügigen Jobs fest. Gerade diese 400-Euro-Jobs verhindern, dass Frauen mehr arbeiten. Wer einen solchen Job macht, hat einen enormen Anreiz, das auf keinen Fall auszubauen. Denn dann würden plötzlich Steuern fällig, auch Sozialabgaben kämen dazu. Wenn eine Frau verheiratet ist und in einem Mini-Job dazuverdient, stellt sie fest: Mehr arbeiten lohnt sich nicht.

SZ: Erst mal wird diese Frau doch froh sein, dass der Staat ihr ein steuerfreies Einkommen lässt.

Aber das ist nur der Spatz in der Hand. Und es wäre besser, die Taube auf dem Dach zu fangen. Eine Frau, die in einem 400-Euro-Job steckenbleibt, riskiert, dass sie im Lauf der Jahre allmählich einen Teil ihrer Kompetenzen verliert. Sie kann nicht sicher sein, dass ihr Partner immer seine Stelle behält. Auch Ehen halten nicht mehr ewig. Aus der Perspektive der Gleichstellung sind Mini-Jobs desaströs: Sie führen Frauen in biographische Sackgassen. Und es entsteht ein riesiges Reservoir an Altersarmut. Denn diese Frauen zahlen zumeist auch nicht genügend in die Rentenkasse ein.

Das Interview führte Felix Berth, Karrierefallen für Frauen – Mini-Jobs führen in eine biographische Sackgasse, Süddeutsche Zeitung, 17.6.2011

M 2 ● Pflege im Minutentakt

Für einige der häufigsten [Pflege-, Anm. d. R.] Verrichtungen wurden sogenannte Zeitkorridore festgelegt. Diese sind in den Begutachtungsrichtlinien (BRi) festgelegt. Die BRi wurden nach dem XI. Buch des Sozialgesetzbuches entwickelt und sollen gewährleisten, dass in Deutschland alle Einstufungen nach gleichen Maßnahmen erfolgen. Beispiele für Zeitkorridore:

- Zähne putzen: fünf Minuten
- Waschen des Unterkörpers: zwölf bis fünfzehn Minuten
- Ankleiden: acht bis zehn Minuten
- Zerkleinern von Essen: zwei bis drei Minuten
- Essen geben: fünfzehn bis zwanzig Minuten

Oft betonen Pflegebedürftige wie gut sie Vieles noch können. Auch ihre Angehörigen verschweigen den tatsächlichen Notstand. So kommt es oft zu viel niedrigeren Einstufungen. So kommt eine Person, die selbst noch essen kann oder dieses behauptet, niemals in Pflegestufe III.

3sat, Pflegestufen im Überblick – Bei der Einstufung kommt es auf den zeitlichen Aufwand der Pflege an, www.3sat.de, 8.4.2011

M 3 ● Soziale Exklusion? Soziale Inklusion? – Beispiele und Eindrücke

Basketball im Rollstuhl

Mittagessen im Kindergarten

Asylbewerberheim in Nostorf Horst / Mecklenburg-Vorpommern

Essensausgabe in München für Bedürftige

Soziale Exklusion
Verweigerung eines Platzes im Gesamtgefüge der Gesellschaft, Ausschluss von Lebenschancen, z. B. von Teilhabe- und Bildungsmöglichkeiten (u.a. bei Arbeit, Konsum, Freizeit, Gesundheit, soziale Netze)

Soziale Inklusion
Zugang zu allen Partizipations-, Kommunikations- und Entfaltungsmöglichkeiten in Staat und Gesellschaft

Aufgabe

Wählen Sie e i n sozialpolitisches Thema aus M 1 bis M 3 aus. Recherchieren Sie dazu die Lösungsvorschläge von Parteien, Verbänden und ggf. Wissenschaftlern. Beziehen Sie die Vorschläge auf die Ihnen bekannten sozialethischen Prinzipien.

METHODE

Sozialdokumentarische Fotografie / soziale Fotografie

Merkmale, Funktionen und Analyse von sozialer Fotografie

Sozialdokumentarische Fotografie ist die fotografische Darstellung des Sozialen, oft in gesellschaftskritischer Absicht und über die Tagesaktualität hinausgehend. Im engeren „klassischen“ Sinn geht es dabei um die Dokumentation, Anklage und Beseitigung von sozialen Missständen. In einem weiteren Sinn geht es um die Dokumentation und Analyse des Sozialen. [...] Dies ist der begriffliche Rahmen, in dem die sozialdokumentarische Fotografie sowohl historisch als auch inhaltlich zu verorten ist: Das Soziale vorwiegend als eine Welt des Mangels, der zu zeigen ist, dessen Ursachen es zu benennen und den es zu überwinden gilt. Dies ist die Welt der „klassischen“ sozialdokumentarischen Fotografie in der ersten Hälfte des 20. Jahrhunderts mit den Bildern der Fabrikarbeit von Kindern, von Arbeitern an Hochöfen, von Arbeitslosigkeit und Armut, von Streiks und Klassenkämpfen. Das Soziale im allgemeinen Sinne aber bezeichnet nicht nur die Situation unterprivilegierter Gruppen, sondern eben allgemein das Zusammenleben von Menschen in Staat und Gemeinschaft, ist doch der Mensch grundsätzlich auf das „Soziale“ – also auf andere Menschen angewiesen, würde ohne es gar zugrunde gehen. [...] Mit diesem so gefassten Begriff des Sozialen lässt sich eine sozialdokumentarische Fotografie als eine über die Abbildung unterprivilegierter Gruppen hinausgehende Sozialfotografie verstehen, die – im Rahmen einer visuellen Soziologie – das visuelle Abbild einer Gesellschaft und damit ihrer sozialen Klassen und Schichten – die „Klassenbilder“ – zum Thema hat.

Eine Frau sitzt in Frankfurt am Main unter einem Vordach neben einem vollbeladenen Einkaufswagen mit ihrem gesamten Besitz auf einem Stuhl, um sich vor einem Regenschauer zu schützen, im Hintergrund eine Bankenreklame mit dem Schriftzug „Mission Finanz-Check“.

Rudolf Stumberger, Klassen-Bilder II – Sozialdokumentarische Fotografie 1945-2000, Konstanz 2010, S. 10, 12

Schritte zur Erschließung von sozialer Fotografie

1. Stellen Sie die Situation auf dem Foto in einen sozialen bzw. denkbaren biografischen Zusammenhang.
2. Ermitteln Sie die Signale, die das Foto aussendet.
3. Erläutern Sie unter Berücksichtigung des Kontextes die wahrscheinliche Funktion des Fotos (z.B. Blickfang? Illustration? Beleg? Anklage?).
4. Kann das Foto seine Funktion(en) erfüllen? Welche weiteren Fotos zum Thema würden Sie als Bildredakteur/in vom Bildarchiv oder von einem/r Bildjournalisten/in anfordern?

Aufgaben

1. Für sozialdokumentarische Fotos wird gerne Schwarz-Weiß-Fotografie eingesetzt. Sammeln Sie Überlegungen und Gründe, die Fotografen und Bildredakteure veranlassen, diese Variante zu wählen.
2. Warum kann es wichtig sein, Hintergründe und Kontexte der Entstehungssituation des Fotos zu kennen? Denken Sie dabei auch an Motive, Intentionen oder Abhängigkeiten des Fotografen/der Fotografin.
3. Versetzen Sie sich in die Situation eines Bildredakteurs. Inwiefern wird er bei der Auswahl von Fotos immer auch „sein Publikum“ im Blick haben? Begründen Sie Ihre Antwort.

Symbolbilder – „inszenierte Bilder"

Symbolfotos dokumentieren keinen konkreten Sachverhalt, sondern stammen aus anderen Zusammenhängen oder sind extra unter dem Aspekt erstellt, ein Thema zu bebildern – mit symbolhaft oder assoziativ aufgeladenen Illustrationen. Agenturen bieten den Redaktionen speziell solche Fotos an. Zu Symbolbildern rechnen auch nachgestellte Szenen (Inszenierungen), die eine „typische Situation" zeigen.
Der Pressecodex des Deutschen Presserats verlangt von Journalisten, dass Symbolfotos als solche kenntlich gemacht werden müssen, um eine Verwechslung mit dokumentarischen Abbildungen zu vermeiden.

Aufgabe

Ein Bildredakteur hatte den Auftrag, zwei kleine Sozialreportagen zu bebildern. Er suchte im Archiv und hat sich für obige Bilder entschieden:

a) Überlegen Sie: Welche Themen oder Texte werden damit wohl illustriert?

b) Formulieren Sie jeweils eine Überschrift zum Artikel und eine passende Bildunterschrift.

c) Können die Bilder auch meinungsbildende (tendenziöse) Texte veranschaulichen? Formulieren Sie zu einem Bild einen entsprechenden Text.

7.2.2 Analyse eines Problemfeldes: Kinderarmut

M 4 ● Unterschiede in den Regionen

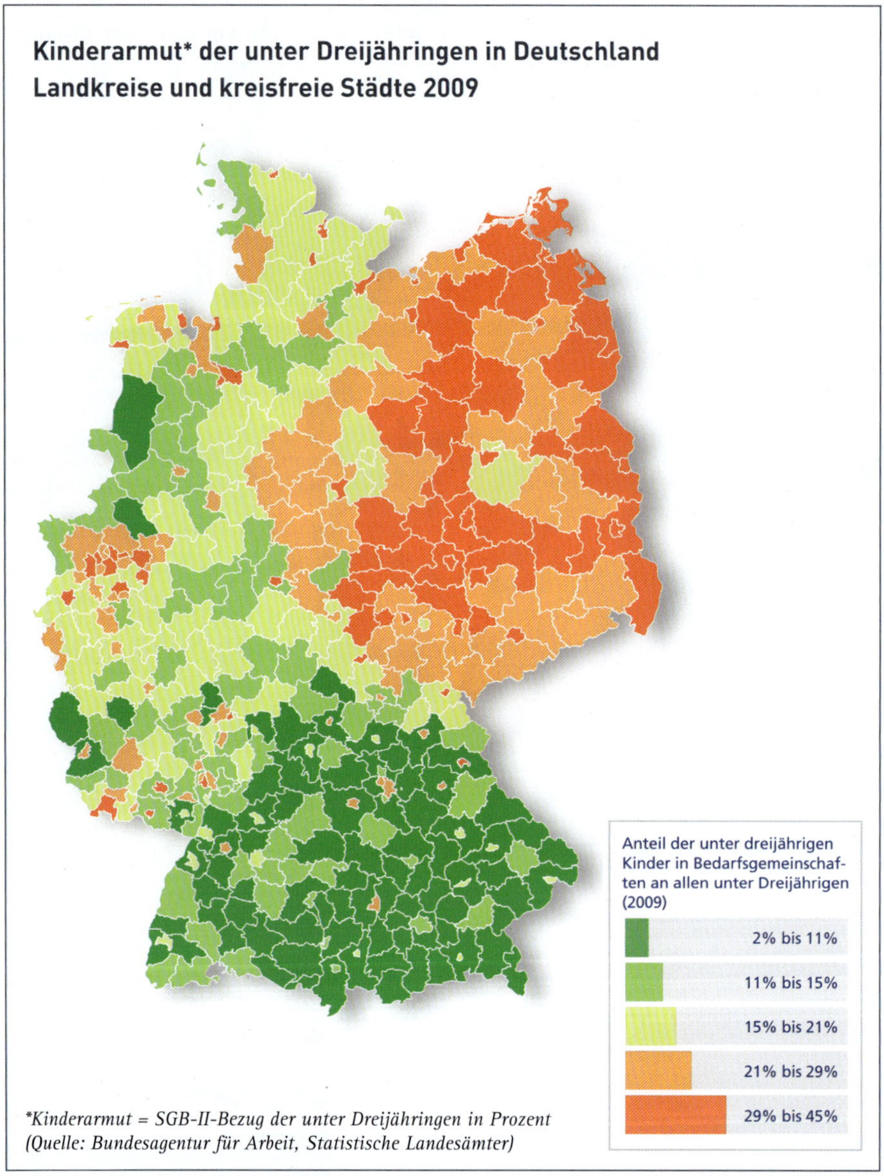

Quelle: www.keck-atlas.de, Bertelsmann Stiftung und empirica AG; Eigene Berechnungen auf Basis der Statistik der Bundesagentur für Arbeit sowie der Statistischen Ämter des Bundes und der Länder; Kinderarmut = Anteil der Kinder in SGB-II-Bezug in Prozent

Basisdaten zur Kinderarmut in Deutschland

Bundesagentur für Arbeit (2011):
1,64 Millionen Kinder in Haushalten mit „Hartz IV"-Einkommen, dabei nicht erfasst: z. B. Kinder von Eltern im Niedriglohnsektor in vergleichbarer Lage

UNICEF (Kinderhilfswerk der UN):
2,5 Millionen Kinder in „besonderer Mangelsituation", 8,5 % der Kinder in einkommensschwachen Haushalten (2012)

Armutsforscher unterscheiden
- absolute Armut (Bedrohung der physischen Existenz)
- relative Armut (Unterschreitung des soziokulturellen Existenzminimums, d. h. starke Einschränkungen bei der Teilhabe an materiellen, kulturellen und sozialen Möglichkeiten in einer Gesellschaft)

M 5 ● Was Armut bedeuten kann ...

Das monetäre Armutsrisiko beschreibt die Einschränkung der Teilhabechancen von Kindern nur unzureichend. Bei Kindern und Jugendlichen zeigen sich zusätzlich Entwicklungsdefizite, [...]. In sozial benachteiligten Familien haben Kinder häufiger Übergewicht, zeigen häufiger sozial auffälliges Verhalten und nehmen seltener an aktiver Freizeitgestaltung, [...] teil.

Bundesministerium für Arbeit und Soziales (BMAS), Lebenslagen in Deutschland - Der 3. Armuts- und Reichtumsbericht der Bundesregierung 2011 - Kurzfassung, S. XXII

monetär (moneta lat. Münze)
finanziell

M 6 ● UNICEF-Studie: „Index der Entbehrungen“

Die UNICEF-Vergleichsstudie (2012) listet in einem „Deprivationsindex“ auf, was Kindern in einem wohlhabenden Land zur Verfügung stehen sollte. Kann ein Kind davon mehr als zwei Möglichkeiten nicht wahrnehmen, wird dies als Hinweis auf „eine besondere Mangelsituation“ gewertet:

- Drei Mahlzeiten am Tag
- Eine warme Mahlzeit täglich (mit Fleisch, Fisch oder einem vegetarischen Äquivalent)
- Täglich frisches Obst und Gemüse
- Altersgerechte Bücher (nicht ausschließlich Schulbücher)
- Spielzeug für Aktivitäten im Freien
- Regelmäßige Freizeitaktivitäten, zum Beispiel in Sportvereinen, Jugendorganisationen oder das Erlernen eines Musikinstruments
- Mindestens ein altersgerechtes Spielzeug pro Kind – zum Beispiel Bauklötze, Brett- oder Computerspiele
- Geld, um an Schulausflügen oder Veranstaltungen teilzunehmen
- Ein ruhiger Platz für Hausaufgaben
- Ein Internetanschluss
- Einige neue Kleidungsstücke (nicht ausschließlich bereits getragene Sachen)
- Zwei Paar Schuhe, wenigstens eins davon wetterfest
- Möglichkeit, ab und zu Freunde zum Spielen und Essen nach Hause einzuladen
- Möglichkeit, Geburts- oder Namenstage sowie religiöse Feste zu feiern

Nach: Deutsches Komitee für UNICEF e.V., Information – Ergebnisse der UNICEF-Vergleichsstudie 2012, www.unicef.de (27.8.2012)

Deprivation
Mangel, Entbehrung, Fehlen von etwas Erwünschtem

M 7 ● Unterschiedliche Auslöser für Kinderarmut

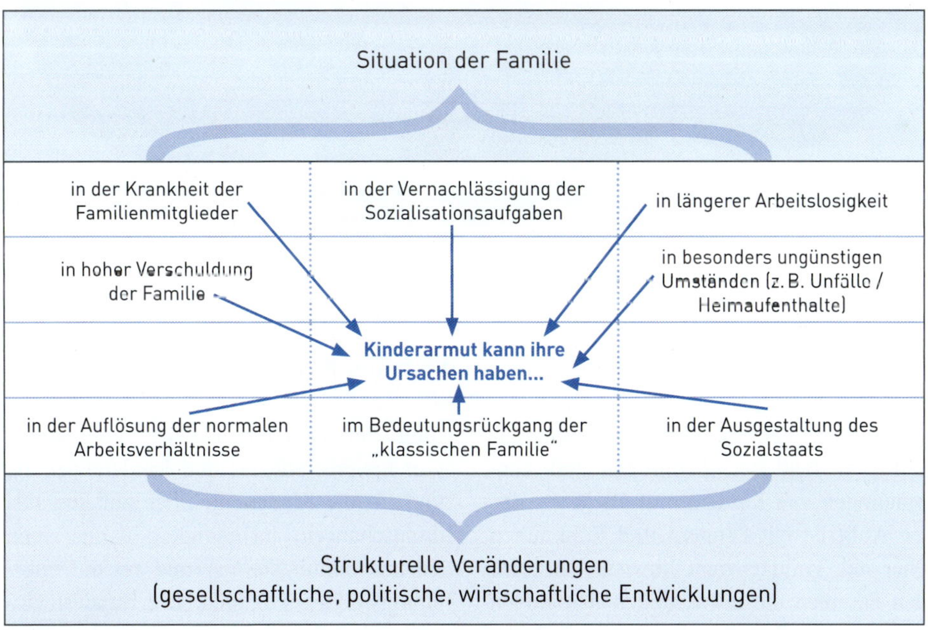

Sozialisation
Prozess der Eingliederung in die Gesellschaft mit Einübung in die Verhaltensweisen, die ein Zusammenleben ermöglichen und in der Gesellschaft üblich sind (dabei auch Vermittlung von Normen und Werten)

Aufgaben

1. Entwickeln Sie Erklärungsansätze für die regionale Verteilung der Kinderarmut in M 4 mithilfe der in M 5 – M 7 genannten Faktoren.
2. Halten Sie es für gerechtfertigt, die in M 6 erläuterte „besondere Mangelsituation“ mit „Kinderarmut“ gleichzusetzen? Begründen Sie Ihre Position.

7.2.3 Ziele und Wirkungen staatlicher Maßnahmen

M 8 ● Handlungsspielräume für die Politik

M 9 ● Schwerpunkt der Maßnahmen: die frühe Kindheit

Die Bundesregierung versteht die Bekämpfung von Begleiterscheinungen und Ausprägungen von Kinderarmut als gemeinsame Aufgabe mit Ländern und Kommunen über alle Politikebenen hinweg. Dort, wo den Familien die notwendigen Ressourcen nicht zur Verfügung stehen, ist es Aufgabe von Staat und Gesellschaft, Angebote zur Betreuung und Bildung von Kindern bereit zu stellen und Alltags-, Familien- und Erziehungskompetenzen zu vermitteln. Die frühkindliche Bildung und Betreuung hat hier in zweifacher Hinsicht große Bedeutung: Für die Eltern bei der Vereinbarkeit von Erwerbstätigkeit und Kindererziehung und für die Kinder mit Blick auf ihre Bildungschancen, insbesondere dann, wenn sie aus bildungsfernen und ressourcenarmen Familien kommen. Die Bundesregierung setzt deshalb auf einen abgestimmten Maßnahmenkatalog aus finanziellen Hilfen, einer familienorientierten Arbeitswelt und einer umfassenden Betreuungsinfrastruktur.

Bundesministerium für Arbeit und Soziales (BMAS), Lebenslagen in Deutschland – Der 3. Armuts- und Reichtumsbericht der Bundesregierung 2011 – Kurzfassung, S XXII, XXIII

Armuts- und Reichtumsbericht der Bundesregierung

Studie zu wirtschaftlichen und sozialen Lebenslagen der Bundesbürger, u. a. zu Einkommen, Erwerbstätigkeit, Gesundheit, Teilhabe am politischen, gesellschaftlichen und kulturellen Leben

Info

Bildungspaket

Anlass für eine Neuregelung der Unterstützung für Kinder von sozial schwächeren Familien, dem sog. Bildungspaket, war ein Urteil des Bundesverfassungsgerichts vom Februar 2010. Es verlangte vom Gesetzgeber wegen der bis dahin geltenden nicht verfassungsgerechten Regelsätze für Kinder von Arbeitslosengeld II-Empfängern („Hartz IV") eine Neuregelung. Nach langen Verhandlungen zwischen den Regierungsparteien CDU/CSU und FDP auf der einen Seite und der SPD auf der anderen Seite kam es zu einem entsprechenden Gesetzesentwurf, der im Frühsommer 2011 Bundestag und Bundesrat passierte.
Demnach haben bedürftige Kinder und Jugendliche einen Rechtsanspruch aufs Mitmachen in Kindertagesstätten, Horten, Schulen, bei Musik, Sport und Spiel in Vereinen und Gruppen. Das Gesetz unterstützt Kinder und Jugendliche, deren Eltern nach dem Sozialgesetzbuch II (insbesondere Arbeitslosengeld II oder Sozialgeld) oder nach § 2 des Asylbewerber-Leistungsgesetzes leistungsberechtigt sind oder Sozialhilfe, Kinderzuschlag oder Wohngeld beziehen. Es soll ihnen bessere Lebens- und Entwicklungschancen eröffnen. Mit dem „Bildungspaket" werden z. B. auch Lernmaterialien bezuschusst. Eine qualifizierte Lernförderung wird unter bestimmten Umständen ermöglicht, wenn Kinder und Jugendliche in der Schule nicht mehr mitkommen.

Zentrale Elemente des Gesetzes zu Bildungs- und Teilhabechancen

- Zuschuss zum Mittagessen in Schulen (Eigenbeitrag 1 €)
- Nachhilfe, jedoch nur bei erkennbarer Versetzungsgefährdung
- 10 € monatlich für Kultur- und Sportangebote
- Erstattung der Kosten von Schulausflügen
- Zuschuss zum Schulbedarf (100 €)
- Kostenübernahme der Schülerbeförderung

M 10 ● Wirkungen und Auswirkungen des Bildungspakets

a) „Punktgenaue Unterstützung"

Aus einer Pressemeldung des Bundesvorsitzenden Jürgen Böhm des Verbands deutscher Realschullehrer (VdR)

Umfragen zeigten, kommentierte Böhm die derzeitige Situation, dass sich das „Bildungspaket" nach einjähriger Laufzeit einen breiten Bekanntheitsgrad bei den Anspruchsberechtigten erworben hat und seine Akzeptanz weiter stetig steige. Nach den klassischen Anlaufschwierigkeiten, die Projekte dieser Größenordnung grundsätzlich begleiten, erhielten inzwischen deutlich über fünfzig Prozent aller infrage kommenden Erziehungsberechtigten Rückerstattungen, z.B. für den Besuch einer Musikschule oder die benötigte Ausrüstung im Freizeitsport. Auch sei die Grundsatzentscheidung, Leistungen auf den Einzelfall, das heißt, auf das einzelne Kind, die einzelnen Erziehungsberechtigten zuzuschneiden, richtig gewesen. „Das Bildungspaket überlässt der einzelnen Familie, dem alleinerziehenden Elternteil die Entscheidung darüber, welche Angebote als besonders attraktiv eingeschätzt werden und wo man sich vorrangig engagieren möchte. Eine punktgenau finanzierte Sach- oder Dienstleistung stärkt Schüler und Schülerinnen wie auch deren Eltern in ihrer autonomen Entscheidungsfindung und gewährleistet im Gegensatz zum Gießkannenprinzip mit dessen Sickereffekten zusätzlich Kostentransparenz", erläuterte Böhm. Der Individualanspruch biete einen unmittelbaren Einblick in Kostenstrukturen und zeige, was die Mitgliedschaft in einem Verein oder eine zusätzliche Förderstunde koste.

Jürgen Böhm, Punktgenaue Unterstützung der Kinder statt Gießkannenprinzip..., www.bildungsklick.de, 3.4.2012

„Hartz IV"

Hartz IV steht für das Gesetzespaket (Hartz I – IV) und ist nach Peter Hartz (früherer VW-Manager) benannt. Er war der Leiter einer Kommission, die 2002 im Auftrag der Bundesregierung eine Neuorientierung der Arbeitsmarktpolitik entwickelte.

b) Zuschuss zum Mittagessen – Gewinn für wen?

Wenn Bundesarbeitsministerin Ursula von der Leyen über das Bildungs- und Teilhabepaket für arme Kinder redet, vergisst die CDU-Politikerin nie, ein Detail zu erwähnen: Die Kinder, sagt sie, hätten jetzt einen Anspruch auf ein „warmes Mittagessen" in der Schule oder Kindertagesstätte. Dabei konnte man den Eindruck gewinnen, sie wären bislang leer ausgegangen und hätten, zugespitzt formuliert, hungernd zusehen müssen, wie ihre Mitschüler, deren Eltern nicht im Hartz-IV-Bezug sind, ihre Spaghetti Bolognese verschlungen haben. Tatsächlich haben bereits viele Kommunen und einige Länder in Deutschland ein Mittagessen für bedürftige Kinder ganz oder teilweise bezahlt, und die freuen sich jetzt über den Geldregen aus Berlin. [...]
Diese Woche verkündete die sächsische Stadt Zwickau: Der Ernährungszuschuss für Kinder aus Hartz-IV-Familien wird eingestellt – wegen der neuen Mittel aus dem Bildungspaket des Bundes. Solche Meldungen häufen sich in diesen Tagen. [...]
In Bayern sorgt die Landesregierung schon jetzt für Schüler aus Hartz-IV-Familien. Sie legt einen Euro pro Mittagessen dazu, wenn auch die Kommune dafür einen Euro herausrückt. In München funktioniert dies seit Jahren tadellos. Künftig wird die Stadt für die zuletzt knapp 3.300 Schulkinder nicht mehr zahlen, weil das Geld vom Bund kommt. „Wir sind freiwillig eingesprungen. Das müssen wir jetzt nicht mehr", heißt es beim Sozialreferat München. [...] Ähnlich wird es in München bei Musikschulen und Sportvereinen laufen. Wer einen Hartz-IV-Bescheid der Musikschule vorzeigte, musste keinen Beitrag überweisen. Künftig gibt es dafür Geld aus dem Bildungspaket.

Thomas Öchsner, Bildungspaket für arme Kinder – Abkassieren mit Hartz IV, www.sueddeutsche.de, 24.3.2011

„Hartz IV"- Regelsätze

(Stand 2013)

Monatsbeträge in Euro

für Erwachsene	382
für Jugendliche	289
für Kinder	255
für Kinder unter 6 Jahren	224

c) Faktencheck: Was ist mit 10 € im Monat möglich?

Studierende des Fachbereichs Sozialwesen der Hochschule Würzburg-Schweinfurt haben unter der Leitung des Professors Dr. Ulrich Gartzke im Rahmen eines Projektes den Aufwand und die Wirkung des Bildungs- und Teilhabepakets für die Kinder von Hartz-IV-Beziehern vor Ort untersucht. Sie wandten sich in Umfragen an Jobcenter, Kindertagesstätten, Schulen, Vereine, Nachhilfe-Institute sowie an Leistungsempfänger. [...]
Ihr Ergebnis: Mit dem Beitrag können Angebote der Vereine wie Schwimmen, Schachspiel, Tischtennis und Fußball bezahlt werden. Anders sieht es bei Aktivitäten außerhalb von Vereinen aus: Hier belaufen sich die Kosten z.B. beim Klettern in Kletterhallen auf ca. 20 Euro, beim Eishockey würde die Ausrüstung mit ca. 250 Euro einen großen zusätzlichen Ausgabeposten darstellen. Auch Musik- oder Tanzunterricht erfordern erhebliche Zuzahlungen. „Nur wenige Teilhabeleistungen sind mit zehn Euro pro Monat tatsächlich umsetzbar, wenn man die Nebenkosten mit berücksichtigt", fasst Student Lukas Ballweg zusammen. „Diese Nebenkosten müssten aber aus dem Regelsatz gezahlt werden, was für viele Antragsteller ein Hindernis sein könnte." [...]
Um eine finanzielle Unterstützung aus dem Bildungspaket zu erhalten, hat der Staat keine Bringschuld, sondern Interessierte haben eine Holschuld. Inwieweit sind alle am Bildungspaket involvierten Stellen und Empfänger informiert? [...] Das Ergebnis: Rund die Hälfte gab an, ausreichend über die Anträge und Leistungen des Bildungspaketes informiert worden zu sein. Die Umfrage-Teilnehmer, die noch keine Anträge gestellt hätten, gaben als Hinderungsgrund neben dem hohen Aufwand auch die Angst vor Diskriminierung bzw. Stigmatisierung an. [...] Kritisiert wurden

von den Befragungsteilnehmern auch die parallelen Zuständigkeiten von Jobcentern, Landratsämtern und Wohngeldstellen. „Gute Erfahrungen haben solche Kommunen gemacht, die eine zentrale erste Anlaufstelle und eine Hotline zum Bildungs- und Teilhabepaket eingerichtet haben. Hier können kompetente Auskünfte über die zuständigen Ämter und die mitzubringenden Unterlagen gegeben werden."

Hochschule für angewandte Wissenschaften Würzburg/Schweinfurt, Pressemeldung, www.fhws.de, 20.7.2011

M 11 ● Angekommen?

Karikatur: Jan Tomaschoff

Aufgaben

1. Als Schulleiter einer Grundschule in einem sozial schwierigen Stadtviertel wollen Sie, dass Ihre Schule gezielt Beiträge zur Minderung der Probleme leistet. Entwerfen Sie ein Papier, das Ihrem Kollegium als Diskussionsgrundlage für ein entsprechendes Leitbild Ihrer Schule dienen soll.
2. In M 9 fordert die Bundesregierung, dass gute Bildung im frühen Kindesalter beginnen muss. Beschreiben Sie die Spannungsfelder, die sich ergeben, wenn der Staat sehr stark auf die ersten Jahre eines Kindes Einfluss nehmen will.
3. Das sog. Bildungspaket hatte erwünschte wie unerwünschte Folgen. Stellen Sie sie – ausgehend von M 9 bis M 11 – gegenüber.
4. In der Diskussion zum „Bildungspaket" war alternativ eine sog. „Bildungscard" im Gespräch. Mit ihr hätten berechtigte Kinder z. B. das Mittagessen in der Schule, den Eintritt ins Freibad oder den Monatsbeitrag beim Fußballverein bezahlen können. Stellen Sie Vermutungen an, warum diese Idee verworfen wurde.
5. Im M 10c ist von der „Holschuld" der Interessierten die Rede. Überprüfen Sie, inwieweit die damit verbundenen Schwierigkeiten vermindert oder beseitigt werden können. Wäre Ihrer Ansicht nach auch eine „Bringschuld des Staates" möglich?

H zu Aufgabe 4
Informieren Sie sich, unter welchen Bedingungen Schüler über das „Bildungspaket" Förderangebote (Nachhilfe) in Anspruch nehmen können. Inwiefern lassen sich diese Regelungen kontrovers diskutieren?

F zu Aufgabe 4
Beschreiben Sie Möglichkeiten und Schwierigkeiten für Kommunalpolitiker, die in den Problemregionen die Situation verbessern wollen.

EXKURS

Vom Umgang mit Zahlen

BA (Bundesagentur für Arbeit)
Körperschaft des öffentlichen Rechts, Dienstleister für Bevölkerung und Unternehmen zu Fragen des Arbeitsmarkts

Grundsicherungsleistungen
Sammelbezeichnung für alle Sozialleistungen zur Sicherung der Existenzgrundlage (Sozialhilfe, Sozialgeld, Arbeitslosengeld II, Hilfe zum Lebensunterhalt; Regelsätze wie ALG II)

Niedriglöhner, Niedriglohnsektor
Arbeitnehmer, die weniger als zwei Drittel des mittleren Stundenlohns erhalten (2010: 9.26 €), Grundsicherung u. U. über ALG II sichergestellt („Aufstocker")

Median
Fachbegriff aus der Statistik, „Zentralwert", im Unterschied zum arithmetischen Mittel („Durchschnitt") der Wert in der Mitte einer Skala, von dem aus jeweils die Hälfte darüber bzw. darunter liegt (z. B. Messwert für „relative Armut")

„Sind dann alle Zahlen richtig – irgendwie?" – ein fiktives Interview

Jens Schmidt, *Hörfunk-Journalist:* Danke, dass Sie beide Zeit gefunden haben. Für eine Hörfunk-Reportage zur Kinderarmut in Deutschland befrage ich Experten. Zunächst ganz einfach: Wie viele arme Kinder gibt es bei uns?

Jürgen Maier, *Statistiker (UNICEF):* Wir haben dazu präzise Zahlen aus dem Jahr 2012: In der Bundesrepublik sind 2,5 Millionen Kinder in „besonderen Mangelsituationen".

Susanne Müller, *Sozialwissenschaftlerin (BA):* Naja, unsere Zahlen sagen etwas anderes: Wir liegen bei 1,64 Millionen Kindern, die unter 15 sind und Hartz IV-Leistungen in Anspruch nehmen. Wir errechnen daraus 15,1 %.

Schmidt: Bei der Vorbereitung bin ich auf eine Studie der Bertelsmann-Stiftung von Anfang 2012 gestoßen. Sie gibt für die unter Dreijährigen einen Anteil von 15,9 % an und zählte nur die Kinder in Familien, die Grundsicherungsleistungen erhalten.

Maier: Keinesfalls sollte man z. B. die Kinder von Niedriglöhnern vernachlässigen, deren Situation dürfte sich oft nicht davon unterscheiden.

Schmidt: Moment, für meine Hörer wird das jetzt schwierig: Welcher Zahl sollen sie trauen? Nochmals: Wie viele arme Kinder gibt es?

Maier: Für eine eindeutige Antwort ist Ihre Frage zu ungenau. Man kann nicht einfach nach „Armut" fragen. Vielmehr muss man klarstellen, was man darunter verstehen will. Nimmt man die Altersgruppe unter 10 oder bis 12, bis 14, 16 oder 18? Und sieht man nur den Aspekt, wie viel Geld ihnen zur Verfügung steht? Zu all diesen Fragen gibt es bei Wissenschaftlern, in den Medien und in der Politik ganz unterschiedliche Vorstellungen.

Müller: Völlig richtig! Bleiben wir doch mal beim Einkommen: Eine gängige Definition nimmt die „Mediangrenze". Bleibt das Einkommen unter fünfzig Prozent des Medians des verfügbaren Haushaltseinkommens, so zählt der Haushalt zu den Armen, so macht das UNICEF.

Maier: Manchmal werden auch Berechnungsmethoden verändert oder es unterlaufen Fehler. Das Deutsche Institut für Wirtschaftsforschung hat deshalb seine Zahlen von 2009 auf 2011 korrigiert von 16,3 % auf 8,3 %!

Müller: In den letzten Jahren wird oft die Sechzig-Prozent-Schwelle angesetzt. Das verändert die Zahlen erheblich. Das Sozio-oekonomische Panel (SOEP) kommt damit z. B. auf 14,9 %.

Schmidt: Moment, heißt das: Alle Zahlen sind richtig – irgendwie?

Müller: Hm, richtig oder falsch – die Begriffe passen eigentlich nicht. Jede Studie muss immer klar machen: Wir haben diese oder jene Daten und Annahmen zugrunde gelegt und kommen mit diesen oder jenen Methoden zu genau diesen Ergebnissen und Schlüssen. Dann ist das korrekt.

Schmidt: Ja, aber dann könnte ich ja ein Ergebnis – Niedrigere Kinderarmut? Höhere Kinderarmut? – ein bisschen – hm – steuern, wenn ich z. B. an diesen Schwellen-Stellschrauben drehe?

Maier: Das ist zumindest nicht auszuschließen. In Vorgesprächen zwischen Wissenschaftlern und Instituten mit ihren Auftraggebern wird u. U. geklärt, welcher Schwellenwert oder welche Kriterien für eine Studie gelten werden. Dass Politiker, Organisationen oder Unternehmen mit dem Thema und den Zahlen unterschiedliche Ziele verfolgen, ist uns natürlich bekannt.

Schmidt: Gibt es noch andere Probleme bei Erhebungen?

Müller: Allerdings: Wie sollen z. B. Sozialforscher damit umgehen, wenn Eltern Fragebögen nicht zurückgeben? Man kann sie dann eigentlich nicht werten. Aber Experten wissen, dass tendenziell bestimmte Haushalte ihre Daten nicht liefern, nämlich vor allem die an den unteren und oberen Rändern der Einkommensskala.

Maier: Und damit verlöre eine Studie ihren repräsentativen Charakter. Eine Gruppe wird nämlich nicht oder nicht angemessen berücksichtigt.

Schmidt: Sind dann die Zahlen insgesamt unglaubwürdig?

Maier: Nein, wir bearbeiten das Problem mit wissenschaftlichen Methoden und gut überlegt: Als die Zahl der Antwortmuffel noch klein war, konnte man sie vernachlässigen. Aber sie wuchs. Deswegen arbeiten einige Institute, z.B. das Deutsche Institut für Wirtschaftsforschung, mit Korrekturfaktoren. Den Antwortmuffeln werden demnach anteilig Einkommensgruppen zugewiesen.

Müller: Das Verfahren bezieht zusätzliche Daten und Erfahrungen ein. Es ist kompliziert, entspricht aber den Standards der empirischen Sozialforschung.

Schmidt: Wäre es dann nicht fair, bei Veröffentlichungen alle diese Bedingungen und Faktoren mitzuliefern?

Maier: Richtig! Alle seriösen Wissenschaftler und Institute machen das auch. Leider gehen in den Medien und in der politischen Auseinandersetzung diese Präzisierungen oft und schnell unter. Ein gewissenhafter Hörer oder Leser wird also nicht jeder in die Debatte geworfenen Zahl gleich glauben und bei Interpretationen skeptisch bleiben.

Müller: Man sollte immer das gesamte „Forschungsdesign" kennen, um Ergebnisse angemessen bewerten zu können. Es gilt der Satz: „Wer nichts weiß, muss alles glauben."

Maier: Übrigens lassen sich auch Trends unterschiedlich darstellen. Ein Beispiel: Verringert sich innerhalb von vier Jahren die „Kinderarmut" um 2 %-Punkte, wird der eine Politiker das als Erfolg feiern, ein anderer u. U. auf das „immer noch skandalös hohe Niveau" hinweisen und die Lage dramatisieren.

Müller: Ich will das noch verschärfen: Spricht ein Politiker etwa triumphierend von „sinkender Kinderarmut" und der „Ernte dessen, was wir in den letzten Jahren unternommen haben", so bezieht er sich u.U. auf absolute Zahlen. Wenn es insgesamt weniger Kinder gibt, ist es logisch, dass auch weniger Kinder auf „Hartz IV" angewiesen sind. Der Prozentanteil könnte mithin sogar gestiegen sein.

Schmidt: Heißt das, Zahlen werden auch tendenziös eingesetzt oder interpretiert?

Maier: Ja, das stößt bei uns Wissenschaftlern dann oft auf Verärgerung. Übrigens: Wer Kinderarmut nur über Einkommen definiert, sieht ja sowieso nur einen Teil der Wirklichkeit. Es gibt doch auch andere Formen.

Schmidt: Dazu kommen wir gleich noch. Der Satz „Wer nichts weiß, muss alles glauben." leuchtet ein. Man sollte also immer die Hintergründe einer Studie kennen. Kommen wir jetzt zu weiteren Facetten der Kinderarmut...

Aufgaben

1. Sammeln Sie alle Faktoren, die zu unterschiedlichen Sichtweisen auf das Problem und zu unterschiedlichen Ergebnissen führen können.
2. Entwerfen Sie – ausgehend vom fiktiven Interview – jeweils ein „Forschungsdesign", das von Politikern mit unterschiedlicher Sichtweise auf das Problem Kinderarmut anerkannt werden würde.
3. Entwickeln Sie vor diesem Hintergrund Grundsätze für eine unabhängige wissenschaftliche Studie.
4. Ein Interviewpartner deutet noch weitere Formen von Kinderarmut an. Diskutieren Sie, unter welchen Aspekten man ebenfalls von „Kinderarmut" sprechen kann.

EXKURS

SOEP (Sozio-oekonomisches Panel)
Wiederholungsbefragung im Auftrag des Deutschen Instituts für Wirtschaftsforschung (DIW)

Repräsentativstudie
stichprobenartige Auswahl der Befragten unter Berücksichtigung des Anteils von einzelnen Personengruppen wie in der Gesamtbevölkerung, Rückschlüsse auf die Gesamtheit möglich

Empirische Sozialforschung
Methoden und Techniken zur Erforschung der sozialen Wirklichkeit, vor allem Befragungen, Beobachtungen, Experimente

Forschungsdesign
im weiteren Sinn die gesamte Untersuchungsanordnung mit Fragestellung, Hypothesenbildung, Kriterien, Erhebungs- und Auswertungsmethoden

Prozentpunkte
Bezeichnung für die Differenz zwischen zwei Prozentangaben mit vergleichbaren Bezugsgrößen (beachten Sie den Unterschied: Verringerung um 2 Prozentpunkte bzw. Verringerung um 2%)

7.2.4 Grenzen des Sozialstaats

M 12 ● Entwicklung der Sozialleistungen

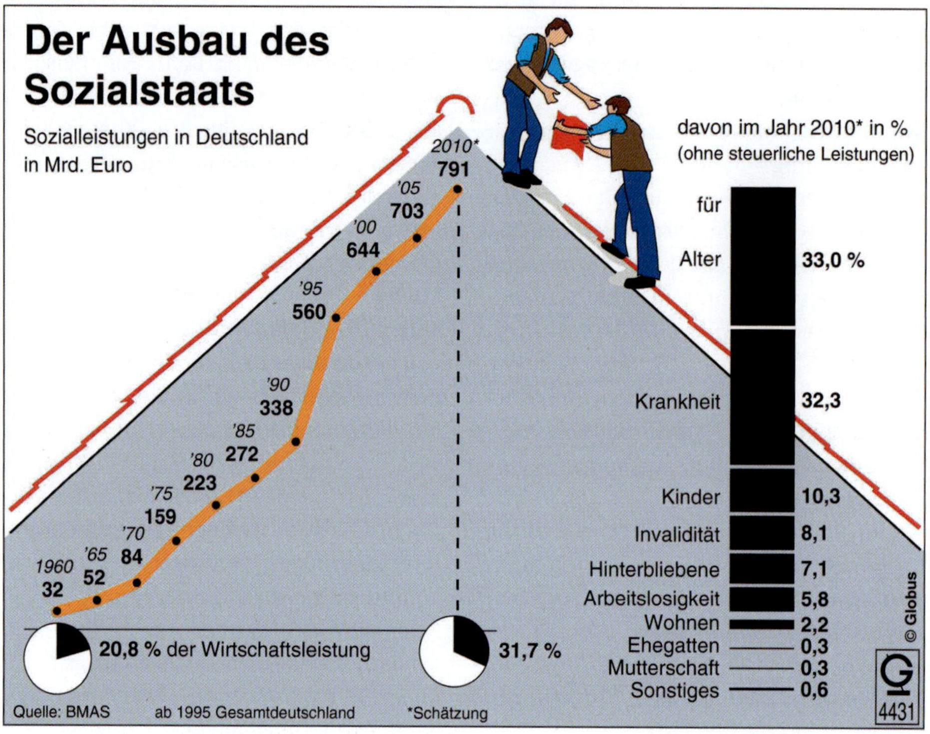

M 13 ● Kosten des Sozialstaats für Arbeitnehmer und Arbeitgeber

Folgende Gehälter bewegen sich ungefähr im Rahmen von 2.700 € brutto, allerdings ist die Höhe oft auch abhängig von der jeweiligen Branche, von der Berufserfahrung, von Spezialkenntnissen (Sprachen, EDV), vom Alter und der jeweiligen Verantwortung (ggf. leitende Tätigkeit): Betriebswirt/in (Anfangsgehalt); Ingenieur/in (Anfangsgehalt); Meister/in in einem Betrieb; Sachbearbeiter/in; Krankenschwester/-pfleger (Stationsleiterin); kaufmännische/r Angestellte/r (leitend)

Arbeitnehmer/in, Steuerklasse I (ledig), ohne Kind, Bundesland Baden-Württemberg, Kirchenmitglied, Brutto-Gehalt 2.700 € (Stand: Januar 2013)			
erhältlich monatlich netto ausbezahlt:		kostet monatlich den Arbeitgeber:	
Brutto-Bezüge	2.700,00 €	Brutto-Bezüge	2.700,00 €
- Lohnsteuer	388,66 €		
- Solidaritätszuschlag	21,17 €		
- Kirchensteuer	31,09 €		
- Krankenversicherung	221,40 €	+ Krankenversicherung	197,10 €
- Pflegeversicherung	33,08 €	+ Pflegeversicherung	26,33 €
- Rentenversicherung	264,60 €	+ Rentenversicherung	264,60 €
- Arbeitslosenversicherung	40,50 €	+ Arbeitslosenversicherung	40,50 €
Auszahlung	**1.699,30 €**	**Gesamtkosten**	**3.228,53 €**

Für den Arbeitgeber kommen noch dazu: Abgaben an und für Unfallversicherung, Berufsgenossenschaft, ggf. Zuzahlung für Betriebsrente, Rückstellungen für Lohnfortzahlung, Weihnachtsgeld, Urlaubsgeld.

M 14 „Nicht die Babys fehlen" – eine Position

In einer reichen Gesellschaft sind viele Kinder arm, was umso mehr erstaunt, als sie gleichzeitig die Überalterung, den mangelnden Nachwuchs und nachlassenden Kinderreichtum der Familien beklagt. Im Unterschied zu den meisten anderen Erscheinungsformen der Armut weckt Kinderarmut tiefe Emotionen und negative Assoziationen im Zusammenhang mit dem sozialpolitischen Reizthema „Rentensicherung" und „Generationenvertrag", das in den Massenmedien unter dem reißerischen Titel „Kampf der Generationen" abgehandelt wird. [...]

Wieder salonfähig gemacht wird eine pronatalistische Sozial-, Familien- und Bevölkerungspolitik, die durch das NS-Regime in der Bundesrepublik jahrzehntelang diskreditiert war. Willi Albers meint, dieses Tabu müsse fallen: „Es ist eine Binsenweisheit, dass die Kinderzahl die entscheidende Größe für das Funktionieren der Alterssicherung ist." Wiewohl es auf den ersten Blick so scheinen mag, hängen die Renten nicht von der Biologie ab. Vielmehr handelt es sich um eine genuin politische Frage, um Entscheidungen über die (Um-)Verteilung des trotz einer stagnierenden und perspektivisch sinkenden Bevölkerungszahl seit Jahren wachsenden Bruttoinlandsprodukts. Tatsächlich fehlen keine (deutschen) Babys, höchstens Beitragszahlerinnen, die man durch eine konsequente Bekämpfung der Arbeitslosigkeit genauso gewinnen kann wie durch die Erhöhung der Frauenerwerbsquote, vermehrte Zuwanderung oder die Erweiterung des Versichertenkreises (Einbeziehung neuer Bevölkerungsgruppen in die Sozialversicherung). [...]

Gleichzeitig nimmt „das Kind" im öffentlichen Diskurs über den Wohlfahrtsstaat und die künftige Entwicklung des Landes geradezu Kultcharakter an. Biologistische Momente dringen in die Sozialpolitik vor, was mit einer Verteufelung der Kinderlosigkeit und Akzentuierung des alt-neuen Feindbildes der „Doppelverdiener" und „hedonistischer Singles" ohne Nachwuchs korrespondiert. Diese bezichtigt man, die Finanzprobleme des Wohlfahrtsstaates, insbesondere der Alterssicherung, erzeugt und nicht für eine „normale" Reproduktion der Gesellschaft gesorgt zu haben. Als mögliche Gegenmaßnahme wurden „Strafsteuern" für Kinderlose erwogen, wobei man gern vergisst, dass die Steuerbelastung der Ledigen ohne Kinder schon jetzt wesentlich höher ist als jene der Familien(väter). [...]

Kinderarmut sollte bekämpft werden, ohne in einen „Familienfundamentalismus" zu verfallen, der die Rückkehr zu vormodernen und -demokratischen Werthaltungen impliziert. [...] Kinderarmut kann nicht durch Aufwertung traditioneller Familienformen und Geschlechterverhältnisse, sondern nur durch die Bereitstellung/Verbesserung der sozialen Infrastruktur und entsprechender Dienste für die davon (potenziell) Betroffenen wirksam bekämpft werden.

Christoph Butterwegge, Michael Klundt, Kinderarmut und Generationengerechtigkeit, www.familienhandbuch.de (28.8.2012)

pronatalisch
geburtenfördernde Einflussnahmen seitens der Politik

diskreditiert
in Misskredit gebrachte hier mit Bezug auf die Rassenlehre und negative Eugenik (= Wissenschaft von der Verbesserung der Erbanlagen) des NS-Systems

Willi Albers
Wirtschafts- und Sozialwissenschaftler

genuin
angestammt, natürlich

Aufgaben

1. Erläutern Sie, welche Probleme sich aus der zunehmenden Belastung der Arbeitseinkommen und der Produktionskosten mit Sozialabgaben ergeben können. (M 13)
2. Zeichnen Sie die Argumentationskette des Autors von M 14 nach. Ermitteln Sie Ursachen, warum diese Sichtweise in der öffentlichen Diskussion nur selten eine Rolle spielt.
3. Der Autor von M 14 veröffentlichte 2012 ein Buch mit dem Titel: „Armut in einem reichen Land – wie das Problem verharmlost und verdrängt wird". U. a. sieht er eine „Stimmungsmache gegen Arme und Sozialstaat". Entwickeln Sie Erklärungsansätze für den von ihm vermuteten Mechanismus.

ORIENTIERUNGSWISSEN

Sozialpolitik in vielen Politikfeldern
M 1-M 3

Den Anspruch auf eine sozial gerechte Politik erheben – unabhängig von Konzepten und Regelungen im Detail – nahezu alle gesellschaftlichen und politischen Kräfte. Damit gerät eine Vielzahl von Problemfeldern in das Blickfeld der Sozialpolitik, so Fragen der Einkommens- und Vermögensverteilung, der Bildungschancen, der Wohnsituation, der Inklusion von Menschen mit Handicaps.

Bedeutung der Sozialberichterstattung
M 6, M 7

Beim Thema Kinderarmut wird die Bedeutung einer gesicherten Sozialberichterstattung deutlich. Dafür stellt die empirische Sozialforschung Methoden, Instrumente und Untersuchungsansätze zur Verfügung. Eine zutreffende Bewertung der Ergebnisse und der Schlussfolgerungen von Studien setzt die genaue Kenntnis des Forschungsdesigns voraus.

Staatliche Maßnahmen
M 8 – M 10

Um angemessene Maßnahmen zur Behebung oder Linderung von sozialen Problemen wird im vorpolitischen und politischen Raum gestritten, bis der Gesetzgeber eine Entscheidung trifft. Dabei sollen staatliche Maßnahmen, wie etwa das „Bildungspaket", Probleme nachhaltig angehen. Die Ziele werden in der Regel im Wesentlichen erreicht. Schwierigkeiten bei der Umsetzung ergeben sich z. B. durch

- begrenzte Finanzmittel,
- Kompetenzüberlagerungen bzw. -unklarheiten zwischen Bund, Ländern und Gemeinden,
- bürokratische und organisatorische Schwierigkeiten,
- Unkenntnis bei den Betroffenen bzw. Berechtigten über die Verfahren,
- Ängste und Scham bei den Betroffenen, die Leistungen in Anspruch zu nehmen,
- gezielten Missbrauch bei der Inanspruchnahme, mitunter mit der Folge verringerter Akzeptanz von sozialstaatlichen Maßnahmen in der Bevölkerung.

Entwicklung der Sozialleistungen
M 12

Die Sozialleistungen sind in der Bundesrepublik von 1960 bis 2012 von 28.4 Mrd. € auf 760,6 Mrd. gestiegen, die Sozialleistungsquote (Anteil der Sozialleistungen am Bruttoinlandsprodukt) von 20,8 % auf 31,7 %. Die Einzahlungen in die Kassen der gesetzlichen Sozialversicherungen werden jeweils rd. zur Hälfte von den Arbeitnehmern und den Arbeitgebern geleistet. Dieses historisch gewachsene System hat erhebliche Auswirkungen auf Gehälter, Produktions- und Dienstleistungskosten.

Grenzen des Sozialstaats
M 13

Der Sozialstaat findet seine Grenzen

- in den finanziellen und organisatorischen Möglichkeiten des Bundes, der Länder und der Kommunen,
- in den Auswirkungen auf die Wettbewerbsfähigkeit der Wirtschaft,
- im politischen Willen des Gesetzgebers, vor allem zur Frage, wie er Eigenverantwortung und sozialstaatliche Maßnahmen gegeneinander abwägt.

Einflussfaktoren auf die weitere Entwicklung des Sozialstaats

Für die Zukunft des Sozialstaats ist, insbesondere für die Stabilität der Sozialkassen, die Entwicklung der Bevölkerungsstruktur mitentscheidend. Weitere Faktoren sind z. B. Einflüsse der Globalisierung (Arbeitsmarkt), Folgen von Wirtschafts- und Finanzkrisen sowie die politischen Ziele, die vom Gesetzgeber (Bundestag und Bundesrat, Landtage) verfolgt werden.

„Die können die zehn Euro behalten"

Hilfeempfängerin Saha Somajiah hat sieben Kinder. Sie könnte jede Hilfe bei der Erziehung und Ausbildung gut gebrauchen. Doch nun hat sie aufgegeben. „Bildungspaket überhaupt nicht mehr. Sehr kompliziert. Nur mit Hin und Her gegangen, das würde ich nicht mehr machen. Also die können die zehn Euro behalten." Das Geld hatte die 25-jährige Mutter bereits vor Ostern beantragt, um den Fußballverein für ihre Söhne bezahlen zu können. Außerdem braucht sie Geld, um die Mittagsbetreuung, Klassenfahrten und Schulbücher zu bezahlen. Doch bei sieben Kindern kam ständig wieder eine neue Aufforderung, schriftliche Belege einzuholen und abzugeben. „Die haben immer so viele, jeden zweiten Tag, Briefe geschickt: Das benötigen wir und das benötigen wir. Ich muss zum Verein gehen, hin und her. Mein Mann ist krank. Er hat einen Schaden am Rücken, und da muss ich das alles selber machen." Innerhalb von gut zwei Wochen sollte sie laut einem Schreiben der Jobcenter-Behörde Belege einholen und abliefern. Mache sie dies nicht, wurde sie unmissverständlich davor gewarnt, wörtlich, „können die Geldleistungen ganz versagt werden." und weiter: „Dies bedeutet, dass Sie [...] keine Leistungen mehr erhalten." Sogar den Krankenversicherungsschutz könne sie verlieren. [...] Die Frauenberatungsstelle Donum Vitae in Bochum hat sich den Fall der jungen Mutter nun angesehen. Die Vorsitzende Ingrid Borchert: „Das ist Bürokratie hoch drei, was wir uns nicht wünschen. Dieses Bildungspaket ist eine gute Sache und sollte eigentlich von den Empfängern als Geschenk empfunden werden und positive Auswirkungen haben, aber durch die ganzen Vorschriften und Formulare, die sie beibringen müssen, wird es eher zur Belastung."

Die Tierpflegerin Susanne lebt auch in Bochum. Sie ist alleinerziehend mit zwei Kindern, drei und fünf Jahre alt. Die 26-Jährige will anonym bleiben, fürchtet ein Stigma, wenn bekannt wird, dass sie Hilfe bezieht – insbesondere für ihre Kinder. Als im Kindergarten die Abschlussfahrt anstand, wollte sie nicht wieder zurückstecken. Deswegen überwand sie ihre Scheu und hat das neue Bildungspaket für Hartz-IV-Empfänger beantragt. Und nun stehen neue Kosten an: „Der Tornister ist nicht gerade sehr billig. Ich weiß nicht, wie das mit den Schulbüchern ist, da bekomme ich noch Bescheid, inwiefern ich da Eigenleistung zahlen muss. Die Hefte, Stifte, ..."

Kampagnenplakat der Bundesregierung für das „Bildungspaket"

Kai Rüsberg, Die können die zehn Euro behalten, www.dradio.de, 17.8.2011

Aufgaben

1. Ordnen Sie das „Bildungspaket" in das System der sozialen Sicherung und in die Prinzipien des Sozialstaats ein.
2. Zeigen Sie an dem Beispiel grundsätzliche Probleme sozialpolitischer Maßnahmen auf.
3. Viele Menschen, die Anspruch auf Sozialleistungen haben, fürchten das Stigma. Beschreiben Sie den mentalen Mechanismus und schlagen Sie Maßnahmen vor, wie man ihn durchbrechen könnte.
4. Sozialstaatliche Maßnahmen und Vertrauen in die Demokratie scheinen in einem Zusammenhang zu stehen. Schildern Sie diese Wechselbeziehungen anhand von Beispielen und erläutern Sie, in welches Dilemma Sozialpolitiker geraten könnten. Geben Sie einem Sozialpolitiker Tipps, wie er seiner Verantwortung gerecht werden kann.

7.3 Reformansätze und Perspektiven

7.3.1 Vom fürsorgenden zum vorsorgenden bzw. aktivierenden Sozialstaat

M 1 ● Beispiel Krankenversicherung: Zuzahlungen des Patienten

Kosten und Zuzahlungen für ein Medikament (Stand 2012)

Kosten in €	Zuzahlung in €
4,75	4,75
10	5
75	7,50
400	10

Kinder unter 18 Jahren sind von Zuzahlungen befreit.

Private und Gesetzliche Krankenkassen (PKV und GKV)

In Deutschland gibt es 140 gesetzliche Krankenkassen, z. B. TK, AOK, DAK, mit ca. 70 Millionen Versicherten. Ferner gibt es etwa 45 private Krankenkassen.

Rezeptfreie Arzneimittel werden in der Regel nicht von der Krankenkasse erstattet. Wer beispielsweise ein Erkältungsmittel braucht oder auf homöopathische Arzneimittel setzt, zahlt diese selbst. Für verschreibungspflichtige Medikamente hingegen stellt der Arzt ein Rezept aus, und der Patient erhält sie in der Apotheke. Die Krankenversicherung übernimmt die Kosten dafür, der Versicherte trägt einen Teil davon als Zuzahlung mit. Sie beläuft sich auf zehn Prozent des Arzneimittelpreises, mindestens aber fünf und höchstens zehn Euro. [...] Damit durch Zuzahlungen niemand überfordert wird, gibt es die Belastungsgrenze: Sie liegt bei zwei Prozent des Bruttoeinkommens, für chronisch Kranke bei einem Prozent.

Bundesministerium für Gesundheit (BMG), Arzneimittel: Die wichtigsten Regelungen für Zuzahlung und Erstattung im Überblick, www.bmg.bund.de, 12.7.2012

M 2 ● Mehr Eigenverantwortung für die Patienten

Michaela Hornbrecher (Pressesprecherin der Techniker Krankenkasse) wurde in der 3Sat-Sendung „nano" zu Bemühungen der Krankenkasse um mehr Eigenverantwortung der Patienten interviewt:

Was ist [...] eine Möglichkeit, Menschen zu mehr Eigenverantwortung zu bringen und damit unterm Strich Kosten zu sparen?

Wir möchten, dass die Versicherten den Wert der Gesundheit an sich zu schätzen lernen. Also zu wissen: Gesundheit ist kein Schicksal, oder kein Zustand, der mir passiert, sondern Gesundheit ist eine Haltung. Es ist ein Prozess, ich kann selbst sehr viel dafür tun, mich gesund zu fühlen. Das hängt ganz viel mit dem Lebensstil zusammen, also wie ich mich ernähre, ob ich Sport mache, ob ich Stress habe. Wir möchten den Versicherten gerne ein bisschen näher bringen, dass sie mit ihrem Lebenswandel einen sehr direkten Einfluss darauf haben, wie gesund sie sind, welche Krankheiten sie bekommen oder welche sie vermeiden können.

Wenn man jetzt versucht, Menschen zu einem gesünderen Leben zu bringen, eben zu sagen: Die Kosten können wir vor allem dadurch einsparen, dass die Leute gesund bleiben, was tun Sie denn als Krankenkasse dafür, dass wir als Patienten in die Richtung gehen?

Wir haben für viele Menschen ein sehr umfangreiches Präventionsangebot, weil wir erst mal die erreichen möchten, die noch keine Krankheiten haben [...]. Da gibt es einmal Gesundheitskurse, für die man sich anmelden kann, zu ganz vielen Themen, von Yoga, über Nordic-Walking bis zu gesunder Ernährung. [...] Was uns darüber hinaus ganz wichtig ist, dass wir in die Lebenswelten der Menschen reingehen, beispielsweise in die Betriebe, in die Unternehmen, in die Schulen, in die Kindertagesstätten und dort Prävention vor Ort betreiben. Dort haben wir die Möglichkeit genau bei den gesundheitlichen Belastungen anzusetzen, denen die Patienten dort ausgesetzt sind. Und wir erreichen möglicherweise auch die Patienten, die vielleicht freiwillig nicht den Weg zu uns finden würden.

3Sat, Mehr Eigenverantwortung für die Patienten, www.3sat.de, (8.6.2012)

M 3 Aktivierung statt Fürsorge

Sozialpolitische Ziele und Leitbilder	Der fürsorgende Sozialstaat („Welfare State")	Der aktivierende Sozialstaat („Workfare State")
Sozialpolitik allgemein	Versorgung bzw. Fürsorge (reaktiv, kompensatorisch)	Aktivierung, Eigenverantwortung (präventiv, befähigend)
Freiheit	- von materieller Not - vom Erwerbszwang	- von Wohlfahrtsbürokratie - zu Selbstmanagement
Gleichheit	- der materiellen Lebensverhältnisse (→ Einkommensumverteilung)	- der sozialen Teilhabemöglichkeiten (→ Steuerung über Arbeitsmarkt und Bildung)
Soziale Rechte	Universalisierte Rechtsansprüche auf standardisierte materielle Leistungen (mittels Status)	Teilhaberechte; individualisierte Leistungen (mittels Vertrag) Kooperativer Staat
Staats- und Steuerungsverständnis	Planender Staat (direktiv, hierarchisch)	Kooperativer Staat, Vermittler und Initiator (diskursiv, kooperativ)

Nach: Irene Dingeldey, Politikfelderübergreifende Koordination als neue Steuerungsform im aktivierenden Staat, in: APuZ, 2006, Heft 8-9, S. 8

Fasst man die Entwicklungen in den europäischen Wohlfahrtsstaaten ins Auge, dann lassen sich seit einigen Jahren Konturen eines neuen Leitbilds für die „Modernisierung" des alten Wohlfahrtsstaates erkennen. In Europa hat sich unter sozialdemokratischer Federführung eine „Politik des Dritten Weges" (Giddens) zur Reform des Wohlfahrtsstaates entwickelt. [...] Durch [...] präventive wie durch kompensatorische Sozial-, Familien- wie Bildungspolitik soll [...] der Bürger dazu befähigt werden, (wieder) aktiv am Marktgeschehen teilzunehmen. Der Staat investiert – so sein heutiges Selbstbild – in die „employability" (Beschäftigungsfähigkeit) seiner Bürger [...] Andererseits will der neue Sozialstaat auch diejenigen aktivieren, die nicht (mehr) am Wirtschaftsleben teilnehmen und sie wieder dem Arbeitsmarkt zuführen; Zielgruppen der neuen Aktivierungspolitik sind vor allem Arbeitslose und Sozialhilfebezieher.

Heinz-Jürgen Dahme, Norbert Wohlfahrt, Soziale Gerechtigkeit im aktivierenden Sozialstaat. Zur Entwicklung einer dezentralisierten und sozialraumorientierten Sozialpolitik, www.efh-bochum.de (28.8.2012)

Politik des Dritten Weges (Antony Giddens 1998)

Die Theorie des Dritten Weges zielt auf eine Sicherung des Wohlfahrtsstaates in Zeiten der Globalisierung. Vormals nicht marktwirtschaftlich organisierte Politikbereiche (Gesundheits-, Bildungs-, Arbeitslosenpolitik, etc.) sollten mittels Marktwirtschaft und Wettbewerb umstrukturiert und damit effizienter werden. Die dabei frei werdenden (finanziellen) Mittel sollen in den eigenen Standort investiert werden, um global wettbewerbsfähig zu bleiben. Konkret bedeutete dies einen Rückbau des Sozialstaats.

M 4 Ist Bildung der Schlüssel? – kontroverse Positionen

A. Gute Bildung muss im frühen Kindesalter beginnen und ist unabdingbare Voraussetzung für gute Ausbildungs- und Beschäftigungschancen. Sie geht auch einher mit einem bewussteren Gesundheitsverhalten sowie verantwortlicher Haushaltsführung und erfolgreicher Alltagsbewältigung in der Familie. Der Bildungsstand der Bevölkerung ist in den letzten Jahrzehnten kontinuierlich gestiegen. Die Bildungserfolge von Kindern hängen in Deutschland jedoch noch zu stark vom Bildungsniveau der Eltern ab.

Bundesministerium für Arbeit und Soziales (BMAS), Lebenslagen in Deutschland - Der 3. Armuts- und Reichtumsbericht der Bundesregierung 2011 - Kurzfassung, S. 7

Bildung – Chancen(un)gleichheit?
→ Kapitel 4

B. Bedeutet mehr Bildung weniger Armut? Nein, sagt der Armutsforscher Christoph Butterwegge, denn auch eine gute Schul- oder Berufsausbildung bedeutet nicht, dass

Christoph Butterwegge, Soziologe und Politologe am Institut für Vergleichende Bildungsforschung und Sozialwissenschaften der Universität Köln

alle Jugendlichen einen Arbeitsplatz bekommen - so wie es die Politik vorgaukelt. [...] Tatsächlich führt Armut zu vielfältigen Benachteiligungen und Belastungen, etwa im Gesundheits-, Wohn-, Bildungs-, Kultur- oder Freizeitbereich. [...]

Zwar werden die Armen häufig dumm (gemacht), die Klugen aber deshalb nicht automatisch reich. Zu den Menschen, die mit ihrer Hände Arbeit so wenig verdienen, dass sie sich und ihre Familie kaum ernähren können, gehören keineswegs nur schlecht Ausgebildete. Eine fehlende, schlechte oder falsche Schulbildung kann die Armut potenzieren und im Lebensverlauf zementieren. Sie ist jedoch nicht die Ursache materieller Not. [...] Bildung ist jedoch keine Wunderwaffe im Kampf gegen die Kinderarmut, zumal sie immer mehr zur Ware wird. Studiengebühren, Transportkosten und Schul- oder Büchergeld schrecken [...] vom Besuch einer weiterführenden Schule beziehungsweise einer Universität ab. [...] Es ist nicht nur politisch unredlich, sondern auch purer Zynismus, den Armen „Bildet euch!" zuzurufen und Erwachsenen wie Kindern beim Hartz-IV-Regelsatz keinen einzigen Cent für Bildung zu gewähren.

SPIEGELONLINE, Bildung ist keine Wunderwaffe gegen Armut, www.spiegel.de, 20.8.2008

M 5 ● Die Sicht der Karikaturisten

Karikatur: Gerhard Mester, Baaske Cartoons

Aufgaben

1. Ermitteln Sie aus der aktuellen politischen Diskussion Themen und Positionen, die unter den Aspekt des „aktivierenden Sozialstaats" einzuordnen sind. (M 2, M 3)
2. In M 4 wird die Rolle von Bildung als entscheidendes sozialpolitisches Instrument kontrovers gesehen. Stellen Sie die Argumente katalogartig einander gegenüber.
3. Interpretieren Sie die Karikatur in M 5, indem Sie u.a. die Akteure der Wagenburg im Gesundheitswesen und ihre Argumente benennen.

7.3.2 Entwickelt sich eine „Kultur der Gemeinschaft“?

M 6 ● Wo die Wurzeln eines neuen Gemeinsinns liegen könnten

Die hohe Zahl der Singles ist kein Zeichen von Unverbindlichkeit, sondern von Entfaltungsfreiheit. Statt der Großfamilie gibt es diverse Lebensmodelle; soziale Netzwerke ermöglichen neue Beziehungsstrukturen, auch wenn es viele befremdet, dass Jugendliche keinen Unterschied machen, ob sie Freunde anrufen oder auf Facebook treffen Natürlich gibt es Menschen, die sich in der Unverbindlichkeit virtueller Freundschaften verlieren und keine Mühe mehr machen, echte zu pflegen. Darum werden aber noch lange nicht alle zu Einzelgängern. Im Gegenteil, es lässt sich ein neuer Gemeinsinn ausmachen. Crowdfunding, das Sammeln von Spenden über das Internet zum Beispiel für Kranke und Arme, nimmt rapide zu. Viele geben gerne – und nicht, weil der Nachbar in der Kirchenbank sieht, was in den Klingelbeutel wandert. Der Bundesfreiwilligendienst wird von Bewerbern überrannt. Genossenschaftsbanken waren die einzigen, die in der Finanzkrise ein Plus gemacht haben. Es gibt in Großstädten Projekte, bei denen Menschen gemeinsam Gärten bewirtschaften. Wer kauft, fragt nach, ob ein Unternehmen nachhaltig und sozial verantwortlich arbeitet; Egoisten täten das nicht, denn Nachhaltigkeit lässt die Preise steigen. Und es ist sogar ein Trend zum kollektiven Konsum auszumachen. Inzwischen sind die Parkbuchten voller Autos, die man sich mit anderen teilt; Menschen tauschen Wohnungen für Urlaube; Werkzeuge werden gemeinschaftlich angeschafft und verliehen. Natürlich kann man einwenden, dass es den Gemeinsinn noch nicht stärkt, wenn man ein Auto mit anderen teilt, aber man muss sich dazu arrangieren. Eigentlich ist das nichts anderes als eine alte Idee vom Dorf. Maschinenringe und Nachbarschaftshilfe entstehen nicht, weil Menschen einander so schrecklich lieb haben, sondern weil sie aufeinander angewiesen sind. In einer zweckorientierten Gesellschaft kann trotzdem eine Gemeinschaft wachsen, auf dem Land wie in der Stadt.

Die Gesellschaft geht nicht vor die Hunde, nur weil Menschen sich entschließen, ihre Freiheiten auszuleben. Schwarzseherei verstellt den Blick auf das Wesentliche: In der Hysterie um die Vereinzelung der Menschen in großen bösen Städten und virtuellen Welten ist vielen schlicht entgangen, dass in der echten Welt ein neues Pflänzlein an Gemeinsinn gewachsen ist.

Claudia Fromme, Zusammen, aber allein, in: Süddeutsche Zeitung, 14./15.7.2012, S. 4

M 7 ● Neue Formen des Ehrenamtes

In Deutschland sind in den letzten Jahren eine Reihe von Einrichtungen zur Förderung der Freiwilligenarbeit entstanden: Freiwilligen-Büros, Freiwilligen-Zentren sowie Ehrenamts-Börsen. Gemeinsam ist allen Einrichtungen, dass sie mehr den Dienstleistungscharakter als die Ehrenamtsfunktion betonen. Freiwillig Engagierte und Engagementinteressenten können hier durch Information, Beratung und Vermittlung gefördert werden. [...] In diese Richtung werden sich in Zukunft neue Formen freiwilligen sozialen Engagements entwickeln wie z.B.:

- **Selbsthilfegruppen**

Eine Selbsthilfebewegung entsteht. Selbsthilfegruppen konzentrieren sich vorrangig auf Bereiche wie Gesundheit, Soziales, Erziehung und Kultur. Selbsthilfegruppen sind vor allem für gesellschaftlich ausgegrenzte Menschen eine Chance für neue Formen der Gemeinschaft.

- **Seniorengenossenschaften**

Senioren organisieren freiwillig ehrenamtliche Dienste und bieten Beratungsleistungen an. Dabei werden Zeitgutscheine ausgegeben, so dass unbezahlte Dienstleistungen - wie bei Tauschringen - gegen Verrechnung einer fiktiven Währung (z.B. Punkte-Bonus-System) getauscht werden können.

- **Tausch- und Kooperationsringe**

Sie sind zwischen Selbsthilfeszene und Ehrenamtlichkeit angesiedelt. Persönliche Dienstleistungen (z. B. Instandhaltung, Reinigung, Pflege, Reparaturen) werden gegen Gutscheine als Ersatzwährungen getauscht. Auf diese Weise können auch Arbeitslose bestimmte Dienste -einkaufen-, wenn sie selbst eigene Leistungen anbieten. Tauschringe haben teilweise den Charakter von stabilen Nachbarschafts- und Freundesnetzwerken.

- **Freiwilligenagenturen**

Nach dem Vorbild vergleichbarer Einrichtungen in England, USA und den Niederlanden breiten sich Freiwilligenagenturen aus, die als Anlaufstelle für Menschen dienen, die Orientierungshilfen suchen.
Die Agenturen bieten Vermittlungsdienste, Bildungsmaßnahmen, Telefonberatung oder mobile Aufklärungsarbeiten an.

Horst W. Opaschowski, Deutschland 2030. Wie wir in Zukunft leben, Gütersloh 2008, S. 560

Bundesfreiwilligendienst (Bufdi)

Angebot an Frauen und Männer jeden Alters, sich für das Allgemeinwohl zu engagieren, Ziel: „Kultur der Freiwilligkeit", Motto: „Nichts erfüllt mehr als gebraucht zu werden."

M 8 ● Überraschender Erfolg des „Bufdi"

Bundesministerium für Familie, Senioren, Frauen und Jugend (BMFSFJ), Der neue Bundesfreiwilligendienst, www.bmfsfj.de, 1.7.2011

M 9 ● Von wegen Erfolg! Eine persönliche Anmerkung zum „Bufdi"

Vor knapp einem Jahr habe ich meinen Entlassungsbrief aus dem Zivildienst erhalten. Über mehrere Monate hinweg habe ich in der 8. Klasse einer Förderschule mit den Förderschwerpunkten körperliche und motorische Entwicklung meinen Ersatzdienst abgeleistet. Morgens die schwerstbehinderten Schüler am Bus abholen, sie im Unterricht begleiten, das Essen anreichen, mit ihnen auf die Toilette gehen, sie zur Therapie begleiten, im Sport gemeinsam über die Matte wälzen – für die beiden Schüler, die im Rollstuhl sitzen und nicht sprechen können, bin ich linke und rechte Hand zugleich gewesen, habe ihnen meine Stimme geliehen, war Helfer und bester Kumpel zugleich. Nach meinem Weggang gibt es bis heute keinen Ersatz für diese Tätigkeiten. [...] Im neuen Schuljahr wurden dann die Bundesfreiwilligendienstler eingeteilt. Und schon erwiesen sich die „Erfolgszahlen" auf dem Papier als Problem in der Praxis: Da sich erwartungsgemäß viel mehr Frauen als Männer auf die Bufdi-Stellen beworben haben, können die männlichen Freiwilligen nicht allein in einer Klasse tätig sein und alle oben aufgeführten Aufgaben übernehmen. Sie müssen stattdessen mehrere Schüler aus anderen Klassen ebenfalls intim pflegen. Denn sich mitten in der Pubertät von einer Frau wickeln zu lassen – auch für einen behinderten Schüler zu Recht unvorstellbar! Ein persönlicher Kontakt und ein intensives Vertrauen zwischen dem Bufdi und dem jeweiligen Schüler kann allein bei Toilettengängen nur selten entstehen. Die Aufhebung der Wehrpflicht und damit auch des Ersatzdienstes wird noch weiter reichen: durch den Zivildienst haben junge Männer soziale Berufe kennen gelernt, die viele von ihnen heute freiwillig nicht mehr wählen werden. [...] Hätte man im Rahmen der drastischen Stellenreduzierung vielleicht eine Prioritäten-Liste erstellen müssen, hätte man nicht sogar den Bundesfreiwilligendienst auf Hilfs- und Pflegedienste für besonders bedürftige Menschen beschränken müssen? Polemisch gefragt: Ist es nicht wichtiger, einem behinderten Schüler oder einer pflegebedürftigen Person zur Seite zu stehen statt einer Naturfreunde-Organisation eine Bürokraft zu stellen?

David Winands, Von wegen Erfolg! Eine persönliche Anmerkung zum „Bufdi", in: jetzt.de (Jugendmagazin der Süddeutschen Zeitung), www.jetzt.sueddeutsche.de, 27.1.2012

Zivildienst

Ersatzdienst (aus Gewissensgründen) für den bis 2011 zu leistenden Pflichtwehrdienst bei der Bundeswehr für junge Männer; Tätigkeiten vorwiegend in sozialen Einrichtungen; nach Abschaffung des Wehrdienstes durch den Bundesfreiwilligendienst ersetzt

Aufgaben

1. Ergänzen Sie den Kommentar in M 6 im Sinne der Autorin mit weiteren Beispielen – etwa aus Ihrem Umkreis – für den neuen Gemeinsinn.
2. Eine „Kultur des Helfens" in ihren vielfältigen Formen ist im Sinne des Zusammenhalts der Gesellschaft zweifellos zu begrüßen. Kritiker wenden allerdings ein, dass sich damit der Sozialstaat aus seiner Verantwortung schleichen könnte. Halten Sie den Einwand für berechtigt? Begründen Sie Ihre Position. Beziehen Sie in Ihre Überlegungen M 6 bis M 9 ein.
3. Zu M 8 und M 9: Informieren Sie sich über den Bundesfreiwilligendienst. Wäre er für Sie selbst interessant? Begründen Sie Ihre Antwort.
4. Entwerfen Sie ein Konzept für ein Soziales Pflichtjahr für alle Jugendlichen. Stellen Sie dann, ggf. in einer Pro- und Kontra-Diskussion die Argumente gegenüber.
5. Viele Schulen versuchen in irgendeiner Form, mit sozialen Praktika jungen Leuten Zugänge zur sozialen Wirklichkeit zu eröffnen. Kritiker wenden ein, ein paar Stunden oder Tage in einem Pflegeheim könnten diesem Ziel kaum sinnvoll dienen. Wägen Sie ab.

ORIENTIERUNGSWISSEN

Gründe für die Notwendigkeit von Reformen
M 1, M 2

Die Gründe für notwendige Veränderungen im Sozialstaat liegen in
- dem seit Jahrzehnten steigenden Leistungsvolumen des Sozialstaats,
- den damit verbundenen Belastungen der Haushalte von Bund, Ländern und Gemeinden,
- einer immer umfangreicheren Sozialverwaltung sowie
- in der Komplexität von Regelungen, Ausnahmen und Kompetenzproblemen.

Vom fürsorgenden zum aktivierenden Sozialstaat
M 1 - M 3

Schon in den 1990er Jahren favorisierten viele Akteure in Staat und Gesellschaft eine Schwerpunktverlagerung: Nicht mehr der fürsorgende Staat sollte das Leitbild für den Sozialstaat sein, sondern der vorsorgende bzw. aktivierende. Statt der Reaktion auf schwierige Lagen von Menschen versucht Politik seitdem, schwierige Lebenssituationen von vornherein vermeiden zu helfen oder die Betroffenen zu mehr Eigeninitiative und Eigenverantwortung zu motivieren. Im Wesentlichen wurden neue gesetzliche Regelungen sowie Anreize mit staatlichen Zuschüssen oder steuerlichen Erleichterungen geschaffen.

Mehr Eigenverantwortung und Eigeninitiative
M 2

Am bekanntesten sind Maßnahmen mit den Zielen
- mehr Eigenvorsorge (z. B. bei Altersvorsorge, Pflegerisiko),
- mehr Eigenverantwortung (Zuzahlungen im Gesundheitswesen) oder
- Einschränkung der Leistungen (z. B. bei Arbeitslosigkeit, Arbeitslosengeld II).

Bildungspolitik als Sozialpolitik?
M 4

Als ein Schlüssel, der vorausschauend vor allem der jungen Generation mehr Lebenschancen eröffnen sollte, gilt vielen eine solide und umfassende Bildung und Ausbildung. Allerdings ist die Position, sie könne spätere schwierige Lebenslagen verhindern, wäre also die beste Sozialpolitik, umstritten: Bildung alleine, so die Gegenposition, könne die Probleme nicht lösen, solange der Zugang zu Bildungschancen stark von der Herkunftsfamilie abhängt.

Hemmnisse für Reformen
M 5

Viele Reformen in den verschiedenen Politikfeldern waren politisch nur gegen erhebliche Widerstände durchzusetzen, da
- Interessenverbände alle Neuregelungen zu ihren Ungunsten in der Öffentlichkeit und im politischen Prozess zu blockieren versuchten,
- bisherige Besitzstände von Individuen und Organisationen verteidigt wurden,
- Unsicherheiten über künftige Entwicklungen und Auswirkungen von Reformen eine neue Unübersichtlichkeit oder gar Ängste schufen.

„Kultur der Gemeinschaft"?
M 6, M 7

Ein anderer Ansatz versucht eine Entlastung des Sozialstaats durch eine allgemeine „Kultur des Helfens" zu befördern. Über Freiwilligendienste und bürgerschaftliches Engagement könnten viele Dienste organisiert werden, die im weitesten Sinn sozialstaatliche Maßnahmen ersetzen oder ergänzen. Für solche stärker gemeinwohlorientiertere Einstellungen in der Bevölkerung gibt es Anzeichen. Kontrovers diskutiert wird dennoch, ob der Kern sozialstaatlicher Aufgaben nicht doch besser von professionellen Kräften und stabilen Strukturen bewältigt werden muss.

Tafeln – Wohltätigkeit oder Armutszeugnis?

Suppe wird dort nicht ausgeschenkt. „Die Tafel“ ist keine Suppenküche im klassischen Sinn. Auf den Tafeln liegen Sachen, die man gut mitnehmen kann: Brot, Obst, Gemüse, Wurst – Verderbliches oft, kurz vor dem Ablaufdatum gespendet. Marmelade, Schokolade, Tütensuppe. Die Tafeln sind Einkaufsorte, nein Ausgabestellen für Leute, die sich ein normales Einkaufen nicht leisten können. Dort finden sie Lebensmittel und oft auch Kleidung. Wie nennt man Leute, die dort hingehen? „Kunden“ klingt besser als „Arme“. Es gibt immer mehr Kunden an immer mehr Tafeln. An manchen Tafeln zahlt man einen Euro am Eingang, an anderen fünf. So einen Obolus finden fast alle gerecht, die da anstehen. Das hilft gegen das Gefühl, es würde einem alles geschenkt. Man nimmt, was man kriegt. Viele sagen, sie hätten nie gedacht, einmal „so was“ in Anspruch nehmen zu müssen.

Tafeln gehören zu den erfolgreichsten Einrichtungen in Deutschland. Sie expandieren wie sonst nichts. Sie expandieren, weil Not und Bedürftigkeit in Deutschland expandieren. Mehr als 900 Tafeln gibt es in Deutschland, dort versorgen eineinhalb Millionen Kunden sich und ihre Familienangehörigen. [...]

Die Tafeln breiten ein deutschlandgroßes Tischtuch über die Armut. Es wäre eine Katastrophe, wenn es diese gemeinnützige Einrichtung nicht mehr gäbe. Es ist aber auch eine Katastrophe, dass es sie geben muss. Tafeln dürfte es in einem der reichsten Länder der Erde eigentlich gar nicht geben. Die vielen Tafeln zeigen, dass die Not zurückgekehrt ist in ein reiches Land. Natürlich ist diese Not eine andere Not als die in Kalkutta. Die Armen in Deutschland sind relativ arm – sie sind arm dran. [...]

Die Tafelbewegung ist wohl die derzeit größte Bürgerbewegung der Bundesrepublik. Mehr als vierzigtausend Menschen arbeiten ehrenamtlich dafür, dass Bedürftige ihr täglich Brot bekommen. Sie sammeln die Lebensmittel, die sonst als Biomüll entsorgt werden müssten. Davon profitieren die Bedürftigen und die Spender. Erstere haben was zu essen, Letztere ersparen sich Entsorgungskosten (zum Teil werden sie an die Tafeln weitergegeben, weil letztlich doch einiges im Müll landet). [...] Tafeln sind etwas Wunderbares, weil sie Pragmatismus mit Wohltätigkeit verbinden, weil die Idee, die hinter den Tafeln steckt, so verblüffend einfach ist. Aber: Soll man wirklich als Großtat der Bürgergesellschaft feiern, was eigentlich ein Armutszeugnis ist?

Tafeln sind ein Notbehelf, sie bieten Almosen, sie liefern die Krümel vom Überfluss, sie sind Gnadenbrot. Aber sie sind keine geeignete Antwort auf Not und Armut in einer reichen Gesellschaft – sondern Anklage. Wenn der Staat sich auf die Tafeln verlässt, verstößt er gegen seine soziale Fürsorgepflicht. Vielleicht sollten die Wohlfahrtsverbände, welche die Tafeln organisieren, einmal streiken. Armutsbekämpfung verlangt mehr als Barmherzigkeit. Ein Staat, der tausend Tafeln braucht, ist kein guter Sozialstaat.

Heribert Prantl, Boom sozialer Einrichtungen. Die Not kehrt zurück, Süddeutsche Zeitung, 12.10.2012, S. 4

Aufgaben

1. Der Artikel stand auf der Kommentarseite einer Tageszeitung. Geben Sie die These des Autors wieder. Mit welchen Mitteln erreicht er die meinungsbildende Tendenz?
2. Beurteilen Sie das Ansteigen von „Tafeln“ mit Blick auf Vorstellungen von einem „fürsorglichen“ bzw. „aktivierenden Sozialstaat“.
3. Setzen Sie sich argumentativ mit der These auseinander, das Aufkommen der „Tafeln“ sei ein Beleg für das Entstehen einer „Kultur der Gemeinschaft“.

7.4 Chancen für eine Europäisierung der Sozialpolitik

7.4.1 Soziale Systeme im Vergleich: Beispiel Altersversorgung

M 1 ● Wie lange wird in Europa gearbeitet?

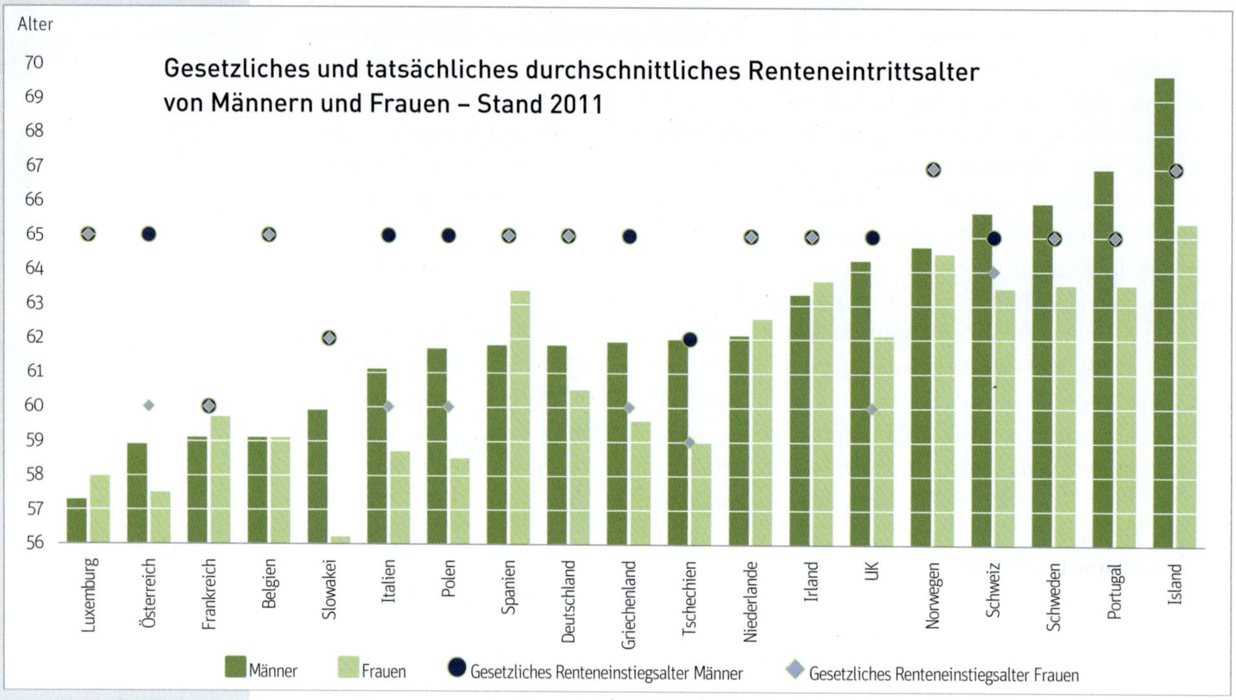

Quelle: Berlin Institut für Bevölkerung und Entwicklung, 2011

In den meisten europäischen Ländern liegt das gesetzliche Renteneinstiegsalter bei 65 Jahren. Das tatsächliche Alter beim Erwerbsaustritt variiert im europäischen Vergleich jedoch deutlich. Mit 57 Jahren gehen die Luxemburger am frühsten in Rente, rund zwölf Jahre vor den Isländern, die mit einem durchschnittlichen Renteneintrittsalter von 70 Jahren am längsten berufstätig bleiben.

Margret Karsch, Bevölkerungsalterung und Rentensysteme in der EU, www.idw-online.de, 27.7.2011

M 2 ● Unterschiedliche Rentensysteme in verschiedenen Ländern

Großbritannien

Das Rentensystem Großbritanniens basiert auf einer relativ schmalen staatlichen Säule und ergänzenden betrieblichen sowie privaten Zusatzsystemen, deren Bedeutung vor allem in den 1980er und 1990er Jahren noch deutlich aufgewertet wurde. Diese Veränderung des publicprivate mix hat in längerfristiger Perspektive nachteilige Effekte für Personen mit geringen Erwerbseinkommen und diskontinuierlichen Erwerbsbiografien, die mit reduzierten Renteneinkommen rechnen müssen. Die Daten aus EU-SILC zeigen, dass bereits die gegenwärtige Rentnergeneration dem im europäischen Vergleich höchsten Armuts-

EU-SILC
EU-SILC ist die Abkürzung für „European Union Statistics on Income and Living Conditions“ und ist eine Sozialberichterstattung der EU mit standardisierten Methoden für alle EU-Länder.

risiko ausgesetzt ist und sich der Weg aus der Altersarmut offenkundig schwieriger gestaltet als in anderen Staaten. Diese Ergebnisse erstaunen nur wenig, wenn man die liberale Tradition in der Altersvorsorge und vor allem die Richtung der Reformprozesse des britischen Wohlfahrtsstaates während der konservativen Regierungen in den 1980er und 1990er Jahren berücksichtigt.

Niederlande

Die Niederlande verkörpern gewissermaßen das Gegenmodell zur angelsächsischen Konzeption der Altersvorsorge. Die erste Säule ist als eine Basissicherung konzipiert, deren Höhe von der Dauer des Wohnsitzes in den Niederlanden, nicht jedoch vom Verlauf der Erwerbsbiografie abhängig ist. Die erste Säule verkörpert eine Art Basissicherung, von der Nichterwerbstätige und atypische Erwerbsbiografien gleichfalls profitieren. Sie genießt eine hohe politische Legitimität und wird von einer Mehrheit der niederländischen Bevölkerung als ein soziales Bürgerrecht wahrgenommen. Die Basissicherung wird ergänzt durch eine sozialpartnerschaftlich regulierte zweite Säule mit einem im europäischen Vergleich hohen Deckungsgrad. Das niederländische System generiert relativ hohe Ersatzraten und besitzt eine hohe Kapazität zur Vermeidung von Altersarmut. Die Armutsgefährdungsquote älterer Menschen ist gegenwärtig die niedrigste in der gesamten EU. Perspektivisch ist allerdings nicht auszuschließen, dass sich atypische Erwerbsverläufe in reduzierten Ersatzraten aus der zweiten Säule manifestieren.

Frankreich und Deutschland

Frankreich und Deutschland wiederum verfügen über anders gestaltete Rentensysteme, die auf eine starke staatliche Säule zur Lebensstandardsicherung setzten, die in Frankreich noch durch ein obligates berufliches Zusatzsystem ergänzt wurde. In Hinblick auf die Vermeidung von Armut im Alter und die Lebensstandardsicherung erzielen beide Staaten im europäischen Vergleich keine herausragenden, umgekehrt jedoch auch keine besonders schlechten Resultate. In längerfristiger Perspektive dürften die jüngeren Reformen der ersten Säule, vorrangig die Aufwertung des Äquivalenzprinzips, sowie die verstärkte Substitution staatlicher Rentenleistungen durch eine private Altersvorsorge zu einer Reduktion der Renteneinkommen für Personen mit atypischen Erwerbsbiografien beitragen, sodass in der zukünftigen Rentnergeneration ein merklicher Anstieg von Altersarmut droht. Es ist wenig wahrscheinlich, dass die Verluste an staatlicher Rentenleistung durch alternative Einkommensquellen oder die Verwertung von Vermögenswerten kompensiert werden können.

Harald Stöger, Rentensysteme und Altersarmut im Vergleich. Friedrich-Ebert-Stiftung-Analyse, www.euractiv.de, 5.10.2011

Ersatzrate
Anteil der Bruttorente am letzten Bruttoeinkommen (vereinfacht), in Deutschland ca. 47 % (2012) für einen „Standardrentner" mit 45 Arbeitsjahren mit Durchschnittseinkommen, bis 2030 voraussichtlich sinkend auf ca. 41 %

Substitution
Ersatz, hier auch: Ergänzung für zu geringe Leistungen der Rentenversicherung

Äquivalenzprinzip
Abhängigkeit der Rentenhöhe von den eingezahlten Beiträgen (nicht aber der gleiche Betrag)

Aufgaben

1. Entwickeln Sie Erklärungsansätze für die Unterschiede beim Renteneintrittsalter in verschiedenen Ländern Europas. (M 1)
2. Bei den Rentensystemen verfolgen die Länder unterschiedliche Strategien. Stellen Sie die Grundzüge der Systeme einander gegenüber. Welche Ergänzungen könnte man den Rentenpolitikern in der Bundesrepublik Deutschland empfehlen? (M 2)

7.4.2 Europäische Sozialunion: Situation und Entwicklungen

M 3 ● Sozialpolitik in der EU

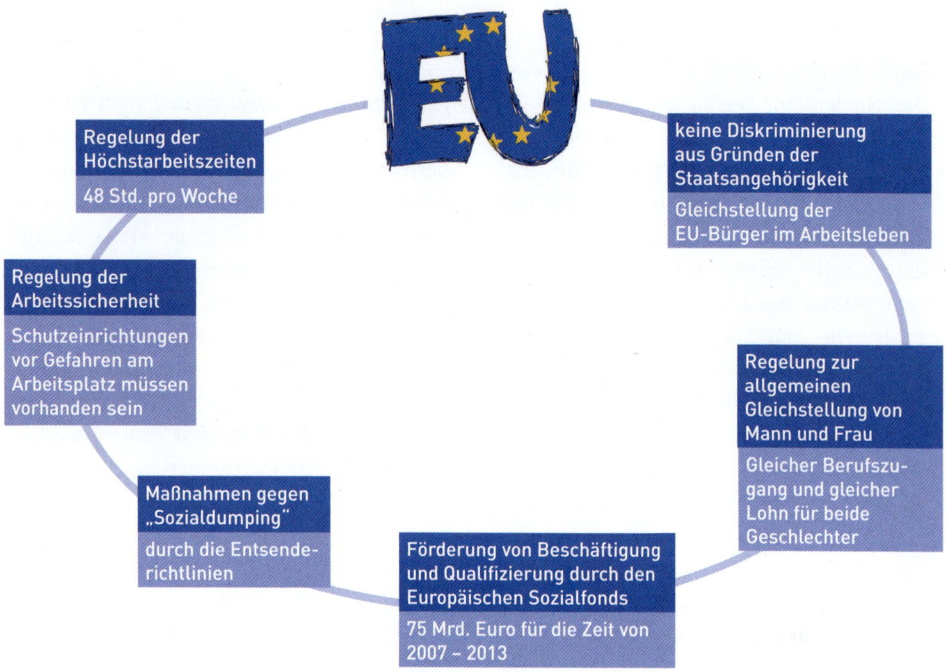

Nach: Bundeszentrale für politische Bildung, www.bpb.de, 2009

EU-Binnenmarkt
seit 1993 freier Verkehr für Personen, Waren, Dienstleistungen und Kapital innerhalb der Mitgliedsländer (Ausnahmen z. B. bei Verfolgung organisierter Kriminalität)

Europäischer Gerichtshof (EuGH) in Luxemburg
Der EuGH ist zuständig für die Auslegung der Gründungsverträge und des Gemeinschaftsrechts.

Entsenderichtlinie
Die Entsenderichtlinie ist eine rechtliche Sicherstellung der tariflich vereinbarten Entgelte bzw. Mindestlöhne, die am Arbeitsort gelten.

Anders als beispielsweise die Agrarpolitik ist die Sozialpolitik keine originäre Zuständigkeit der Europäischen Union. Ein gemeinsamer Binnenmarkt mit der Freizügigkeit von Arbeitnehmern und Dienstleistern macht jedoch auch gemeinsame Standards und Regelungen im sozialen Bereich nötig. [...] Die Europäische Union hat mittlerweile eine Reihe von Standards vereinbart, die in den Mitgliedstaaten nicht unterschritten werden dürfen [...]. Besondere Bedeutung kommt der Gleichstellung von Mann und Frau zu, [...]. Der Europäische Gerichtshof (EuGH) achtet in seiner Rechtsprechung auf die Durchsetzung dieses Prinzips. Ein Ergebnis der EuGH-Rechtsprechung ist es, dass Frauen seit 2001 bei der Bundeswehr dienen dürfen. Eine junge Frau hatte erfolgreich geklagt, da ihre Bewerbung wegen ihres Geschlechts keine Berücksichtigung fand. Nicht diskriminiert werden dürfen auch die Erwerbstätigen anderer EU-Mitgliedstaaten, denen dieselben sozialen Rechte zustehen wie den Bürgern des jeweiligen Landes. Auch der Arbeitsschutz ist auf europäischer Ebene vereinbart. Da es innerhalb der EU erhebliche Lohngefälle gibt, besteht bei grenzüberschreitenden Tätigkeiten die Gefahr des Lohndumpings, indem beispielsweise ein Unternehmen aus Rumänien in Deutschland arbeitet, seinen Arbeitnehmern aber nur die wesentlich niedrigeren Löhne des rumänischen Niveaus zahlt. Diese Wettbewerbsverzerrung, die für die einheimischen Arbeitskräfte negative Folgen hätte, wird durch die Entsenderichtlinie verhindert oder doch zumindest eingeschränkt.

Bundeszentrale für politische Bildung, Sozialpolitik in der EU, www.bpb.de, 24.9.2009

M 4 ● Europäische Sozialcharta seit 1961

Die Sozialcharta des Europarats soll Rechte wie soziale Sicherheit und angemessene Arbeitsbedingungen garantieren. [...] Die Charta kann als das sozial- und wirtschaftsrechtliche Pendant zur Europäischen Menschenrechtskonvention verstanden werden. Die Charta beinhaltet 19 Grundrechte: unter anderem das Recht auf Arbeit, das Koalitionsrecht sowie das Recht auf Kollektivverhandlungen, das Recht auf soziale Sicherheit und auf gesetzlichen, wirtschaftlichen und sozialen Schutz der Familie. Auch der Jugend- und Mutterschutz, das Recht auf erschwinglichen Wohnraum, kostenlose Schulbildung und ein Verbot der Zwangsarbeit sind in der Charta enthalten. 1999 trat eine novellierte Fassung der Sozialcharta in Kraft, in der unter anderem das Recht auf würdiges Altern hinzugefügt wurde. [...] In vielen Mitgliedsländern des Europarats ist die Europäische Sozialcharta von ihrer völligen Verwirklichung weit entfernt und auch in der Öffentlichkeit ist sie beinahe unbekannt.

Bundeszentrale für politische Bildung, 50 Jahre Europäische Sozialcharta seit 1961, www.bpb.de, 18.10.2011

Europäische Sozialcharta (1961)
Einigung der Mitgliedsländer des Europarats in Turin auf soziale Mindeststandards, ohne Rechtsansprüche für den Einzelnen

Europäische Konvention zum Schutz der Menschenrechte und Grundfreiheiten
Vereinbarung der Mitglieder des Europarats aus dem Jahr 1950

M 5 ● Nationale Regelungen mit europäischer Orientierung?

Die EU-Kommission drängt auf weitere Rentenreformen in den EU-Ländern. [...] Ein zentrales Element der nationalen Rentensysteme müsse darin bestehen, das Renteneintrittsalter an die Lebenserwartung zu koppeln. Zudem sollte das Rentenalter von Männern und Frauen angeglichen werden. Laut László Andor [EU-Kommissar, Anm. d. R.] werde die EU kein einheitliches Renteneintrittsalter festlegen – zumindest noch nicht. „In dem EU-Weißbuch Rente geht es nicht darum, ein einheitliches EU-Renteneintrittsalter festzulegen. Einfach deswegen nicht, weil wir kein einheitliches europäisches Rentensystem haben. Es ist nicht denkbar, ein einheitliches Renteneintrittsalter für Länder festzulegen, die so unterschiedlich sind – es sei denn, es gibt ein einheitliches Rentensystem, das auf voller Solidarität beruht. Das ist in der EU derzeit nicht der Fall. Wir müssen diese Entscheidung daher den Mitgliedsstaaten und den Sozialpartnern überlassen", sagte Andor. [...] Dennoch spiele die EU-Kommission eine wichtige Rolle, wenn es darum gehe, den Mitgliedsstaaten „Orientierung" zu bieten, wenn sie ihre Rentensysteme überprüften. Deutschland habe mit der Erhöhung des Renteneintrittsalters auf 67 Jahre eine zentrale Reform bereits umgesetzt.

Michael Kaczmarek, Betriebsrenten: „Die EU kann Äpfel von Birnen unterscheiden", www.euractiv.de, 14.3.2012

Aufgaben

1. Die europäische Einigung hat trotz der Beschränkungen auch Erfolge bei sozialpolitischen Themen mit sich gebracht. Stellen Sie die wichtigsten Ergebnisse in einer Liste zusammen. (M 3, M 4)
2. Der EU-Kommissar László Andor sieht in M5 für die EU nur eine „Orientierungsfunktion". Er trifft damit sicher auf die Zustimmung vieler Politiker in den EU-Mitgliedstaaten in sozialpolitischen Fragen. Entwerfen Sie aus der Sicht eines deutschen Politikers ein kleines Plädoyer, das die Grenzen für eine „Europäisierung der Sozialpolitik" thematisiert.

ORIENTIERUNGSWISSEN

Sozialpolitik nur in geringem Maß „vergemeinschaftet"
M 1 - M 4

Während z. B. zur Agrarpolitik, zu Fragen der Energie- und Klimapolitik, zum Lebensmittelrecht oder Naturschutz die Europäische Union durchaus „Recht setzt", also für alle verpflichtende Gesetze erlassen und durchsetzen kann, gibt es zur Sozialpolitik keine Grundlagenverträge („Primärrecht") zwischen den EU-Partnern. Damit sind auch die Mitgliedsländer nicht zu einem gemeinsamen Rechtshandeln verpflichtet und es gibt auch kaum Sekundärrecht (Verordnungen), die die nationalen Parlamente in nationales Recht umsetzen müssten. Es bleibt häufig bei nicht verbindlichen Empfehlungen oder Stellungnahmen.

Staatssouveränität vs. Gemeinschaftsrecht
M 3

Damit wird auch ein grundsätzliches Problem deutlich: Über bestimmte Politikfelder, eben auch zur Sozialpolitik, gibt es von Seiten der Mitgliedsländer kaum Bereitschaft, das Recht „zu vergemeinschaften". Wie in anderen Politikfeldern (z. B. Außen- und Sicherheitspolitik) stoßen auch in sozialpolitischen Fragen Staatssouveränität und gemeinschaftliche Politik aufeinander.

Gründe für den Vorrang nationaler Regelungen

In der Sozialpolitik liegen die Gründe darin, dass

- die sozialen Sicherungssysteme im Lauf der Jahrzehnte völlig unterschiedliche Wege eingeschlagen haben,
- die soziokulturellen Bedingungen in Geschichte und Gegenwart eine Vergleichbarkeit oder Standardisierung erschweren,
- nationale oder regionale Traditionen und Gewohnheiten sich einer EU-Verrechtlichung widersetzen,
- die Sozialbudgets stark von den Rahmenbedingungen der nationalen Haushalte und der jeweiligen Wirtschafts- und Sozialpolitik abhängig sind.

Altersvorsorge im Vergleich
M 2

Am Beispiel der Altersvorsorge zeigen sich einige dieser Aspekte, so die

- Unterschiede bei der Organisation (staatliche, private, berufliche Systeme, z. T. in Ergänzung, z. T. in Konkurrenz)
- die verschiedenen Gewohnheiten (z. B. gesetzliche Regelungen zum Renteneintrittsalter, tatsächlicher Renteneintritt, Unterschiede bei Frauen und Männern)
- unterschiedliche Rentenhöhe und der damit verbundene Lebensstandard.

Rolle der Europäischen Sozialcharta
M 5

In der Europäischen Sozialcharta von 1961 sind einige Mindeststandards festgelegt, aber nicht einklagbar, so z. B. das dort erwähnte Recht auf Arbeit, das Recht auf soziale Sicherheit, auf Jugend- und Mutterschutz, auf erschwinglichen Wohnraum, kostenlose Schulbildung oder das Recht auf würdiges Altern.

Harmonisierung ggf. über eine gemeinsame Haushaltspolitik
M 6

Nur einige Fälle sind als EU-Recht harmonisiert, so Fragen der Gleichstellung zwischen Frauen und Männern oder Fragen des Lohndumpings. Aktuell bleibt der EU in vielen sozialpolitischen Fragen nur eine Informations- und Orientierungsfunktion. Wenn es gelingt, in der EU – und sei es in einer „EU der zwei Geschwindigkeiten" – eine Harmonisierung der Haushalts- und Fiskalpolitik zu etablieren, wird das ein erster Schritt sein, um langfristig die Sozialbudgets und die sozialen Leistungen einander anzunähern.

Auf dem Weg zu einer „Europäischen Sozialunion“ ...

Demonstration im Mai 2009 für ein soziales Europa in Berlin unter dem Motto „Die Krise bekämpfen. Sozialpakt für Europa! Die Verursacher müssen zahlen!“

Karikatur: Reinhold Löffler

Karikatur: Gerhard Mester, Baaske Cartoons

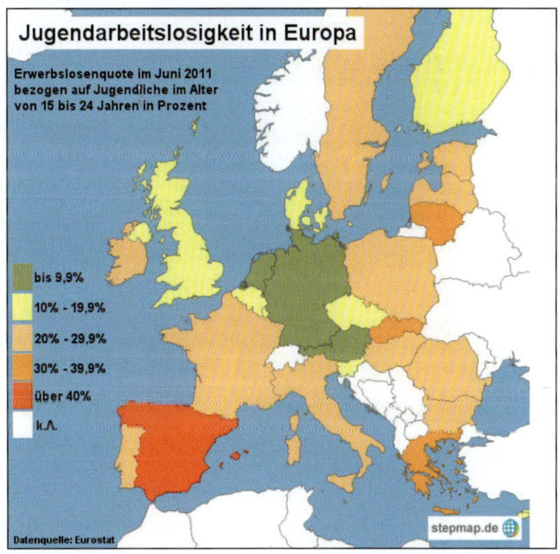

Quelle: Eurostat, 2011

Aufgaben

Die vier Materialien beziehen sich auf unterschiedliche Aspekte einer möglichen „Europäischen Sozialunion“.

1. Werten Sie zunächst jedes Material für sich aus und formulieren Sie dazu jeweils eine These.
2. Sammeln Sie anhand der Materialen und unter Einbeziehung Ihrer Erkenntnisse aus Kap. 7.4
   a) die Faktoren, die eine Harmonisierung der Sozialpolitik auf europäischer Ebene erschweren.
   b) die Gesichtspunkte, die eine „Europäische Sozialunion“ als wünschenswert erscheinen lassen.

Neulich im Chatroom ...

Wie würdet ihr unsere Gesellschaft bezeichnen?
Die Gesellschaften haben sich ja immer wieder von Zeit zu Zeit geändert. Findet ihr, dass wir in verschiedenen Gesellschaften leben wie zum Beispiel Konsumgesellschaft, Risikogesellschaft oder was sonst. Schreibt auf, was euch dazu einfällt.
Autor: J i l l, Frage
gestellt am Di, 11. Mai 2004

Ganz einfach:
Wir leben in einer Gesellschaft der
Fragen und der fehlenden Antworten :-)))
Autor: G M a r c o , Antwort nach 6 h, 22 Min

eingeschränkte ‚freie' Gesellschaft
denn jede/r darf tun und lassen was sie/er will – sofern nicht gegen die Vorstellungen/Gesetze/Regeln der jeweils Herrschenden verstoßen wird.
Autor: R a y m o n d S c h o r r a d t,
Antwort nach 1 h, 14 Min

Beispiel Konsumgesellschaft, Risikogesellschaft
was sind das für Begriffe???
Nö, in der Endphase des Kapitalismus leben wir. Daran zu erkennen, dass er globaler und reaktionärer wird. Heute wird kurzerhand ein Krieg losgetreten, wenn man günstig Öl braucht. Das ist seine Endphase, Imperialismus, in welcher er in Agonie verfällt.
Autor: F r a n k , Antwort nach 1 Tag, 20 h, 30 Min

Nach: www.wer-weiss-was.de (6.9.2012)

Unsere Gesellschaft am Anfang des 21. Jahrhunderts

8

In welcher Gesellschaft leben wir eigentlich? Mit dieser Frage beschäftigen sich – bis auf seltene Ausnahmen – weniger Internetforen, sondern in erster Linie Soziologen. Diese möchten mit ihren Gesellschaftsdiagnosen eine möglichst genaue Beschreibung unserer Zeit abgeben, neue Trends analysieren und begrifflich auf den Punkt bringen.
Das abschließende Kapitel dieses Buches bringt Ihnen einige dieser Gesellschaftsbegriffe nahe, die – wenn sie auch nicht unsere Gegenwart in all ihren Facetten beschreiben (können) – doch Veränderungen und zukünftige Entwicklungen aufzeigen. Vielleicht finden Sie in der Auseinandersetzung mit diesen Zeitdiagnosen auch Bedenkenswertes für Ihre eigene Zukunft.

KOMPETENZEN

Am Ende dieses Kapitels sollten Sie Folgendes wissen und können:

...verschiedene Gesellschaftsbegriffe kennen und ihre begrenzte Aussagekraft kritisch reflektieren.

... Zukunftstrends unserer Gesellschaft kennen und daraus Schlüsse für die eigene Lebensgestaltung ziehen.

Was wissen Sie schon?

Analysieren Sie die vorliegenden Antworten aus dem Blog (linke Seite) und führen Sie diesen mit einem eigenen Beitrag (z. B. weitere „Gesellschaften") fort. Vergleichen Sie abschließend Ihre Ergebnisse in der Klasse.

M 1 In welcher Gesellschaft leben wir? – einige Antworten aus der Soziologie

- **Informations- oder Wissensgesellschaft**
Mit der Entwicklung neuer Technologien (Computer, Tablet-PCs, Smartphones, etc.) und der digitalen Vernetzung durch das Internet ist Wissen jederzeit und überall verfügbar. Der Zugriff auf und die Verfügung über Wissen wird in der Informations- oder Wissensgesellschaft wichtigster Rohstoff. Die Zahl der Erwerbstätigen, die in entsprechenden Berufen arbeitet bzw. in ihrem Beruf auf moderne Kommunikationstechnologien angewiesen ist, übersteigt in der postindustriellen Informationsgesellschaft (Daniel Bell, 1975) die Zahl der Erwerbstätigen im industriellen bzw. im Dienstleistungssektor.
- **Risikogesellschaft**
Ulrich Beck prägte in den späten 1980er Jahren den Begriff der Risikogesellschaft (1986). Unsere hoch entwickelte Gesellschaft zeichnet sich durch die Existenz und Erfahrung gemeinsamer globaler Risiken aus. Diese Risiken, wie Klimawandel, Reaktorkatastrophen, atomare Bedrohung, d.h. die Selbstvernichtungsmöglichkeit allen Lebens, betreffen dabei alle Menschen (unabhängig von ihrem sozialen Status) und alle Staaten (in der „Weltrisikogesellschaft") und sind vom einzelnen nicht mehr zu bewältigen.
- **Multioptionsgesellschaft**
Fortschritt, Wohlstand und der Verlust von Traditionen schaffen ein erweitertes Angebot an Wahlmöglichkeiten in allen Lebensbereichen (Familienmodelle, Lebensentwürfe, Konsumartikel, Freizeitmöglichkeiten,...). Diese Vielfalt an Möglichkeiten setzt den einzelnen massiv unter Entscheidungsdruck bis hin zur Überforderung und der ständigen Angst, etwas zu verpassen oder sich falsch zu entscheiden. Peter Groß prägte daher den Begriff der Multioptionsgesellschaft (1994).
- **Erlebnis- oder Spaßgesellschaft**
Gerhard Schulze beschreibt mit dem Begriff der Erlebnis- oder Spaßgesellschaft (1992) eine Gesellschaft im Überfluss, die Konsum, Freiheit, Individualismus, Lifestyle, Körper- und Medienkultur propagiert und den Eventcharakter über Zweckrationalität und Gebrauchswert stellt.
- **Singlegesellschaft**
Stefan Hradil (1995) beschreibt den Trend zum frei gewählten Singledasein und den Rückgang von festen Paarbindungen als Resultat eines gesellschaftlichen Individualisierungsprozesses, der Unabhängigkeit, beruflicher und privater Mobilität und individueller Lebensgestaltung oberste Priorität einräumt.
- **Beschleunigungsgesellschaft**
Der Trend des 21. Jahrhunderts heißt Beschleunigung, so der Soziologe Peter Glotz 2003. Ein höheres Tempo bringt handfeste Konkurrenzvorteile. Wer schneller ist, hat die Nase vorne. Das gilt nicht nur im ökonomischen Bereich, sondern auch im Privaten. Schnelllebigkeit führt aber auch zu einem Verlust an Stabilität und Verbindlichkeit. Nur langsam besinnen sich Unternehmer wieder auf Verlässlichkeit und Bewährtes. Der Ruf nach Entschleunigung wird lauter.

M 2 Aus der Arbeit der Soziologen

Die Frage, in welcher Gesellschaft wir eigentlich leben, ist tatsächlich die Kernfrage der Soziologie seit ihrer Begründung durch Émile Durkheim - und ihre Beantwortung das gesellschaftstheoretische Kerngeschäft der Soziologie: Die jeweilige Antwort der Soziologen zielt auf eine triftige Diagnostik der Gegenwartsgesellschaft. [...]
Die Leitfrage „In welcher Gesellschaft leben wir eigentlich?" beantworten die befragten Soziologen je nach dem mit verschiedenen Gesellschaftskonzepten [...].

In welcher Gesellschaft leben wir eigentlich?
Der Soziologe Armin Pongs, geb. 1968, richtete diese Frage an mehrere bekannte Soziologen und veröffentlichte die Antworten 1999/2000 in zwei Büchern, mit den Titeln: „In welcher Gesellschaft leben wir eigentlich?". Mittlerweile ist die dritte Auflage erschienen.

Demnach leben wir in der „Risikogesellschaft" oder in der „Erlebnisgesellschaft" oder in der „Postmoderne" oder in der „Informations- und Wissensgesellschaft" oder in der „Mediengesellschaft"; in der „Massengesellschaft" oder in der „Konsumgesellschaft" oder in der „Beschleunigungsgesellschaft", in der „Ironiegesellschaft" oder in der „Verantwortungsgesellschaft". [...] Die [...] Lage [...] in der Soziologie hinsichtlich der gegenwartsdiagnostischen Aufgabe offenbart aber nun [...] ein Spektrum verschiedener, nicht miteinander abgeglichener aktueller Gesellschaftsbegriffe, und diese „Wimmelbegriffe der Soziologie in gegenwartsdiagnostischer Absicht" [...] sind zwar jeder für sich informativ, aber über eines geben sie keine Auskunft: Wie ist diese Gesellschaft eigentlich, in der wir leben, was ist ihr innerstes Prinzip? Die verschiedenen Gesellschaftskonzepte sind einseitig und untereinander unvermittelt, und insofern befindet sich die Soziologie in einer Theorienot. [...] In dieser Theorienot bietet sich ein Vorschlag an: Die angemessene Antwort auf die Frage In welcher Gesellschaft leben wir eigentlich? lautet: „In der bürgerlichen Gesellschaft!". „Bürgerliche Gesellschaft" ist die aufschlussreichste soziologische Kategorie zur Analyse der Gegenwartsgesellschaft, sie ist der allen anderen Gesellschaftsbegriffen überlegene, sie als Teilmomente integrierende Begriff. [...]
Nicht das 19. Jahrhundert ist die bürgerliche Epoche schlechthin (kann es gar nicht sein, weil die Mehrheit der Menschen der damaligen Gesellschaft gar nicht von den Strukturen bürgerlicher Gesellschaft erfasst war), sondern die Gegenwartsgesellschaft ist das bürgerliche Zeitalter par excellence, sie ist das durchgesetzte bürgerliche Zeitalter, sie ist die bürgerliche Epoche der Weltgeschichte. Das soll [...] an vier Punkten der Gegenwartsgesellschaft demonstriert werden.

Joachim Fischer, In welcher Gesellschaft leben wir eigentlich? In der bürgerlichen!, in: APuZ, 9-10/2008, S. 9 ff.

Info

Bürgerliche Gesellschaft

Der Begriff „Bürgerliche Gesellschaft" wird in der historischen Soziologie zur Beschreibung der vom Bürgertum geprägten städtischen Gesellschaft des 18. und 19. Jahrhunderts verwendet.
In dieser Zeit entwickelte v. a. die Mittelschicht in den Städten, das Bürgertum, in Abgrenzung zur Arbeiterschicht (Proletariat) und Bauernschaft einerseits und zu Adel und Klerus andererseits ein eigenes Selbstbewusstsein, welches auf wirtschaftlichem Erfolg (Besitzbürgertum) und Bildung (Bildungsbürgertum) basiert und nicht mehr auf die Zugehörigkeit zu einem bestimmten Stand per Geburt (Ständegesellschaft) gründet. Damit verbunden sind die Entwicklungen eigener Wert- und Moralvorstellungen (z. B. bürgerliche Tugenden, wie Fleiß, Pünktlichkeit) und bestimmter Lebens- und Verhaltensweisen (bürgerliche Kleinfamilie, Kultur- und Freizeitverhalten).

Familienportrait von 1836

Aufgaben

1. Prüfen Sie die Antworten der Soziologie auf die Frage „In welcher Gesellschaft leben wir?" (M 1) Wählen Sie eine Antwort aus, die Ihnen schlüssig erscheint, und begründen Sie Ihre Wahl.
2. Arbeiten Sie die Kritik des Soziologen Fischer an den „Wimmelbegriffen der Soziologie" heraus. (M 2)

M 2a ● Wir leben in einer Massengesellschaft

Karikatur: Klaus Espermüller, Baaske Cartoons

Als Indiz dafür, dass die Gegenwart tendenziell eher ein nachbürgerliches Zeitalter sei, wird oft das Faktum der Massengesellschaft angeführt, genauer gesagt der konsumistischen Massenkultur, welche die Lebensformen der bürgerlichen Gesellschaft hinter sich gelassen habe. Soziologisch gesehen verhält es sich umgekehrt: Wir leben nicht in der Massengesellschaft statt in der bürgerlichen Gesellschaft, sondern in der verbürgerlichten Massengesellschaft (seit ca. 25 Jahren rechnen sich konstant 56 bis 60 Prozent zur Mitte der Gesellschaft und 10 bis 12 Prozent zur oberen Mittelschicht). Wer sich einmal das zwischen 1770 und 1830 weitverbreitete „Journal des Luxus und der Moden" vergegenwärtigt hat (vielleicht nicht Johann Wolfgang von Goethe als ständigen Leser, wohl aber Christiane Vulpius), weiß, dass das konsumistische Weltverhältnis oder das unendliche „System der Bedürfnisse" (wie Hegel es nennt) genuin zur bürgerlichen Gesellschaft, gerade in ihrer weiblichen Ausprägung, gehört. Das Novum heute ist die Massengesellschaftlichkeit dieses marktförmigen Konsumprinzips. Damit ist gemeint, dass das Prinzip einer Gesellschaft der Eigentümer, das heißt der auf Gewinn hin wirtschaftenden Besitzindividualisten, mit einem breiten Spektrum ungleicher, immer auch riskanter, instabiler, von Insolvenz bedrohter Vermögensverhältnisse (von Wohn- bis hin zum Kapitaleigentum) nun tendenziell allen Mitgliedern der Gesellschaft gegönnt oder zugemutet wird: den Bauern und der klassischen Industriearbeiterschaft. Wer weiß, dass die shopping mall, oft als die grundstürzend neue Erscheinungsform der konsumistischen Massengesellschaft zitiert, eine Erfindung des exilierten Wiener Architekten Viktor Grünbaum ist, der in den USA die bereits von den bürgerlichen Konsumentinnen des 19. Jahrhunderts geschätzten, weil vor Belästigung und Witterung schützenden Passagen in eine neue Bauform verwandelte, erkennt leichter die bürgerliche Grundfiguration der konsumistischen Massengesellschaft.

Joachim Fischer, In welcher Gesellschaft leben wir eigentlich? In der bürgerlichen!, in: APuZ, 9-10/2008, S. 9 ff.

M 2b ● Wir leben in der Mediengesellschaft

Karikatur: Roger Schmidt, Brunsbüttel

Viele Soziologen, die selbstverständlich von der Gegenwart als nachbürgerlicher Epoche ausgehen, sind vom Novum einer Mediengesellschaft schwer beeindruckt, die als Massenmediengesellschaft in immer neuen Formaten vollständig neue populäre Kommunikationsformen stifte. Hier lohnt es sich, genau hinzusehen. Auffällig ist doch, dass die Sender in die ständig sich erneuernde Unübersichtlichkeit von aufquellenden expressiven, differenten Lebens- und Ausdrucksformen gymnasial gebildete Moderatoren und Mediatoren (Thomas Gottschalk, Günther Jauch, Harald Schmidt, Sandra Maischberger, Anne Will, für die USA etwa Oprah Winfrey) in populäre Sendungen schicken, die in einer medialen Massenöffentlichkeit bürgerliche Denk- und Distanzformen implementieren. Das reicht von raffinierten Fragetechniken bei geringer Information (Millionenquiz) über die extemporierende Sprachgewandtheit in entspannter Massenöffentlichkeit, Differenzierung und Reflexion von Gefühlen und Affekten, klassisch aufklärerischer Dialogführung bis hin zu mit romantischer Ironie und doppelbödigen Sprachspielen die Codierungen der Gesamtgesellschaft beobachtenden Shows. Im Court-room-Drama kommt es medientäglich zur konfliktbezogenen gerichtlichen Prüfung von Werten und Normen, also einem Einüben in ein bürgerliches Kernverfahren der rechtsförmigen Klärung von Streit. Inwiefern sich das „Wikipedia“-Phänomen – um ein markantes Internet-Phänomen miteinzubeziehen – insgesamt als eine Kombination von bourgeoiser Unternehmung, Quasi-Assoziationswesen und in jedem Fall bildungsbürgerlichem Verlangen nach enzyklopädischer Weltdurchdringung verstehen lässt, sollte erforscht werden.

ebd.

Topos
feste Wendung, feststehendes Bild

Niklas Luhmann (1927-1998)
Dt. Soziologe

Physignomie
äußere Erscheinung

Max Weber (1864-1920)
Dt. Soziologe, erklärt die okzidentale (westliche) Stadt des Mittelalters in erster Linie als Markt für den (Fern-)Handel.

Theorem
Lehrsatz, Lehrmeinung

Europäische Stadt

Nach Walter Siebel, *Die europäische Stadt (2004)*, kennzeichnen folgende Merkmale die europäische Stadt:
Sie ist
- das Zentrum der bürgerlichen Gesellschaft,
- politisch und wirtschaftlich emanzipiert,
- ein Ort urbaner Lebensweise, Kommunikation, sozialer Differenz sowie zugleich öffentlicher und privater Sphäre.
- Sie zeigt eine historisch entwickelte Gestalt und ist
- sozialstaatlich reguliert.

M 2c ● Unsere Vergesellschaftung im virtuellen Raum

Karikatur: geek & poke

Ein weiterer Topos der soziologischen Gegenwartsdiagnostik ist, dass die gegenwärtige Gesellschaft tendenziell eine mediengestützte Vergesellschaftung sei: eine sich im virtuellen Raum vollziehende Vergesellschaftung. Bereits Luhmann hat mit seiner Theorie der funktional ausdifferenzierten Teilsysteme und ihren je entsprechenden abstrakten Kommunikationsmedien – dem Geld, der Macht – der lokal gebundenen Kommunikation, beispielsweise der Stadt, keine Relevanz mehr eingeräumt. Demgegenüber lässt sich beobachten, dass die virtuellen, überlokalen Medien voll von Architekturdebatten sind, von intensiven Auseinandersetzungen um die konkrete bauliche Gestalt einzelner Städte. Neben der Investition in die technisch überlokalen Kommunikationsmedien gibt es unter dem Stichwort der „europäischen Stadt" eine Daueraufmerksamkeit für die Physiognomie der überkommenen Stadt als gebauter Rahmen lokaler Kommunikation unter Anwesenden. Obwohl nicht alle Städte dem Prinzip der Weber'schen „okzidentalen Stadt" entsprechen (etwa die Residenzstädte gerade nicht), lässt sich vom Theorem der „bürgerlichen Gesellschaft" her die institutionalisierte Dauerreflexion über die Baugestalt der Stadt als eine historische Vergewisserung der Ursprungsorte der eigenen Vergesellschaftung begreifen. Im Leitbild der „europäischen Stadt" beugt sich die Gegenwart zur okzidentalen Stadt als der verkörperten Leitidee bürgerlicher Vergesellschaftung zurück, die bei allen architektonischen Innovationen erkennbar bleiben soll – insbesondere auch für die touristische Kommunikation. Gerade die Theorie der bürgerlichen Gesellschaft kann die Relevanz des europäisch-städtischen Kommunikationsraumes mitten in einer medial gestützten Vergesellschaftung für die Gegenwartsgesellschaft sichtbar werden lassen.

ebd.

M 2d ● Erosion der bürgerlichen Familie

Die soziologische Gegenwartsdiagnostik ist zudem fixiert auf die so genannte Erosion der bürgerlichen Familie zugunsten der Single-Gesellschaft oder verschiedener partnerschaftlicher Lebensformen. Demgegenüber lässt sich das ungebrochene Faszinosum der bürgerlichen Familie in der Gegenwartsgesellschaft beobachten. Das wird nicht nur an allen Zuwanderern bemerkbar (schon der Soziologe Helmut Schelsky sprach von der Familie als der transportablen Institution). Auch im Verlangen gleichgeschlechtlicher Paare nach rechtlicher Anerkennung als Ehe samt allen Eigentums- und Vererbungsrechten samt Adoptionsrecht steckt eine strukturelle Tiefenanerkennung der Familie als der bürgerlichen Form der Privatsphäre – gerade aus den als subversiv vermuteten Szenen. Die Veränderung betrifft insgesamt die Frauen. Schon immer waren Frauen Mitträger und Mittäter der bürgerlichen Gesellschaft: aus der privaten Sphäre heraus verantwortlich für die Kinder und Einübung in die Sprachkommunikation, als bedeutende Konsumentinnen am Markt, als den Buchmarkt dominierende Leserinnen, als Erbinnen, aber seit dem 19. Jahrhundert auch bereits als Trägerinnen der Geschäftsbeziehungen der Familien (man denke an „Frau Thomas Mann“, unter welchem Titel Katja Mann die Geschäftsbeziehungen und das Vermögen der Familie Mann managte). Seit ihrer „Emanzipation“ decken die Frauen mit ihrem Spagat zwischen Privatsphäre, Beruf und Öffentlichkeit das gesamte Spektrum der bürgerlichen Gesellschaft ab. Frauen sind zu Beginn des 21. Jahrhunderts die Karyatiden, die Trägerfiguren der bürgerlichen Gesellschaft geworden, auf deren Balkonen sie zugleich stehen. Durch die Frauenbewegung hat sich für die Frauen viel verändert, an den Prinzipien der bürgerlichen Vergesellschaftung – Privateigentum, Assoziationswesen, Bildungsbürgerlichkeit – aber nichts. Schärfer gesagt: Soziologisch gesehen ist die Emanzipation der Frauen die bedeutendste innergesellschaftliche Selbstaffirmation der bürgerlichen Gesellschaft seit der zweiten Hälfte des 20. Jahrhunderts.

ebd.

Karikatur: Horst Haitzinger

Aufgabe

1. Der Soziologe Joachim Fischer verwendet den alten Begriff „Bürgerliche Gesellschaft“, um das gegenwärtige Erscheinungsbild unserer Gesellschaft an vier Punkten als Weiterentwicklung der bürgerlichen Gesellschaft des 18./19. Jahrhunderts zu beschreiben.
   a. Analysieren Sie M 2a bis M 2d in arbeitsteiliger Gruppenarbeit inhaltlich und erklären Sie, inwieweit die beschriebenen Phänomene als Weiterentwicklung der bürgerlichen Gesellschaft des 19. Jahrhunderts gesehen werden können.
   b. Diskutieren Sie in der Klasse, ob sich die Gesellschaft des 21. Jahrhunderts tatsächlich linear aus der bürgerlichen Gesellschaft des 19. Jahrhunderts entwickelt hat.

H zu Aufgabe 1
Lesen Sie die nicht einfachen Texte genau durch. Klären Sie unbekannte Begriffe mithilfe der Randspalte oder Lexika. Bestimmen Sie wichtige Passagen und fassen Sie die Textaussage mit eigenen Worten zusammen. Tauschen Sie sich anschließend mit Ihren Mitschülern aus. Die Abbildungen im Text können beim Textverständnis helfen.

Horst W. Opaschowski ist Zukunftsforscher. 1979 gründete er das BAT (Britisch American Tobacco) Freizeit- und Forschungsinstitut, das sich mit Zukunftsfragen unserer Gesellschaft auseinandersetzt. Der Sitz des Instituts ist in Hamburg. Im Jahr 2007 wurde das BAT Freizeit- und Forschungsinstitut zur „Stiftung für Zukunftsfragen", dessen Leitung Opaschowski bis 2010 inne hatte.

M 3 • Die Zukunft unserer Gesellschaft – und wie wir sie bewältigen könnten

Es gab einmal eine Höhle in einem schwer zugänglichen Gebiet. Dort lebte nach einer alten griechischen Sage Trophonius inmitten eines Heiligtums. Wer nun Trophonius nach mancherlei Mühen und Strapazen erreichte, dem verkündete er einen Orakelspruch. Darin wurden die Zukunft und der weitere Lebensweg beschrieben. Doch das Wissen um die eigene Zukunft muss für die Besucher bedrückend gewesen sein, denn ein Sprichwort der damaligen Zeit lautete: „Niemand kann je wieder lachen, wenn er den Trophonius befragt hat".

Wird uns das Lachen vergehen, wenn wir um die Zukunft unserer Gesellschaft wissen? Auf den ersten Blick geben die Zeichen der Zeit wenig Anlass zur Zukunftseuphorie. Das soziale Klima in Deutschland wird eher rauer und kälter. [...]

Aldous Huxley lässt grüßen. Als er vor über sechzig Jahren seinen Zukunftsroman „Schöne Neue Welt" schrieb, da war er davon überzeugt, dass wir bis zum 6. oder 7. Jahrhundert „nach Ford" noch viel Zeit hätten: Von der ständigen Ablenkung durch Unterhaltungsangebote des Sports und der Musicals über die Verabreichung einer pharmakologisch hervorgerufenen Glückseligkeit bis zur Abschaffung der Familie reichte der Spannungsbogen seines ebenso phantasievollen wie zynischen Bilds einer neuen Gesellschaft. Doch schon knapp drei Jahrzehnte später (1959) musste Huxley eingestehen: „Die Prophezeiungen von 1931 werden viel früher wahr, als ich dachte". [...]

Und auch die Zukunft hat längst begonnen. [...] In seinem Zukunftsroman 1984 beschreibt er [Aldous Huxley] eine Arbeitswelt, die dem Silicon Valley von heute gleicht: Winstons Arbeitswoche hatte sechzig Stunden, Julias sogar noch mehr. Und ihre freien Tage hingen vom jeweiligen Arbeitsdruck ab und deckten sich selten ... Der Teleschirm schlug vierzehn. In zehn Minuten musste er aufbrechen. Um vierzehn Uhr dreißig hatte er wieder an der Arbeit zu sein. Und genauso beschreibt Bill Joy, der Mitbegründer von Sun Microsystems, den Arbeitsalltag im Silicon Valley von heute: Im Valley ist kein normales Leben möglich, die Leute sind besessen. Sie verbringen den ganzen Tag im Internet, sie reden übers Internet, sie träumen vom Internet und vergessen, dass es noch eine riesige Welt da draußen gibt ... Es gibt nur noch einen Maßstab für Erfolg: Geld [...]. Dies ist die Arbeitswelt des 21. Jahrhunderts. Wie also werden wir in Zukunft arbeiten, wie werden wir leben? Folgenschwere Entwicklungen und Zukunftstrends zeichnen sich bereits heute ab:

Zukunftstrend 1: **Die Globalisierung [...]**
Zukunftstrend 2: **Die Dienstleistung [...]**
Zukunftstrend 3: **Die Leistungsorientierung [...]**
Zukunftstrend 4: **Die Mediatisierung [...]**
Zukunftstrend 5: **Die Überalterung [...]**
Zukunftstrend 6: **Die Vereinzelung [...]**
Zukunftstrend 7: **Die Individualisierung [...]**
Zukunftstrend 8: **Die Mobilisierung [...]**
Zukunftstrend 9: **Die Erlebnissteigerung [...]**
Zukunftstrend 10: **Die Schnelllebigkeit [...]**

Noch nie zuvor waren die Menschen einem solchen Angebotsstress ausgesetzt wie heute. Ständig müssen wir uns entscheiden, ob wir etwas machen oder haben, selektiv nutzen oder ganz darauf verzichten wollen:

- Was ist eigentlich für mich wichtig und was nicht?
- Woher nehme ich den Mut, auch nein zu sagen?
- Und wie schaffe ich es, mich zu bescheiden, auch auf die Gefahr hin, vielleicht etwas zu verpassen?

Daraus folgt: Insbesondere die junge Generation muss kompetenter werden, um in Zukunft den Anforderungen an das Leben genügen zu können. Wer persönliches Wohlbefinden (und nicht nur materiellen Wohlstand) erreichen will, sollte – neben den christlichen Geboten – zusätzlich die folgenden von mir seit Jahren propagierten Zehn Gebote für das 21. Jahrhundert beherzigen:

1. Bleib nicht dauernd dran; schalt doch mal ab.

2. Jag nicht ständig schnelllebigen Trends hinterher.

3. Kauf nur das, was du wirklich willst, und mach dein persönliches Wohlergehen zum wichtigsten Kaufkriterium.

4. Versuche nicht, permanent deinen Lebensstandard zu verbessern oder ihn gar mit Lebensqualität zu verwechseln.

5. Lerne – zu lassen, also Überflüssiges wegzulassen: Lieber einmal etwas verpassen als immer dabei sein.

6. Entdecke die Hängematte wieder. Lerne wieder, ‚eine Sache zu einer Zeit' zu tun.

7. Genieße nach Maß, damit du länger genießen kannst.

8. Mach nicht alle deine Träume wahr; heb' dir noch unerfüllte Wünsche auf.

9. Tu nichts auf Kosten anderer oder zu Lasten nachwachsender Generationen: Sorge nachhaltig dafür, dass das Leben kommender Generationen lebenswert bleibt.

10. Verdien dir deine Lebensqualität – durch Arbeit oder gute Werke: Es gibt nichts Gutes; es sei denn, man tut es.

Horst W. Opaschowski, 10 Gebote für das 21. Jahrhundert, Die Zeit, 22.3.2001

Aufgaben

1. Verteilen Sie die von Opaschowski aufgezeigten Zukunftstrends in der Klasse und erläutern und veranschaulichen Sie diese mit Ihrem erworbenen Wissen sowie Beispielen aus Ihrem Erfahrungsbereich.
2. Diskutieren Sie die zehn Gebote für das 21. Jahrhundert. Überlegen Sie, ob und wie Sie diese in Ihrem Alltag anwenden können.

*Die zentrale Fundstelle eines Begriffes ist **fett** gedruckt.*

A

B

C

D

E

Einband Thinkstock/Stockbyte/Claran Griffin;
S. 6 Thinkstock (5): iStockphoto (2) // Wavebreak Media // Ingram Publishing // Jupiterimages/Polka Dot;
S. 8 wikimedia.org/Jer101jer;
S. 15 Mike Keefe, InToon.com; Kittihawk, Berlin;
S. 16 Thomas Plaßmann/Baaske Cartoons, Müllheim;
S. 18 DPA picture alliance/dieKLEINERT.de/ Martin Guhl;
S. 20 Getty Images/AFP/Ken Shimizu; DPA picture alliance/Jan-Philipp Strobel; Getty Images (3): AFP/Henny Ray Abrams // AFP/Patrik Stollarz // Ralph Orlowsky; WTO International Trade Statistics;
S. 21 Getty Images (2): Peter Macdiarmid // AFP Mahmud Hams; Visum/Zeitenspiegel/ Pueschner; www.KONY2012.com;
S. 23 16. Shell Jugendstudie, Stand: 2010;
S. 24 Ullstein Bild/HDG Bonn;
S. 26 Bundeszentrale für politische Bildung 2010, Bonn – www.bpb.de; DPA picture alliance/dpa-infografik/ Globus-Grafik;
S. 27 DPA picture alliance/dpa-infografik/Globus-Grafik; /Brigitte Studie 2009;
S. 28 DPA picture alliance/dpa-infografik;
S. 31 David Außerhofer;
S. 37 Cinetext, Frankfurt am Main;
S. 38 Thinkstock/Stockbyte; Ullstein Bild/JOKER/ Alexander Stein; Corbis Images; iStockphoto/egodigital; REUTERS/Crack Plainggi (Indonesia);
S. 40 DPA picture alliance/dpa-infografik/Globus-Grafik; DPA picture alliance/Globus Grafik;
S. 41 © Berlin-Institut;
S. 42 Thinkstock (2): Purestock // iStockphoto;
S. 50 Jan Tomaschoff/Baaske-Cartoons, Müllheim;
S. 52 Bergmoser + Höller Verlag AG, Aachen;
S. 54 Heiko Sakurai, Köln; IG-Metall;
S. 62 DPA picture alliance/dpa-infografik;
S. 64 DPA picture alliance/Globus-Grafik; Getty Images/Universal History Archive;
S. 66 Atlas der Globalisierung 2009, S. 17;
S. 68 wikimedia.org /Roger Schulz; www.worldmapper.org / SASI GROUP (University of Sheffield); www.viewsofttheworld.net by Benjamin D. Hennnig, University of Sheffield; www.worldmapper.org / 2006 SASI GROUP / University of Sheffield) and Mark Newman (University of Michigan; wikimedia.org;
S. 70 Concorde Cinetext; DPA picture alliance/ Roxy Film/Christian Hartmann/Berlinale; DPA picture alliance/Christian Hartmann/ handout;
S. 72 Jan Tomaschoff/Baaske Cartoons, Müllheim;
S. 73 Michael Herdlein, München;
S. 74 wikimedia.org (3); wikipedia.org;
S. 75 DPA picture alliance/dpa-infografik/Globus Grafik;
S. 77 Gerhard Mester, Baaske Cartoons, Müllheim;
S. 81 Martin Erl; Baaske Cartoons, Müllheim (3): ©Thomas Plaßmann (2) // Gerhard Mester;
S. 82 Getty Images/AFP/John MacDougall; DPA picture alliance/ZB/Karlheinz Schindler;
S. 84 Fachhochschule Dortmund;
S. 86 sagmalspaghetti/fotodesign & styling/ Kirsten Kiesche-Claudia Messerknecht, Bremen;
S. 87 DPA picture alliance/Horst Galuschka;
S. 89 Getty Images/2007 Ulrich Baumgarten;
S. 90 Thinkstock (2): iStockphoto // BananaStock; Techniker Krankenkasse; Thinkstock (2): Digital Vision/Jochen Sand // Stockbyte;
S. 93 Klaus Stuttmann, Berlin;
S. 94 Klaus Stuttmann, Berlin;
S. 95 www.arbeiterkind.de / Foto von Nadine Wojcik;
S. 100 SPIEGEL 47/2011, S. 72f.;
S. 102 Zentralverband des Deutschen Handwerks, Berlin;
S. 104 Kolja Briedis, Hannover (privat);
S. 107 DPA picture alliance/Tobias Kleinschmidt;
S. 108 Thinkstock (3): iStockphoto (2) // Hemera;
S. 111 Reinhard Mohr/Baaske Cartoons, Müllheim; Bergmoser + Höller Verlag AG, Aachen;
S. 112 Bergmoser + Höller Verlag AG, Aachen;
S. 114 Bergmoser + Höller Verlag AG, Aachen;
S. 117 DPA picture alliance/Landov/Mark M. Murray;
S. 119 Thinkstock/Photodisc/Kim Steele;
S. 123 www.tinker-belle.de;
S. 124 Thomas Plaßman/Baaske Cartoons, Müllheim; Thinkstock/Jupiterimages;
S. 126 Thinkstock/Getty Images/Photos.com; Prof. Dr. Reiner Geißler, Kreuztal-Eichen;

S. 127 SINUS Markt- und Sozialforschung GmbH, Heidelberg;
S. 133 Getty Images/Image Source;
S. 134 Thomas Plaßmann/Baaske Cartoons, Müllheim;
S. 136 Anja Frers, München; Prof. Dr. Angelika Krebs, Universität Basel;
S. 146 Prof. Dr. Ute Klammer, Universität Duisburg-Essen;
S. 147 Thinkstock/iStockphoto; DPA picture alliance/dpa-ZB/Patrick Pleul; Argus/Hartmut Schwarzbach; Getty Images/Johannes Simon;
S. 148 DPA picture alliance/dpa-Report/Thorsten Lang;
S. 149 Getty Images (2): DAJ // Matt Gray/MGP;
S. 150 Bertelsmann Stiftung (www.keck-atlas.de) und der empirica ag; Eigene Berechnungen auf Basis der Statistik der Bundesagentur für Arbeit sowie der Statistischen Ämter des Bundes und der Länder. Kinderarmut = Anteil der Kinder in SGB-II-Bezug in Prozent.
S 155 Jan Tomaschoff/Baaske Cartoons, Müllheim;
S. 158 DPA picture alliance/dpa-infografik/Globus-Grafik;
S. 161 Bundesministerium für Arbeit und Soziales;
S. 164 Foto: Wolfgang Schmidt/Prof. Dr. Christoph Butterwegge, Köln; Gerhard Mester/Baaske Cartoons, Müllheim;
S. 166 Bundesministerium für Familie und Senioren, Frauen und Jugend (BMFSFJ), Der neue Bundesfreiwilligendienst, in: http://www.bmfsfj.de/BMFSFJ/Service/Publikationen/publikantionsliste,did=172738.html?, 1.7.2011;
S. 175 DPA picture alliance/SteffenKugler; Reinhold Löffler/www.lr-cartoons.de; Gerhard Mester/Baaske Cartoons, Müllheim; Eurostat, 2011;
S. 176 Getty Images/Ivary;
S. 179 akg-images;
S. 180 Klaus Espermüller/Baaske Cartoons, Müllheim;
S. 181 Roger Schmidt, Brunsbüttel/www.Kariktur-Cartoon.de;
S. 182 geek & poke;
S. 183 Horst Haitzinger, München;
S. 184 Getty Images/Bongarts/Henning Angerer;